성에 관한 여덟 가지 풍경

박종서 지음

성에 관한 여덟 가지 풍경

초판 1쇄 인쇄일 2020년 2월 20일
초판 1쇄 발행일 2020년 2월 27일

지은이 박종서
펴낸이 양옥매
디자인 임흥순 송다희

펴낸곳 도서출판 책과나무
출판등록 제2012-000376
주소 서울특별시 마포구 방울내로 79 이노빌딩 302호
대표전화 02.372.1537 **팩스** 02.372.1538
이메일 booknamu2007@naver.com
홈페이지 www.booknamu.com
ISBN 979-11-5776-841-7 (03190)

이 도서의 국립중앙도서관 출판예정도서목록(CIP)은
서지정보유통지원시스템 홈페이지(http://seoji.nl.go.kr)와
국가자료종합목록시스템(http://www.nl.go.kr/kolisnet)에서 이용하실 수 있습니다.
(CIP제어번호: CIP2020003219)

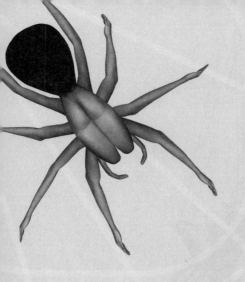

성에 관한
여덟 가지 풍경

박종서 지음

책과나무

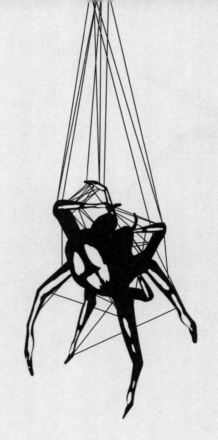

이 책을 읽기 전에

특수 영화관이나 트랜스포머 3D 영상 놀이 공원에 들어가려면 주최 측에서 제공하는 헬멧을 써야 합니다. 그 도구들을 얼굴에 써야만 입체적이고 드라마틱한 놀이의 세계, 소름 끼치는 추격전과 총격전을 체험할 수 있습니다.

『성에 관한 여덟 가지 풍경』을 읽을 때에도 이런 특수 도구의 도움 없이는 입체감을 느낄 수 없게 됩니다. 그 도구는 '유아성욕'과 '오이디푸스 콤플렉스' 그리고 이 두 단계의 진입 과정에서 파생된 '도착'에 관한 것입니다. 물론 이 오리엔테이션만으로 언급된 세 이론을 완벽하게 이해할 수는 없습니다. 8편의 영화 해석 사례와 간접 경험들이 곁들여지면서 이 이론에 대한 이해가 조금은 깊어지리라 생각됩니다.

프로이트의 정신분석 이론을 처음 소개받는 사람들은 거의 대부분 이 이론에 대해 반감을 갖는 경우가 많습니다. 그러나 8편의 영화에 대한 해석과 풍경이 어우러지면서 성에 대한 해석들이 반감 없이 독자의 마음에 정서적으로 다가가리라 생각됩니다.

먼저 이 세 이론에 대해 간략히 소개해 드리겠습니다.

오이디푸스 콤플렉스(Oidipus Complex)

오이디푸스 콤플렉스는 소포클레스의 그리스 비극에서 그 용어와 개념을 가져온 것입니다. 테베의 왕비가 임신을 했을 때 엄마 배 속에 있는 아이에게 '미래에 애비를 죽이고 엄마와 결혼할 녀석'이라는 아폴론의 신탁(oracle)이 내려집니다. 이 때문에 그는 출생 후 발에 못이 박힌 채 상자 속에 넣어져 버려졌고 양치기와 양부모가 그를 발견했을 당시 발이 부어 있었습니다. 오이디푸스의 뜻은 '발이 부었다'는 의미입니다.

오이디푸스는 성인이 되어 우연히 길을 가다가 노인과 싸움이 붙게 되고 그 노인을 죽이게 됩니다. 이후 스핑크스의 비밀을 풀게 되어 테베 왕비와 결혼하게 되지요. 자녀까지 낳았지만 자신이 죽인 노인이 아버지였고 또 결혼한 왕비가 어머니라는 사실을 나중에 알게 됩니다. 오이디푸스는 죄책감으로 자신의 두 눈을 뽑고 방랑의 길을 떠나 죽게 됩니다. 프로이트는 이 신화에서 오이디푸스 콤플렉스라는 개념을 착상해 냅니다. 물론 늙은 아버지의 젊고 아름다운 세 번째 부인 그리고 이 계모와 형제들 간의 복잡한 프로이트 개인 가족사의 침전물이 오이디푸스 신화를 적용하는 데 한몫하지요.

신화에서 보듯 오이디푸스는 아버지를 죽이고 어머니와 결혼합니다. 자신의 부모임을 인지하지 못한 상태에서 벌어진 일이지만 사실 엄마와 성관계를 갖고 싶은 욕망에 대한 죄책감으로 '인지하지 못함'이라는 각색이 들어갔다고 볼 수 있습니다. 프로

성에 관한 여덟 가지 풍경

이트는 오이디푸스 신화 안에 있는 근친상간에 대한 강력한 금지는 누구나 보편적으로 겪어야 하는 운명이라고 생각했습니다.

아기를 엄마와의 살붙임에서 떼어 내어 사회로 진입시키기 위해 아버지는 아기와 엄마의 이자관계 안으로 들어와 그것을 깨고 빼내야 합니다. 네다섯 살 유아는 엄마와의 이 관계를 방해하는 아버지를 싫어할 수밖에 없게 되겠지요. 유아는 생각과 행위에 어떤 차이를 느끼지 못하고 현실과 환상을 구분하지 못합니다. 때문에 아버지를 미워한 것은 실제 아버지를 공격한 것이나 다름이 없게 됩니다. 혹 마음으로 아버지가 죽었으면 좋겠다거나 없어졌으면 좋겠다는 유아의 생각은 실제 살해와 구분이 되지 않습니다. 이때 아이가 죄책감을 갖게 됩니다.

유아 자신 안의 두려움을 아버지에게 투사하면 아버지가 두려움의 대상이 되어 다시 자신을 공격하는 환상으로 돌아오게 됩니다. 이런 복잡한 과정을 거쳐서 결국 엄마와의 애착을 포기하고 엄마에게 분리되어 세상으로 나오게 되는데 이때 아이는 엄마와의 근친과 아버지의 금지라는 삼각구조 안에 있게 됩니다.

오이디푸스 콤플렉스를 건너온다는 것은 엄마와의 살붙임을 포기하고 아버지의 세계, 곧 세상으로 나오는 것을 말합니다. 인간의 탄생은 엄마와 살을 분리하는 것으로 마무리되는 것은 아닙니다. 때문에 유아기는 인생에서 아주 중요한 전환점이 됩니다. 이 관문을 어떻게 건너느냐에 따라 우리의 삶의 질이 결정된다는 것이 프로이트의 생각이었습니다.

이 관문을 통과하기 이전의 유아의 세계는 나르시시즘의 상태였습니다. 즉 엄마와의 이자관계로, 엄마가 나고 내가 곧 엄마가 되는 환상의 세계였지요. 이 세계는 자신과 엄마, 곧 타자를 구분할 수 없는 세계입니다. 이 세계에서 나온다는 것은 엄마와의 좋았던 관계를 포기하는 것이고 여기에서 인간은 처음으로 실낙원을 경험하게 됩니다. 이런 과정을 겪은 대부분의 사람들은 신경증을 갖게 되고 정신증이나 분열은 오이디푸스 단계를 건어오지 못한 사람들의 정신세계를 말합니다.

중요한 것은 이 오이디푸스 콤플렉스가 단지 이론적 설명만으로 이해되기가 어렵다는 것입니다. 직접적인 삶의 경험이나 다른 사람의 경험이 나의 가능성으로 다가올 때 이해의 가능성이 높아지게 됩니다.

유아성욕

'유아성욕'은 오이디푸스 콤플렉스를 통과하기 이전 유아의 삶 자체를 말합니다. 유아는 생애 초기 엄마의 철저한 보호 아래 있게 되지요. 그런데 우리는 이때의 유아의 삶을 왜 '유아성욕'이라고 하는지, 왜 '유아'에 '성욕'이라는 말을 붙이는지, 어떻게

성에 관한 여덟 가지 풍경

그런 도발적인 생각을 할 수 있는지 반감을 갖게 됩니다. 여기에 대한 많은 논란 덕분에 정신분석학파가 분열되기도 합니다. 유아성욕을 받아들인다는 것은 프로이디안이 되는 과정이 되기도 합니다. 이것을 이해하지 않고 프로이트 정신 분석에 입문한다는 것이 거의 불가능하기 때문이지요.

분명히 엄마와 살붙임을 하며 사는 유아의 삶, 곧 젖을 물고 엄마 품에 잠드는 행위, 배설과 이를 다루어 주는 엄마의 조치 등은 유아의 생명 유지를 위해 꼭 필수 불가결한 일입니다. 초기의 이런 경험이 우리의 몸에 흔적으로 남아 한 유기체의 성생활에 지대한 영향을 준다는 의미에서 유아의 삶 자체를 성욕으로 해석한 것입니다. 그뿐만 아니라 초기 엄마와의 어떤 관계를 가졌느냐에 따라서 평생의 삶의 질까지 결정한다는 것이 프로이트와 그의 후계자들의 생각이었습니다. 물론 여기에는 오이디푸스 콤플렉스의 과정이 개입됩니다.

유아성욕 역시 『성에 관한 여덟 가지 풍경』을 살피면서 매번 반복되고 풍경 1의 〈롤리타〉는 바로 이 이론을 설명하기 위해 소개되고 있습니다. 일단 유아성욕이라는 말 자체에 반감을 누그러뜨리고 이 책에 접근하신다면 정신분석에서 유아성욕이 얼마나 중요한지가 이해될 뿐 아니라 아직도 유아성욕의 영향에서 벗어나지 못하고 있는 우리 자신도 발견하게 될 것입니다.

도착

도착(perversion)은 어원적으로 '왜곡된', '뒤틀린', '무언가 정상이 아니다'라는 뜻을 갖고 있습니다. 만약 오이디푸스 콤플렉스이전의, 유아의 삶을 성적인 안경을 쓰고 본다면 정상적인 성과 분명히 거리가 있는 도착적 행위로 보이겠지요. 이해가 어렵다면 유아와 엄마와의 관계를 성인에게서 일어나고 있는 것으로 바꾸어 연상해 보시면 됩니다. 분명히 왜곡된 무엇이 보이겠지요.

우리가 생각하는 정상적인 성에 대한 연상은 정상적인 남녀의 성기적인 결합입니다. 그러나 유아들은 아직 성기적인 성이 발달되어 있지 않습니다. 이것을 조금 다르게 생각하면 성적인 것이 성기 쪽으로 집중되어 있지 않고 온몸으로 흩어져 있는 것으로 볼 수 있습니다. 시간이 지나면서 흩어져 있는 성적 감각이 성기 쪽으로 모여든다는 것이 프로이트의 생각이었습니다.

오이디푸스 콤플렉스를 거치면서 유아의 삶을 빠져나오기는 하지만 과거의 흔적이 지속적으로 어떤 영향을 미친다면 성인이 되어서도 유아적 경험을 반복하고 싶은 충동은 없어지지 않겠지요. 그것이 반복되는 것을 프로이트는 '도착'이라고 생각했습니다. 유아 때의 경험이 너무 강렬했다면 다시 그리고 돌아가 그것을 맛보고자 하는 열망에 강하게 사로잡히게 될 것이고 이

성에 관한 여덟 가지 풍경

것이 성인의 성생활에서 실현된다면 그것이 도착이 되는 것입니다. 결국 도착은 오이디푸스의 구조와 금지의 법을 넘어서는 무엇이 됩니다.

물론 타고난 기질을 무시할 수는 없지만 과거 엄마와의 어떤 대상관계를 경험했느냐에 따라서 도착의 수준이나 방법이 달라질 수 있습니다. 프로이트는 도착의 가능성은 거의 모든 인간에게 보편적으로 잠재해 있고 어느 정도의 도착은 정상으로 보고 있습니다.

물질문명의 발달로, 퇴행을 부추기고 무제한의 욕망을 충족시키려는 현대문화에서는 도착은 더 심화될 수밖에 없습니다. 자본주의의 물신주의에 빠지게 되면 눈에 보이지 않는 가족, 사랑, 연대, 공공의 삶 등이 소홀해지고 사적인 개인주의가 성행하게 됩니다. 아기를 낳고 싶지 않을 뿐 아니라 낳는다고 해도 다른 보모에게 맡겨지거나 방치할 확률이 높아지게 되지요. 유아가 부모와 정상적인 대상관계를 할 수 없게 되면 성적 활성화가 일어나지 않아 도착의 질이 도를 넘을 수 있다는 것이 프로이트 이후 대상관계학자들의 견해이기도 합니다.

라깡은 도착의 기원보다는 도착증 환자의 심리를 구조적인 차원에서 심층화시켜 설명합니다. 도착증 환자는 아버지의 법이라는 한계를 설정한 후 그 법을 넘어서려는 위험을 감수하는,[1] 곧 법의 존재를 확신하면서도 한계에 도전하고 그것을 위반하는 것으로 봅니다.[2] 그들은 이를 확실히 할 뿐만 아니라 항상 여기서 더 나아가 최초의 입법 행위까지 원한다는 거지요.[3] 이러한 사실은 퀴어축제를 통해서도 확인할 수 있는 사실이기도 합니다.

도착자의 이런 환상적 타협은 어떤 특별한 심리적 활동을 만들어 낼 뿐 아니라 자신의 향유에 자신의 협력자로 하여금 방향을 잃게 함으로써 자신의 향유가 전개되는 데 도움이 되는 상황을 끊임없이 만들어 내는 쪽으로 향하게 됩니다.[4] 사실 도착은 에로스와 죽음본능의 궁극적인 일치 또는 죽음본능에 대한 에로스의 굴복을 암시하는 것이지요.[5]

칼 마르크스가 자본의 외부를 사유하기 위해 논리적인 방법으로 공식을 만들어 자본의 외부를 설명하는 것처럼 라깡 역시 프로이트의 정신분석을 공식화 · 구조화하여 체계 밖으로 돌출되

---

1 Joël Dor, 홍준기 역, 『라깡과 정신분석 임상, 구조와 도착증』, 아난케, 2005. 252.

2 위의 책, 241.

3 위의 책, 250.

4 위의 책, 251.

5 H. 마르쿠제, 김인환 역, 『에로스와 문명』, 나남, 2017, 73.

성에 관한 여덟 가지 풍경

는 증상들을 더 잘 보여 주려 합니다. 이러한 논리적인 설득은 정신분석에 대한 강한 믿음을 주고 마음을 열게 할 수도 있지만 때로 이런 이성적 작업이 정서적 수납에 방해가 되는 경우도 종종 있게 됩니다.

  이 세 이론의 소개는 이 책을 읽어 나가면서 만나게 될, 이 용어에 대한 위화감이나 반감을 해소하기 위한 것입니다. 구체적 사고로 정리하기보다는 적당히 거리를 두고 이야기를 따라오시면 부분들이 조금씩 모여들어 퍼즐을 맞추어 나가게 될 것입니다. 이 책이 끝날 때쯤에는 이 세 이론이 머리에서 마음으로 내려오고 정신분석을 이론으로 받아들이는 것이 아니라 정서적으로 느껴지는 입문이 될 것입니다.

프롤로그 _____

    달은 지구를 중심으로 돌고 지구는 태양을 중심으로 돕니다. 구심력과 원심력의 팽팽한 긴장이 유지되면서 일어나는 일입니다. 만약 이 긴장의 끈이 끊어진다면 중심성을 벗어날 것이고 이때 이 벗어난 사물은 다른 중심에 편입되든지 아니면 다른 사물들의 중심이 되겠지요. 중심과 균형이 어디에나 존재하기 때문입니다. 언제가 TV에서 균형을 잡기 어려운 물건들, 오토바이나 불규칙한 모습의 돌과 여러 기괴한 물건들을 세우는 묘기를 방영한 적이 있었습니다. 비록 비대칭적인 물건일지라도 중심은 항상 존재하기 때문에 가능한 것이지요.

    우리가 사용하는 언어에도 중심이 있습니다. "요즘 왜 갑자기 미투의 문제가 부각되는 걸까?"라는 문장에도 중심이 있고 강세가 있습니다. "요즘, 왜, 갑자기"에서 '갑자기'에 악센트를 두면 "약약 강($\cup\cup$ —)"이 됩니다. 이것을 아나페스트라고 합니다. 그러나 '왜'에 강세를 두면 "요즘, 왜, 갑자기"($\cup$—$\cup$) 앰피블랙이 됩니다. "미투의 문제가 부각되고 있는 것일까?"라는 문장에서는 "미투의 문제가($\cup$) 부각되고 걸까?(—)"처럼 약강($\cup$ —)이 됩

                            성에 관한 여덟 가지 풍경

니다. 이것은 아얌부라고 합니다.

전체적으로는 약약강(∪∪ ―) 약강(∪ ―)이 되고 이것은 다시 약약강(∪∪ ―) = 약(∪) / 약강(∪ ―) = 강(―)으로 바뀌어 약강 (∪ ―)이 됩니다. 곧 "요즘 왜 갑자기(∪) 미투의 문제가 부각되 는 걸까?(―)"의 리듬(∪ ―)으로 바뀌고 중심은 뒤로 가게 됩니 다.[6] 이 문장에 대한 응답이 연이어 나온다면 상위 차원에 대한 중심점이 다시 형성되고 확대되기도 하지요. 중심성의 해체를 주장하는 누구의 글도 중심성에서 벗어나는 문장을 사용해서 논 증하는 것은 불가능합니다.

예술의 경우도 마찬가지입니다. 음악의 경우 중심이 있고 음 들이 그 중심과 어떤 관계에 있느냐에 따라 음악의 사조가 갈리 기도 합니다. 음계를 만들고 그 음계에 의해서 음악이 만들어진 것으로 알지만 사실 노래가 먼저 있었고 그 노래를 분석해 보니 이러저러한 음계가 발견된 것이지요. 이 음계를 다시 분석해 보

---

6 표시된 리듬 유형은 고대 수사학을 발전시켜 음악에 적용한 "Cooper, Grosvenor. and Meyer, Leonard B. *The rhythm structure of music* (New York: Phoenix books, 1963), 4-11"을 응용한 것입니다. '∪―'은 iamb, '∪―∪'은 amphibrach, '―∪' 은 trochee, '―∪∪'은 dactyle, '∪∪―'은 anapest입니다. 어떤 음악이든 문장이든 이 다섯 개의 리듬 형태로 분류되고 특별히 음악연주가들이 많이 사용하는 해석이기도 합니다.

니 어떤 구조와 중심이 보였던 거지요. 이 중심성에서 벗어나려고 무단히 노력했던 음악이 바로 현대음악입니다.

물론 예술의 영역에서는 탈중심성과 비대칭성의 묘미가 예술의 맛을 내기도 합니다.[7] 그렇다고 해서 이런 음악에 중심성이 없어지는 것은 아닙니다. 빛과 색채를 강조하는 드뷔시(C. Debussy)의 인상주의 음악에서도 바그너의 무한 팽창적인 반음계적 무한선율에서도, 쇤베르그(A. Schoenberg)의 12음 기법의 무조음악에서도 힌데미트(P. Hindemith)의 표현주의 음악에서도 심지어 펜데레츠키(K. Penderecki)의 〈히로시마〉와 같은 잡음의 클러스터(덩어리), 곧 음계를 사용하지 않은 효과 음향의 경우도 중심성은 반드시 존재하게 됩니다.[8]

니체는 바로 이 중심성을 의심하고 거부한 철학자입니다. 초기에 니체는 중심성의 아폴론적인 것과 디오니소스적 원심력이

---

7 이런 음악의 묘미는 현대음악에만 있는 것은 아닙니다. 예술은 억압을 뚫고 올라오는 어떤 증상이나 섬찟함, 전율, 광기(히스테리적인 요소) 같은 것들이 없이 예술작품을 만들기는 거의 힘들다고 볼 수 있습니다. 낭만주의 음악만이 아니라 심지어 바로크나 고전주의 음악에서도 나타나는 현상이지요. 때문에 프로이트는 예술의 컬리컬쳐를 히스테리라고 말하기도 합니다.

8 Robert, E. Middleton, *Harmony in modern counterpoint* (Boston: Allyn and Bacon, Inc., 1967), 16장 141-151. 이 책은 탈중심화된 현대음악에서 중심성을 찾아내는 것을 주된 내용으로 합니다.

적절히 배합되는 균형을 이야기하지만 이후 중심성에서 떨어져 나간 디오니소스적 광기에 더 많은 비중을 두게 됩니다. 그가 초기에 바그너를 이상화한 것은 바로 그의 음악에서 짜라투스트라와 같이 삶의 고통을 웃음으로 초극하는 충일한 삶의 전형을 보았기 때문입니다.

그러나 바그너의 무한선율은 너무 무겁고 거대하여 우주적 종교적 분위기를 짙게 드러낼 수밖에 없었습니다. 반음계적 무한선율은 원심력을 극대화하기는 했지만 결국 니체가 혐오하는 종교적 분위기나 퇴폐적인 분위기를 만들어 내는 데 오히려 좋은 기법이 되고 맙니다.[9] 사실 바그너의 음악은 결국 음악이 중심성을 벗어난다는 것이 불가능하다는 것을 증명하는 셈이 되고 맙니다. 비록 그 중심성의 끈이 너무 팽팽해서 그것이 관능적인 [10] 전이를 주는 것은 사실이지만 바그너의 반음계주의가 중심성

---

9 프리드리히 니체, 백승영 역, 『바그너의 경우』, 책세상, 2018, 10-11. 니체는 여기서 오히려 지극히 조성적이고 고전적인 아폴론적이고 명랑한 비제의 음악을 바그너와 비교하며 바그너를 평가 절하합니다. 니체는 반기독교적이면서도 기독교적인 자신을 벗어내지 못하는 역설과 양가성을 드러냅니다. M. 하이데거도 이 점에 대해서 자신의 저서 『니체와 니힐리즘』에서 니체를 반-형이상학자라는 의미의 형이상학적 사상가로 표현하고 있습니다.

10 바그너의 이런 반음계적 무한선율의 기법은 후기 낭만주의자 말러(G. Mahler)에게 깊은 영향을 미쳤고 브루크너(J. A Bruckner)는 이 말러와 바그너에게 영향을 받게 됩니다. 그는 이 두 사람을 조합하여 지극히 우주적이고 종교적인 음악을 만들어 냅니다. 이것에 대한 참조는 Hugo, Leichtentritt, *Music, History, and Ideas* (London: Oxford, 1941), 239-240.

을 벗어난 것은 아니었습니다. 니체는 바그너의 이러한 태도를 이유로 바그너를 떠나게 됩니다.[11]

　프로이트는 이 중심성에서 벗어나는 듯 벗어나지 않는 학자라고 할 수 있습니다. 그는 다른 학자들보다는 다분히 덜 혁명적이고 보수적이라고 할 수 있습니다. 물론 누구에게는 진보적으로 보일 수도 있지만 포스트구조주의의 입장에서 프로이트는 지극히 보수적인 학자가 됩니다. 무엇보다 그는 성과 가족에 대한 중심성을 포기하지 않았고 그의 삶도 보수적이었습니다. 그의 이론의 핵심인 오이디푸스 콤플렉스가 그 증거가 됩니다.
　법과 질서에는 어느 정도 억압이 전제될 수밖에 없다는 사실은 우리가 충분히 경험하고 있는 바지요. 그러나 명료하고 투명한 누빔점을 갖게 되고 이 좌표 안에 포섭되지 않는 것은 열등한

11　알랭 바디우, 김성호 역, 『바그너는 위험한가』, 북인더갭, 2012. 92-95. 바그너음악에서 느끼는 차이는 일종의 신비화로 보아야지, 진정으로 차이를 다루는 것으로 볼 수는 없다는 것이 니체의 주장입니다. 그의 음악은 타자성에 자신의 다면적 미광을 슬쩍 강요한다는 점에서 그는 일자에 의한 존재의 포획을 보여 주는 음악적 사례라는 것입니다. 결국 일자가 최고의 존재로 군림하도록 선율이 궁극적으로 모든 차이들을 자신에게 종속시키는 것이 바그너의 음악이라는 것이지요. 때문에 바그너음악에서의 차이는 사실 피날레의 계속된 지연에 불과한 동일성의 마술사 또는 요술쟁이로서의 바그너를 잘 나타내고 있다는 것입니다. 따라서 바그너는 디오니소스적 명징함의 대적자라는 것이 니체의 생각이었습니다.

것으로 치부하는 폭력성을 갖게 됩니다. 때문에 현대철학은 모든 것을 중심으로 포섭하고 획일화시키며 몰개성화하는 것을 거부하며 진리는 이 중심성을 넘어서는 것에 있다고 봅니다.

그러나 적어도 가정의 문제는 예술과 달라 중심의 문제를 해체한다는 것이 그렇게 간단한 문제가 아니라는 것에 있습니다. 탈중심화된 도착은 정상적인 관계보다 더 많은 환상과 쾌락을 주는 듯하지만, 그 반대의 결과를 초래하는 경우가 대부분이기 때문입니다. 사실 가정의 구조가 먼저 있었고 이 구조에 맞추어 가정을 만든 것은 아닙니다. 관습적으로 또는 자연스럽게 형성된 가정을 분석해 보니 이러저러한 구조가 나온 것이지요.

인간의 정신적 질병이 바로 이 가족이라는 구조의 불균형에서 발생합니다. 가족의 구조가 해체된다면 결혼제도는 인류의 존속을 위한 또는 사회와 국가를 위한 도구로만 존재하게 됩니다. "쾌락을 위하여 창녀를 매일매일의 시중을 위하여 첩을 또 합법적 후손과 가정의 충실한 관리를 위하여 아내를 얻을 수 있다는 논리가 성립되게 되지요."[12]

---

12 이 내용은 그리스 시대에 데모스테네스가 저술한 『네에라에 대한 반론』에 기록된 것으로 당시 재산 분배와 연관된 첩의 지위나 합법적 후손에 대한 논란 과정에 있었던 내용으로 추정됩니다. Michel Foucault, 문경자, 신은영 역, 『성의 역사 2』, 나남, 2013. 167, 174.

여기서 더 나아가면 남성과 여성의 경계도 없어지고 성자체도 주입된 것이고 사회적으로 강요 혹은 조작된 것이 됩니다. 가정이라는 어떤 중심성의 구조(엄마, 아빠, 자녀의 구조)는 인간의 욕망과 충동과 쾌락을 저해하는 방해물일 뿐입니다. 일부일처제의 성은 억압적이고 조작된 상징계의 환상이고(표상의 체계) 실재(디오니소스적, 혹은 의지의 세계)가 아닌 것이 되지요.

프로이트는 문명의 과잉 억압으로 억눌린 충동의 문제에 대해 비록 비관적이기는 하지만 그 해결(에로스 본능과 타나토스 본능의 타협)을 포기한 것은 아니었습니다. 프로이트의 정신분석은 인간의 의식을 철저하게 회의하는 철학의 영역만이 아니라 무의식 자체를 깊이 탐구해 들어간 학자들(M. 클라인, W. 비온 등)에게도 중요한 위치에 있습니다. 때문에 프로이트의 정신분석은 신경증을 넘어선 악성 병리들, 곧 상대적 상실이 아닌 절대적 상실의 사람들, 증상 자체를 창조적으로 이용할 수 없는 정신증 환자들을 치료하는 분석가들에게도 여전히 중요한 매개의 역할을 하고 있는 학자입니다. 따라서 프로이트는 현대를 사는 우리에게 반드시 넘어야 하는 산이라 할 수 있습니다.

영화를 텍스트로 하는 이유는 영상이 인간의 고상함이라는 방어막을 쉽게 뚫고 들어올 수 있는 기능이 있고 종종 우리의 내면을 폭로하고 드러내는 일을 서슴지 않기 때문입니다. 영상이 우리의 무의식속에 잠자고 있던 금지된 성애적 열망을 활성화시켜 종종 우리의 마음을 불편하게 하는 것은 사실이지만 분명 영상은 성에 대해 더 정서적으로 직면할 수 있도록 자극을 주는 좋은 도구인 것만은 틀림없는 사실입니다.

우리는 이 글을 통해 충동과 쾌락, 또는 도착(실재계)이 상징계의 억압을 뚫고 가족이라는 중심성을 해체하는 원인이 어디에 있으며 억압을 이유로 상징계를 벗어날 때 발생하는 성윤리의 폐기와 이에 기인된 무질서를 우리가 과연 감당해 낼 수 있는지에 대해서도 살피게 될 것입니다. 또한 가족이라는 상징체계 안에서 인간의 욕망과 사랑이 통합될 수 있는 것인지, 상징계 안에서 강력한 초자아의 힘을 어떻게 완화할 수 있는지, 프로이트의 정신분석을 따라 함께 고민하게 될 것입니다.

그럼 『성에 관한 여덟 가지 풍경』 여행을 떠나 보도록 하겠습니다.

sex-related
Eight Views   차례

Watch a movie as Freud ▼

풍경 1.

유아성욕에 대하여

《롤리타(Lolita)》를 중심으로

미치고 병리적이라고 부르는 이미지들일지라도,
그것들은 우리의 참자기가 숨어 있는 곳을 가리킬 수 있다.
만일 우리가 고아처럼 잃어버린 우리 자신의 부분을 향해 손을 뻗치는 대신,
그것들을 도덕적인 관점에서 판단한다면,
그 부분은 반복되는 충동이나 도착된 성욕을 통해서 우리에게 나타날 것이다.

(Masud R. Khan)

감독: 애드리안 라인(Adrian Lyne)

1   예술인가 외설인가?

—— 〈롤리타〉는 성애 예술로는 정평이 나 있는 영화입니다. 그러나 이 영화를 본 사람들의 일반적인 소감은 매우 외설적으로 느껴진다는 것입니다. 원작가인 나보코프(V. Nabokov)는 "자신은 교훈적인 소설은 읽지도 않고 쓰지도 않는다. 〈롤리타〉 속에는 어떠한 도덕적 교훈도 없다."라고 말합니다. 그는 섹스 이야기에는 관심이 없으며 님펫들의 위험천만한 마력을 영원히 붙

잡아 두고 싶었다고 말합니다.[1] 그러나 아무리 성을 언어적 유희로 놀이하며 예술의 시녀로 만들어도 그 탐미적 치장을 뚫고 올라오는 윤리적 감정을 완전히 억압하고 방어하는 일에는 그도 실패할 수밖에 없었습니다. 물론 영화에서도 같은 느낌을 받게 됩니다.

사실 이 영화는 지속적으로 외설에 대한 논란이 있어 왔습니다. 어린 소녀의 관능적인 자태에 마치 이제 막 사춘기를 만난 소년처럼 한눈에 정신이 나가 버리는 중년의 대학교수의 모습을 어떻게 해석해야 할지, 어린 소녀와 어떻게 그토록 아찔하고 위험스러운 정사를 가질 수 있는지, 평범치 않은 이 사랑에 진실이 있다고 하기에는 왠지 용납이 안 되고 작가의 말처럼 문학으로 예술로만 받아들이기에도 무언가 석연치 않음을 느끼게 됩니다. 그렇다고 단순하게 항간에 떠도는 소아성애증과 같은 '롤리타 콤플렉스'로 보기에도 무리가 따릅니다. 비록 왜곡된 사랑이기는 하지만 진실이 아주 없는 것은 아니기 때문입니다.

나는 너를 사랑했다. 내 비록 다리가 다섯 달린 괴물이었지만 너를 사랑했다. 내 비록 비열하고 잔인했지만, 간악했지만, 무슨 말을

---

1   블라디미르 나보코프, 김진준 역, 『롤리타』, 문학동네, 2013, 506.

들어도 싸지만, 그래도 너를 사랑했다, 너를 사랑했다! 그리고 때로는 네 심정을 헤아릴 수 있었고, 그때마다 지옥의 괴로움을 맛보았다, 나의 아이야. 롤리타, 씩씩한 돌리 스킬러.[2]

영화 〈롤리타〉는 1962년 스탠리 큐브릭(S. Kubrick)에 의해 처음 만들어진 이후 35년 만에 애드리안 라인 감독에 의해 다시 제작되었습니다. 소재와 구성 자체가 파격적이라 여전히 논쟁의 불씨를 안고 있는 이 영화는 누구에게나 호기심을 불러일으키고 해석하고 싶은 유혹을 주는 영화입니다. 피상적으로는 다른 영상 에로물에 비해 선정적이지 않지만 내용상으로는 충분히 문제를 야기할 수 있는 작품이지요.

영화 〈롤리타〉에서 감독은 최대한 원전의 의도를 훼손하지 않으려는 노력을 보였지만 글과 영상의 차이를 넘어서는 기묘한 도약을 피할 수는 없었습니다. 영상은 언어유희(문학적 예술)라는 방어막을 뚫고 무의식의 심층을 쉽게 드러내는 장점을 갖게 됩니다.

우리는 남녀가 성적구속 상태에 빠져 있을 때 정상적이고 이

---

2 위의 책, 458.

성적인 판단을 하지 못한다는 것을 직관적으로 알고 있습니다. 그럴지라도 이러한 상황들은 에로틱한 언어로 어느 정도 표현이 가능합니다. 그러나 인간의 모든 인륜과 도덕을 망각하고 죽음도 불사하는, 무언가에 빠져 헤어나야 한다는 것을 알면서도 점점 더 깊이 들어가 결국 파멸에 이르고 비극을 맛보는 이런 사랑을 언어로 표현한다는 것이 쉬운 일은 아닐 겁니다. 쾌락이나 삶을 추구하는 것이 인간의 본성인데 죽음을 향해 불로 뛰어 들어가는 불나방과 같은 이 사랑을 어떻게 무엇으로 설명해야 할까요?

영국의 일간지 '인디펜던트(the independent)'에서는 "험버트는 현대문학에서 가장 웃기는 괴물이다. 그와 떠나는 지옥행이라면 이유 불문 동행해 마땅하다."라고 극찬하기도 합니다. 작가는 소설에서 이렇게 표현합니다.

님펫을 어루만질 때의 희열에 견줄 만한 기쁨은 지상에 존재하지 않는다. 느낌의 수준이 다르고 차원이 달라서 아예 비교할 수도 없는 희열이다. 우리가 아무리 말다툼을 해도, 그녀가 심통을 부려도, 온갖 소란을 피우고 오만상을 찡그려도, 천박하게 굴어도, 이 모든 상황이 너무 위험하고 지독하게 절망적일지라도 나는 스스로 선택한 낙원에 깊이 빠져 헤어날 수 없었다. 비록 하늘마저 지옥불의 빛깔을 닮았지

만 그래도 낙원은 낙원이었다.[3]

프로이트는 이런 사랑을 '죽음본능(tanatos)'과 연관시킵니다. 이 용어는 1923년에 〈쾌락의 원리를 넘어서〉라는 논문에서 처음 언급하였지만 사실 이 용어는 1905년 〈성에 관한 세 편의 논문〉 중 두 번째 논문인 '유아성욕'에 이미 그 전조가 나타나고 있습니다.

나보코프 소설의 인기는 바로 인간의 무의식 안에 숨어 있는 유아성욕을 순간적이고 찰나적인 덧없는 아름다움으로, 비극적 언어의 유희로 표현한 것에 있습니다. 맛볼 수만 있다면 목숨을 내어 주어도 아깝지 않는 그런 사랑의 근원적 추동력이 프로이트는 유아성욕에 있다고 생각했습니다. 사실 이 생각은 이해하기도 어렵고 받아들이기도 어려운 이론입니다. 유아에게 성욕이 있다니요!

분명한 것은 유아성욕이 오이디푸스 이론과 함께 프로이트 정신분석 전반을 이해하는 가장 중요한 열쇠라는 것입니다. 문제는 이것을 다시 맛본다는 것은 곧 생과 사의 경계, 곧 칼날 위에서 춤을 추는 아슬아슬한 묘기와 같다는 것입니다. 우리는 이 글을 통해 이 위험한 사랑을 행동으로 옮기는 것이 아니라 상상

---

3 위의 책, 265-266

속에서 영상과 글로 놀이하려 합니다. 플라톤은 성인이란 악인들이 현실에서 실제로 하고 있는 것을 꿈속에서 해 보는 것만으로도 만족하는 사람이라고 했습니다.

우리는 험버트만큼은 악당이 되지 않으면서 그 사랑이 무엇인지 함께 여행하려고 합니다. 먼저 영화 〈롤리타〉의 스토리를 따라와 보시지요.

2 　죽음을 향한 불장난

―― 제정신이 아닌 듯한 한 중년 남성(험버트)이 비틀거리며 차를 몰고 있습니다. 그의 눈빛은 초점이 없으며 얼굴은 마약에 취한 듯, 표정이 없습니다. "그녀의 애칭은 '로', 키는 145㎝, 양말은 한쪽만 신었고, 별명은 '롤라', 슬랙스를 입었고, 호적상 이름은 돌로레스, 내 품에 안겼을 땐 언제나, 내 인생의 빛, 내 자극의 불꽃, 네 죄악, 내 영혼, 롤―리―타."라는 그의 독백과 함께 영화는 이 중년 신사의 과거 회상으로 시작됩니다.

그는 고백하길 그때(1921년 칸느) 아나벨을 만나지 않았다면 롤리타도 없었을 것이라고 말하며 그녀와의 인연이 평생 한 남자의 운명이 되었다고 고백합니다. 첫사랑이었던 그 아름다운 소녀는 장티푸스로 갑자기 세상을 떠났고 그 소년은 아직도 아나벨을 품은 채 45살 중년이 될 때까지 사랑을 하고 있었다고 영화는 말합니다(사실 영화에서 험버트는 나이가 훨씬 많아 보입니다).

불문학교수인 험버트가 뉴잉글랜드에서 미국에 비어드슬래드 학교로 불문학 강의를 위해 옵니다. 미망인 샤롯 헤이즈의 집에 하숙 소개를 받았지만 그는 마음에 내키지 않아 서둘러 돌아가려고 합니다. 이를 눈치챈 미망인은 정원은 맘에 들 것이라고 하며 급히 험버트를 정원으로 인도합니다. 이때 험버트는 정원에 누워 책을 읽고 있는 롤리타의 관능적인 자태에 끌려 하숙을 결정합니다. 그는 롤리타의 이 모습에 반해 "그녀의 엄마와 온 세계가 다 날아가고 롤리타만 내 품에 남아 있기를" 기원합니다.

천방지축, 자유분방, 자기 멋대로 행동하는 롤리타의 관능적인 매력에 험버트는 점점 더 깊이 빠져들어 갑니다. 이것을 눈치챈 헤이즈는 강제로 롤리타를 멀리 기숙학교로 보내 버리고 험버트에게 결혼 프러포즈를 합니다. 험버트는 롤리타를 옆에 두고 싶은 마음에 결혼을 승낙하지만 험버트는 샤롯 헤이즈에게 수면제를 먹이며 6주 동안이나 육체적인 관계를 피합니다. 샤롯 헤이즈는 험버트가 집을 비운 사이 숨겨 둔 일기장을 보게 되면서 험버트의 마음을 알게 됩니다.

험버트가 자신의 딸 롤리타에게 마음을 갖고 있다는 것은 감

성에 관한 여덟 가지 풍경

히 상상할 수 없는 일이었지요. 그녀는 험버트에게 소리를 지르며 광분합니다. 험버트가 샤롯의 마음을 달래기 위해 아래층으로 내려가 독한 술을 준비하는 사이 그 짧은 막간에 샤롯은(롤리타에게 편지를 부치러 가다) 교통사고로 사망하게 됩니다. 우연이지만 자신이 상상했던 일이 현실로 이루어지게 된 것입니다. 무의식적 소망이 이루어진 것이지요.

본의 아니게 롤리타의 보호자가 된 험버트는 계부로서의 양육의 의무를 자연스럽게 지게 됩니다. 롤리타의 옷을 챙기고 호텔에 2인용 트윈베드의 방을 예약한 후 롤리타가 다니는 기숙학교로 달려갑니다. 험버트는 양심상 롤리타와 함께 자지는 못합니다. 그러나 새벽녘에 롤리타가 먼저 깨어 험버트에게 말을 겁니다. 자신이 학교에서 얼마나 막 나갔었는지, 그리고 한 소년(찰리)에게 어떻게 순결을 잃었는지, 게다가 순진하게도 롤리타는 험버터에게 성 경험을 해 본 적이 있냐고 물어봅니다. 롤리타는 자신이 가르쳐 주겠다고 하며 오히려 험버트를 유혹합니다.

험버트는 롤리타가 자신의 첫 남자가 아니라는 것에 위안을 받으며 '여성 배심원 여러분'을 초정합니다. 그리고 아마 당신이었더라도 이 상황을 넘기기는 어려웠을 것이라는 자기합리화로 죄책감을 덜어 냅니다.

이렇게 험버트와 롤리타의 위험한 여행이 시작됩니다. 이후 롤리타는 점점 더 중년 남자의 몸에 흥미를 잃게 되고 험버트는 더욱더 초조한 상황에 빠져들게 됩니다. 롤리타는 성을 도구로 험버트에게 돈을 요구하기 시작하고 초조한 험버트는 롤리타를 거의 감금과 같은 수준으로 통제하면서 둘의 관계에는 균열이 생기기 시작합니다.

험버트는 롤리타의 양육 문제로 한 도시에 정착하여 롤리타를 교육하기로 결정합니다. 롤리타는 연극반에 들어가서 활동하지만 험버트는 자신들의 관계가 폭로될까 편집적이 되어 가고 급기야 롤리타에게 폭력을 가하기까지 합니다.

롤리타는 극작가인 퀼트와 전화로 탈출을 모의한 후 험버트에게 다시 여행할 것을 제안합니다. 둘은 다시 미국을 투어하게 되지만 이 후 그들의 뒤를 계속 쫓고 있는 차를 발견하게 됩니다. 험버트는 불안해하며 형사가 자신을 뒤쫓고 있다고 생각합니다. 여행 중 갑자기 롤리타는 심한 발열로 입원하게 되고 하룻밤 사이 누군가 롤리타를 퇴원시켜 데리고 갑니다. 이후 험버트는 롤리타를 6개월 동안 찾아 헤매다가 결국 포기하게 됩니다.

그로부터 3년 후 험버트는 롤리타에게서 한 통의 편지를 받습니다. 내용은 그녀가 결혼했고 곧 아이를 출산할 것이라는 소식과 함께 빚에 쪼들리니 돈 좀 보내 달라는 것이었습니다. 험버트

성에 관한 여덟 가지 풍경

는 사격을 연습한 후 어느 빈민촌의 롤리타 집으로 찾아갑니다. 그는 롤리타가 갑자기 사라진 연유를 묻고 롤리타를 퇴원시킨 자가 개를 데리고 다녔던 퀼트라는 극작가였음을 알아냅니다.

험버트는 롤리타에게 다시 사랑을 구걸합니다. 이때 롤리타는 호텔에 가서 자 주면 돈을 줄 거냐고 묻습니다. 험버트는 자 주지 않아도 돈은 주겠다며 4,000불을 내어 줍니다. 원하던 금액의 10배를 받은 롤리타는 놀라며 기뻐합니다. 그러나 험버트는 이 모습을 보고 울고, 롤리타는 우는 험버트를 달랩니다. 험버트는 다시 한번 함께 가자고 하지만 당신을 쫓아갈 바에야 퀼티를 쫓아갈 것이라고 말합니다. 롤리타는 여전히 "그 남자는 정말 멋있는 남자였고 그를 사랑했었다."고 고백합니다.

험버트는 퀼티를 찾아가 잔인하게 살해합니다. 장면이 바뀌어 영화의 처음 장면, 곧 최면에 걸린 듯한 눈빛과 비틀거리는 자동차의 모습이 나옵니다. 그 뒤에는 경찰이 사이렌을 울리며 따라오고 있구요. 이어 그는 감옥에서 병사하였고 같은 해 12월에 롤리타 역시 애를 낳다가 죽었다는 자막으로 영화는 막을 내립니다.

영화를 보는 거의 모든 사람들은 마치 이 영화를 실화로 여길 정도로 구성이 완벽함을 느끼게 됩니다. 그러나 이 모든 스토리는 실화가 아니라 픽션이었고 상상의 놀이였습니다.

3 　영화를 관통하는 자기비판: 초자아

—— 주인공 험버트의 자전적 고백에는 항상 금지된 욕망을 맛보고 있는 작가 자신에 대한 죄책감이 묻어 있습니다. 영화에서도 "여성 배심원 여러분!"을 초정하며 묵시적으로 "이런 상황이었다면 당신도 마찬가지였을 겁니다."라는 뉘앙스로 심리적 보상을 만듭니다. 영화의 마지막에서도 그는 롤리타에게 "날 용서해 줄 수 있겠니? 내가 한 모든 것을 잊어 줄 수 있겠니?"라고 간청하며 그가 죄책에 힘들어하고 있음을 보여 줍니다.

사실 작가는 자신의 죄책감을 해결하면서 금지된 은밀한 욕망을 맛보기 위한 여러 가지 장치들을 고안해 냅니다. 롤리타 엄마의 우연한 사고와 죽음. 그리고 어쩔 수 없이 자신이 롤리타의 보호자가 될 수밖에 없었던 상황! 비도덕적 행위를 할 수밖에 없었던 환경들을 여기저기 세팅해 놓은 후 자신의 의지를 합리적으로 관철합니다.

험버트는 롤리타의 엄마 헤이즈와 마음에 없는 결혼을 했지요. 그래야만 롤리타를 붙들어 둘 수 있었으니까요. 이어 그는 롤리타의 엄마를 사고로 죽입니다. 사실 이러한 픽션은 나보코프의 무의적 소망입니다. 누구도 간섭하거나 개입하기 어려운 상황을 만들어야 마음껏 상상적으로 자신의 욕망을 성취할 수

있으니까요.[4]

무엇보다 롤리타를 건드린 것이 자신이 처음이 아니고 롤리타는 성적으로 순결한 소녀가 아니라는 설정까지 만들어 놓습니다. 롤리타를 조금은 창녀 같은 요염한 야성을 지닌 소녀로 부각시키지요. 이런 점에서 보면, 금지된 욕망을 나름 교묘한 방법으로 누리고 있는 험버트를 유아성애자로 만든 나보코프는 간접적으로 이런 성애를 맛보는 신경증자라고 이야기할 수 있습니다. 실제 나보코프는 "자신의 소설 속에 성도착자의 생리적 충동에 대한 언급이 많은 것은 사실"이라고 고백하기도 합니다.[5]

험버트는 사실상 가해자입니다. 법적으로는 이미 계부이고 실제 나이도 딸이나 다름이 없습니다. 그것은 근친상간이고 법으로 금하는 것입니다. 그러나 갈등하고 괴로워하는 불쌍한 피해자의 모습으로 가해의 측면을 중화시킵니다. "어차피 이 소녀는 남자와의 관계가 처음이 아니다. 찰리와 이미 성적 경험을 한 여자다. 그리고 그가 먼저 유혹을 했다." 이렇게 말입니다. 그러나 롤리타는 험버트와 첫 정사를 가진 후 "경찰에 신고할 거

---

4 사실 영화와 달리 소설은 자신이 성적편력이 얼마나 다양했는지 그리고 자신이 얼마나 많은 성의 경험이 있는지 그래서 얼마나 순수한 사람이 아닌지 어린 14살짜리 롤리타를 건드릴 수 있는 것이 뭐 그렇게 기이한행위도 아니라는 자기변명이 있지만 영화에서는 이 모든 것이 생략됩니다.

5 위의 책, 508.

야! 나쁜 아저씨."라고 말합니다. 이 말은 "내가 그렇다 할지라도 당신은 나를 지켜 주어야지." 하는 의미인 것입니다. 이것 역시 작가 나보코프의 무의식, 곧 초자아이겠지요.

프로이트 노년에 만들어 낸 자아(ego)와 초자아(superego) 그리고 이드(Id)의 역동 가운데 초자아는 가장 잔인하고 무자비한 정신적인 심급입니다. 초자아는 자아의 힘으로는 감당할 수 없는 막대한 영향력을 자아에게 미치는 무의식적 힘입니다.[6] 때문에 초자아를 무시한 채로 금지된 욕망을 마음껏 충족시킨다는 것은 보통 사람에게는 불가능한 일입니다.

막강한 권력을 가졌거나 어떤 초인적인 힘을 가진 사람 또는 완전히 미친 사람이 아니고는 이런 비윤리적인 일을 감행한다는 것이 감히 상상할 수 없는 일입니다. 사실 보통 사람들은 이런 금지된 욕망을 맛보려는 시늉만 해도 성추행으로 고발됩니다. 때문에 보통 사람들은 증상이나 환상으로 대체해서 우회적으로 맛을 보게 되지요. 프로이트는 이러한 성향을 신경증이라고 했습니다.

사실 험버트는 어린 롤리타와 정사를 갖는 일에 끊임없이 갈

---

6   S. Freud, 박찬부 역, 「자아와 이드」, 열린책 v.14, 1998, 112. S. Freud, 한승완 역, 「정신분석학 개요」, 열린책 v.20, 1998, 231.

등하며 자신의 본능과 싸웁니다. 그는 본능에 완전히 굴복한 것도 아니고 초자아의 압력을 완전히 이겨 낸 것도 아닙니다. 경계선에서 갈등하지만 결국 넘어서게 됩니다. 그러고는 여성 배심원을 불러내며 그 원인이 요염한 롤리타에게 있었다고 호소하기도 합니다. 그러나 당신이 여성 배심원이라면 절대 용서가 안 되겠지요. 혹 용서가 된다면 당신은 작가 나보코프의 문학적 유희와 예술성에 흠뻑 빠져든 것입니다. 그리고 그것이 작가의 의도이기도 하구요.

험버트의 본능이 초자아를 완전히 억압했다면 이 작품은 포르노물로 전락했을 것입니다. 이 영화가 성애예술의 반열에 오른 이유는 갈등하면서 맛보고 또 괴로워하면서 맛보다가 결국 죄책을 이기지 못해 그 대가로 죽음을 선택했기 때문입니다.

험버트에게 무시되고 억압된 초자아(윤리와 도덕)는 외부로 떨어져 나가 다른 누군가 뒤를 쫓고 있는 것으로 나타납니다. 험버트는 그를 형사로 추측합니다. 자기의 인격 안에 포용되지 못하고 떨어져 나간 인격은 소외되어 자신을 벌주기 위해 쫓아오는 환상으로 대체됩니다. 그는 자신의 비윤리적인 성적 관계가 폭로될 것을 늘 두려워하였고 롤리타에 대한 이러한 집착이 결국 롤리타를 도망가게 만드는 원인이 됩니다. 그래서 그녀는 결국 극작가 퀼트와 모의하고 도망가게 되구요.

　　　　　　　　　　　　　성에 관한 여덟 가지 풍경

　남자들은 오이디푸스기를 겪으면서 엄마와의 접촉을 금지하
는 강력한 명령과 금지에 봉착하고 그것을 내면화하면서 초자아
가 됩니다. 여자들은 이러한 경험을 갖지 못하기 때문에 초자아
가 발달할 수 있는 기회가 거의 없다고 프로이트는 말합니다.[7]
그러나 여자들의 연약한 초자아가 남자들에게 핑계가 될 수 없
습니다.

　영화에서 롤리타는 씹던 껌을 험버트의 입에 넣어 주고 요염
한 교태를 부립니다. 그럼에도 인간의 초자아는 이 유혹을 이
겨 내야 한다고 말합니다. 그 이유는 이 소녀가 딸 같은 아이이
기 때문입니다. 보통 여자가 남자를 성추행하거나 남자가 여자

7　S. Freud, 임홍빈, 홍혜경 역, 「여성성」, 열린책 v.3, 1998, 184.

를 유혹한다고 말하지는 않습니다. 여자는 힘과 권력을 사용해서 남자를 강제 추행하지는 않습니다.

어쨌든 남자가 그 막강한 초자아의 힘을 이겨 내고 불륜을 향유할 수 있다면 그는 초인이거나 막강한 권력을 가진 자입니다. 그러나 요즘 그런 절대적 힘을 가진 자는 거의 존재하지 않습니다. 문제는 초자아를 이겨 먹을 정도로 강한 욕망이 있다면 그것이 무엇이겠느냐는 것이지요. 이 세상의 지위나 명예, 재물을 무의미하게 여기고 그동안 쌓아 두었던 품위와 허울을 한순간에 벗어던질 수 있는 힘, 그동안 힘들여 쌓아 놓았던 공력을 일거에 날려 버릴 수 있는 이 힘, 이것이 바로 '유아성욕'이라는 것입니다. 이 소설이 그렇게 많은 독자를 가질 수 있었던 힘도 바로 독자들의 이 '유아성욕'을 일깨웠기 때문이 아닐까요?

4   남자의 성적 외상: 유아성욕

—— 우리는 프로이트가 성에 대해서 말할 때 오직 섹스만을 다루는 것으로 오해하거나 윤리적 차원이 배제된 생물학적 차원에서만 성을 다루는 것으로 오해합니다. 성을 섹스로만 생각할 때 성은 정해진 루트를 따라 프로그램대로 움직이는 기계

적이고 경직된 무엇으로 생각될 수 있습니다. 물론 이러한 성향이 없는 것은 아니지만 그는 성이 사회·문화적인 배경 안에서 어떻게 다양한 모습으로 변형되는지를 관찰했습니다. 성은 우아하게 승화된 성애 예술로도, 사도마조히즘적인 공격적 에너지와 결합하는 경우도 있습니다.[8] 이렇게 성의 다층적 차원에 대한 그의 견해는 프로이트의 거의 모든 논문에서 다루어지고 있습니다.

그는 아이가 젖을 배부르게 먹은 뒤 엄마 젖 아래에서 발그레해진 뺨과 행복한 미소로 잠에 떨어져 있는 모습과 성인들이 성교 후 행복하게 곯아떨어진 모습을 유비시키기도 합니다.[9] 사람들은 프로이트가 성적인 안경을 쓰고 모든 원인을 성(sex)의 관점에서 바라본다고 생각하지만 사실 프로이트는 성 그 자체가 삶과 어떻게 긴밀히 연관되어 있는가를 보고 있는 거지요. 이 때문에 그가 말하는 성은 우리가 아는 성(sex)과는 질적인 면에서 다른 차원의 것입니다. 그는 성을 다룬 것이 아니라 우리의 삶을 다룬 것입니다.

---

8 S. Freud, 박찬부 역, 「쾌락 원칙을 넘어서」, 열린책 v.14, 1998, 75. S. Freud, 「자아와 이드」, 150. S. Freud, 오현숙 역, 『성에 관한 세 편의 해석』, 을유문화사, 2007.127.

9 S. Freud, 『성에 관한 세 편의 해석 』, 103.

특히 프로이트는 성 발달 과정인 항문기, 구강기, 성기기의 과정들이 사회 문화적인 성향들과 어떻게 결합, 변형, 작동되는지에 관심을 갖습니다. 성은 다양하고 복잡한 형태와 다양한 방법으로 인간의 삶에 참여한다는 것이지요.

성을 문학적 차원으로 승화시킨 이 영화나 소설 역시 프로이트라면 성적 에너지인 리비도의 변형으로 보았을 것입니다. 관점의 차이지요. 이것을 예측한 작가 나보코프는 소설 여러 곳에서 자신의 성애 예술적 표현이 정신분석적으로 분석될 것에 대한 경계를 드러냅니다. 사실 그도 정신분석에 대한 오해를 한 듯합니다.

영화의 초반에 주인공 험버트는 14살 때 평생의 운명을 좌우할 어떤 엄청난 사건을 겪었다고 이야기합니다. 그의 아버지는 미라나 호텔 소유주였고 험버트가 사랑한 그녀는 14살의 매혹적인 간호사였습니다. 그는 그녀를 만나고 첫눈에 미친 듯 사랑에 빠져듭니다. 어린 나이에 그녀와 성적 체험도 가졌다고 말합니다. 그러나 4달 후 그녀는 장티푸스로 죽게 됩니다. 그때를 회상하며 험버트는 그 이후의 삶이 그녀를 찾는, 그래서 중독된 그 영혼의 상처를 치유하기 위한 것이라고 말합니다.

　　　　　　　　　　　성에 관한 여덟 가지 풍경

내 영혼의 진공은 그녀의 빛나는 아름다움을 구석구석 남김없이 빨아들여 내 죽은 신부의 모습과 하나하나 비교해 보았다. 굳이 말할 필요도 없겠지만 잠시 후 이 새로운 소녀, 이 롤리타, 나의 롤리타는 그녀의 원형을 완전히 덮어 버렸다.[10]

14살 사춘기는 연애에 대한 감정과 성에 대한 생각이 가히 엄청난 상과 자극으로 마치 영혼을 삼킬 듯한 힘으로 다가오는 시기입니다. 왜 이렇게 사춘기에 갑자기 성에 대해 눈이 뜨이게 되는 것일까요?

프로이트는 사춘기가 '성적 환상의 시기'라는 일반적인 생각을 부정합니다. 그리고 이것을 〈성에 관한 세 편의 논문〉 중 두 번째 논문 '유아기의 성욕'이라는 논문에서 논증합니다. 유아에게 성욕이 있다는 이런 대담하고 공격적인 착상이 바로 프로이트의 독창적인 면모입니다. 물론 어린아이에게 성욕이 있다는 이 도발적인 생각은 그가 많은 오해를 받게 된 원인이 되기도 합니다. 그러나 이 유아성욕을 이해하지 않고는 그의 글 어느 것 하나 파악이 불가능하고 이것이 무너지면 그의 학문 자체가 사라지게 됩니다. 이것이 그가 "세인들의 분노에도 불구하고 유아성

---

10 블라드미르 나보코프, 66.

욕에 집착했던 이유"입니다.[11]

일반적으로 그리고 경험적으로 성적으로 가장 민감한 시기를 '사춘기'라고 생각하는 선입견을 프로이트는 오히려 유아기가 성적으로 가장 민감한 시기였다고 바꾸어 버립니다. 사춘기가 성적으로 그렇게 민감한 이유는 억압되어 있던 유아성욕이 사춘기에 다시 재활성화된 것이라 보는 것입니다.

사춘기에 그렇게 엄청난 성적 환상이 갑자기 밀려온다는 그런 결정론적인 생각은 프로이트에게 논리적으로 근거가 빈약했습니다. 사춘기가 성적으로 민감한 이유를 오히려 유아성욕이 얼마나 강렬했었는가를 반증하는 것으로 뒤집어 본 것입니다.

이후 유아성욕이 6세에서 13세까지 잠복되었다가 자신의 정체성을 찾고 싶어 하는 사춘기를 만나면서 나도 이제는 아버지의 법에 굴복하지 않고 나 자신으로 살겠다는, 그래서 그동안 금지당했던 욕망을 마음껏 표현하겠다는 공격성이 성적 충동과 동시에 올라오게 된다는 것입니다. 특별히 이 나이 때는 몸에 대한 영상들이 지나치게 자극적으로 다가오거나 지나친 성적 열정으로 인해 정상적인 삶을 살 수 없을 만큼 불안을 가져다주기도 합니다.

---

11 S. Freud, 한승완 역,「나의 이력서」, 열린책 v. 20, 1998, 44.

물론 이렇게 유아성욕의 활성화가 드러나는 사춘기의 현상은 사람마다 더 이르기도 하고 늦기도 합니다. 생각지 못한 시기에 그 느낌이 어떤 대상을 통해 갑자기 살아날 수도 있으니까요. 영화에서 험버트의 나이에 롤리타를 통해서 그런 감정이 갑자기 일어난 것이 바로 이를 반증하는 것이라 할 수 있습니다. 소설에서 작가는 이렇게 표현합니다.

내가 미친 듯이 소유해 버린 것은 그녀가 아니라 나 자신의 창조물, 상상의 힘으로 만들어 낸 또 하나의 롤리타, 어쩌면 롤리타보다 더 생생한 롤리타였다.[12]

그렇다면 유년기에 성적 자극이 가장 민감한 이유는 무엇일까요? 유아기는 성적 이탈에 대한 수치심, 혐오감 또는 도덕심 같은 정신적 제방이 아직 존재하지 않거나 형성되어 가고 있는 중이기 때문에 육체적·정신적인 모든 자극을 그대로 다 받아들여야 하는 시기입니다.[13] 이 때문에 어른들보다 들어오는 자극이 더 생생하게 지각될 수밖에 없게 됩니다.

---

12 블라드미르 나보코프, 103
13 S. Freud, 『성에 관한 세 편의 해석』, 113.

유아가 자신의 신체를 통해 엄마와 교감하는 자극들을 생각해 보면 사실 어른들의 성 접촉(만지고 닦아 주고 빨고 하는)과 별반 다를 바가 없다는 것을 알게 됩니다. 성충동이 성기 영역의 흥분을 통해서만 이루어지는 것이 아니라는 이 사실은 아기를 완전히 벗긴 채로 닦아 주고 만져 주고 빨려 주고 하는 이 경험은 무의식에 흔적으로 남아 평생 동안 지각적 동일시를 반복하게 되는 것입니다.[14] 유아기의 이런 경험은 시간이 지난다고 해서 사라지는 것이 아닙니다.

나의 롤리타는 꿈 많은 천진함과 섬뜩한 천박함을 동시에 지녔다. 광고나 잡지 사진에 등장하는 들창코 아이처럼 앙증맞기도 하고, 구대륙의 (짓밟힌 데이지꽃과 땀 냄새를 풍기는) 어린 하녀처럼 어렴풋한 관능미도 있다. 시골 갈봇집에서 어린애로 변장한 젊디젊은 매춘부처럼 보이기도 하고, 그런가 하면 그 짙은 사향 냄새와 진흙탕 속에서, 그 더러움과 죽음 속에서 문득 티 없이 맑고 깨끗하며 다정한 일면이 드러나기도 하니, 오 하느님, 오 하느님. 그리고 가장 중요한 것은 그녀가, 이 롤리타가, 나의 롤리타가 해묵은 내 욕망을 되살려 냈고, 그리하여 롤리타는 이 세상 그 무엇보다 소중한 존재가 되었다는

14 이창재, 『프로이드와의 대화』, 민음사, 2004, 175.

사실이다.[15]

사랑에 빠졌다는 것을 영어로 폴인 러브(fall in love)라고 합니다. 직역하면 사랑으로 떨어졌다는 것입니다. 미끄러져 떨어진 것입니다. 함정에 빠진 것일 수도 있구요. 사고가 난 것입니다. 사랑에 빠지면 나에게 집중할 수 있는 모든 나르시시즘도 상대방에게 모두 주게 됩니다. 그리고 자기가 없어집니다. 그럼 뭐가 될까요? 허깨비가 됩니다. 그게 죽음이지요. 프로이트는 인간이 에너지를 오직 자신에게만 투자하는 나르시시즘에서 빠져나올 수 있는 유일한 길이 바로 사랑에 빠져드는 여기에만 있다고 말하기도 합니다.

사랑이라는 것은 자아가 미끄러져 빠져 들어간 것을 말합니다. 그러나 우리에게는 제1자아만 있는 것이 아니라 2자아라는 것이 있습니다. 융(C. G Jung)이 말하는 페르조나(persona), 곧 제2의 인격이지요. 제2자아는 일종의 명함 같은 것입니다. 이 세상에서 내가 무엇이냐 하는 '무엇 됨'을 말합니다. 삶을 살아가기 위해서 제2자아가 반드시 필요합니다. 이것을 위해서 목숨 걸고 공부하고 시간과 돈을 투자합니다. 그래서 의사, 판사, 정

---

15 블라드미르 나보코프, 74.

치가, 교수가 됩니다. 이것을 제2자아라고 하지요.

그런데 사랑 앞에서는 바로 이 제2자아까지 희생의 제물로 드린다는 것입니다. 이런 사랑에 빠지면 제1자아 그리고 제2자아까지 모두 사랑하는 연인에게 희생 제물로 바쳐집니다. 이런 이해하기 힘든 사랑의 근원이 유아성욕에 있고 꿈의 핵심 소망도 이런 무의식의 흔적을 다시 맛보고 싶어 하는 유아성욕에 있다고 프로이트는 생각한 것입니다. 프로이트에게 신경증 증상은 바로 이 유아성욕을 증상으로 대리 충족하는 것을 말합니다.

그러나 보통 사람들의 경우 이런 성욕에 대한 위험을 빨리 감지하고 신경증적 증상에 머물게 됩니다. 빠져들 경우 험버트처럼 항상 비극적 종말을 맺게 된다는 것을 직감적으로 알아차리기 때문입니다. 때문에 프로이트는 유아성욕을 누구에게나 평생 따라다니는 인간의 억압된 욕망으로 보았습니다. 그는 성인들의 무의식에 누구나 이런 유아가 다 들어 있다고 생각했습니다. 그리고 이 유아성욕이 성인의 인생을 좌지우지할 수 있는 힘을 갖고 있다고 생각한 것이지요. 그리고 그 힘의 근원이 유아성욕에 있다고 생각했구요. 문제는 이러한 성욕이 언제 폭발할지 알 수 없다는 것입니다.

5   탐미주의가 주는 위험

—— 프로이트는 노년에 인간 정신구조에 대한 새로운 모델을 제시합니다. 그가 초기에 발견한 정신구조모델은 의식과 무의식의 지형학적 모델이었습니다. 그러나 이 정신구조모델만으로는 인간의 다양한 정신현상을 묘사하는 데 한계를 느껴 다른 구조모델이 필요했습니다. 이 모델은 이드, 자아, 초자아의 역동적 정신구조모델로, 지형학적 구조모델과 함께 상호 보완적으로 사용되기도 합니다.

지형학적 모델에서 무의식과 전의식에 사이에서 작용하는 '검열'의 기능에도 초자아 개념이 없는 것은 아니었지만 역동적 3중 구조모델에서의 초자아의 개념은 도덕론의 기초가 될 정도의 뛰어난 통찰을 주고 있습니다.

죽기 일 년 전에 쓴 논문 〈정신분석개요〉에서 프로이트는 자아, 초자아, 이드의 복잡한 역학 관계에 대해서 아주 섬세하게 다루고 있습니다. 우리의 마음의 심급에서 자아는 초자아의 눈치도 보아야 하고 또 이드의 욕구를 너무 억압만 할 수도 없는 그런 딜레마를 떠맡는 심급입니다.[16] 프로이트는 '자아'란 이드

---

16   S. Freud, 「정신분석학 개요」, 223-224.

와 초자아 사이에서 중심과 균형을 잘 잡아야만 하는 불쌍한 운명의 심급으로 보았습니다.[17] 초자아의 눈치를 보며 본능을 너무 억압하면 이드가 반란을 일으켜 또 다른 문제를 일으키고 초자아가 너무 억압적이고 강하면 그로 인해 강박증과 같은 질병이 유발될 수 있습니다. 또 너무 느슨하면 남는 것은 욕망밖에 없게 되어 또 다른 질병의 문제를 안게 되겠지요.

문제는 경직된 도덕과 율법이 억압적이기는 하지만 건강한 도덕성의 출구 역시 유연한 초자아 안에서 찾아내야 한다는 것입니다. 이 두 사이의 긴장을 견디지 못하면 건강한 인간됨의 모습을 잊어버리게 됩니다.

문학이나 예술은 강박적 도덕관념에서 자유함을 찾게 해 주고 피상적인 율법주의에서 벗어나게 하는 분명한 이점을 가지고 있지요. 그러나 그 휴머니즘의 동기가 너무 지나치면 욕망의 제방을 무너뜨릴 위험을 갖게 됩니다. 영화 〈롤리타〉는 바로 예술이라는 이름으로 이 점을 망각한 것이지요.

예술은 신화와 마찬가지로 인간의 깊은 무의식을 탐험케 하고 우리를 성스러운 세계로 인도하는 것은 분명하지만 현실의 세계로 인도하는 안내자가 없고 이들의 원심력을 잡아 줄 구심력이

---

17 S. Freud, 「자아와 이드」, 112.

없어 난파의 위험을 갖게 됩니다. 율법과 도덕을 해체한 후 다른 돌파구를 찾지 못한다면 결국 이드(id)의 욕구만 남게 됩니다.

인간의 욕망과 순간적인 아름다움으로만 몰두하는 〈롤리타〉와 같은 탐미주의가 갖는 위험이 바로 여기에 있습니다. 이 때문에 사실 〈롤리타〉는 "그렇다면 우리가 어떻게 살아야 하는가?"라는 또 다른 의문을 우리에게 다시 던지고 있습니다. 어떻게 롤리타의 아름다움과 순수함을 보존하고 그 아름다운 가치를 드러내야 하는가 하는 문제에 대해서 영화는 이렇게 말합니다.

난, 살아오면서 절대적으로 지켜 오고 싶은 것들이 있었다. 순수함. 누군가를 미워하지 않는 능력. 누군가를 사랑할 수 있는 능력. 아버지. 어머니에 대한 사랑. 나에 대한 믿음. 돈으로도 살 수 없고 돈으로도 뺏을 수 없는 나의 유토피아. 하지만 유토피아는 환상일 뿐이다. 점점 나는 알게 모르게 순수함을 잃었고 누군가를 미워하며 누군가를 사랑할 수 없으며 아버지, 어머니에 대한 증오감 그리고 점점 나에 대한 환멸감을 가지고 있다. 그건 내가 아무리 발버둥 치고 감금하고 구속하고 싶은 것이더라도 필연적으로 더럽혀지고 잊힐 수밖에 없는 것들이다.

감독은 이러한 필연적 더럽힘을 예술적 경지로 승화시키려 했지만 실패했다고 고백하고 있습니다. 영화에서 작가가 찾은 돌파구는 죽음이었습니다. 그 아름다움의 끝이 죽음으로만 귀결될 수밖에 없다면 그도 결국 답을 예술이나 문학에서 찾지 못했던 것입니다.

그는 이 영화에서 아름다움만이 전부는 아니라는 교훈을 남기고 있습니다. 그는 분명 성을 아름답게 승화시키려 했고 지고지순한 미와 순결한 미를 아름답게 표현하고자 했습니다. 그리고 이 일에 작가는 분명 성공했습니다. 그러나 동시에 그 끝은 비극적 결말일 수밖에 없었다고 말합니다.

험버트의 갈등, 망설임, 금지된 욕망을 맛보는 것에 대한 불안함, 롤리타의 순수와 지고의 미를 지키고자 하는 작가의 의도, 비윤리를 아름다운 예술로 승격시키고자 하는 그의 노력, 그럼에도 그 아름다움이 사라져 가고 그것을 지켜 내려고 하는 우리의 노력이 얼마나 부질없는가를 작가는 동시에 드러내고 있습니다.

우리에게 아름다운 환상을 불러일으키는 아름다운 성애 영화 〈롤리타〉는 비윤리적이라는 질책에서 완전히 자유로울 수는 없습니다. 사실 그 아름다움을 지켜 내는 방법은 금지된 욕망이 결코 우리에게 자유를 제한하는 것이 아니라 오히려 그것이 우리에게 자유를 주고 우리의 삶을 윤택하게 살 수 있다는 것을 받아들여야 한다는 것입니다. 그가 예술품을 만들어 내는 일에는 성공했을지라도 그것은 다른 어느 하나를 희생한 대가로 얻은 것이고 결국 작가도 죽음 외에 어떤 답을 찾지는 못했습니다.

그러나 이 소설이 한때 베스트셀러가 되고 이 영화가 명화가 된 이유는 우리 안에 있는 유아성욕을 일깨우고 그것을 무의식적으로 간접적으로 소산시킬 수 있게 해 주었다는 점에서입니다. 그뿐만 아니라 이 작품은 정신분석이나 그리스 신화를 기반으로 스토리를 만들지 않았음에도 오이디푸스 신화와 오이디푸스 콤플렉스 이론을 충실히 재현하고 있습니다. 작가의 무의식이 정신분석적 이론이 허구가 아니라는 것을 자연스럽게 확인시켜 주고 있는 것입니다.

험버트가 퀼트를 살해하고 이에 대한 죄책감으로 자살하는 스토리는 오이디푸스가 아버지를 살해하고 엄마를 차지했던 자신을 자책하고 눈을 빼는 오이디푸스 신화의 비극과 닮아 있습니다. 프로이트의 오이디푸스 콤플렉스의 구조와 같다는 것을 알 수 있습니다. 인간이 욕망을 제어하지 못하고 승화시키지 못한 결과가 어떤 파멸을 가져올지에 대한 교훈은 신화나 정신분석 또는 윤리나 종교 모두가 공통적으로 가지고 있습니다.

동성애에 관하여

〈브로크백 마운틴(Brokeback Mountain)〉을 중심으로

거세에 대한 두려움이 수동적이고 여성적인 거세로
미리 선취되면서 억압당한 아버지에 대한 실제적 증오는,
겉으로 표출되지 못한 채,
무의식에 영원한 원한 감정으로 남아 동성애라는 수동적인 방법으로
아버지를 공격하는 것이 바로 동성애이다. (Th. W. 아도르노)
나는 나의 환자에서 동성애의 문제가 해결되지 않고는 성공적인 치료를 한 적이 없다.
(S. Freud)

감독: 애드리안 라인(Adrian Lyne)

1   동성애의 난제들

—— 한 여성이 다른 여성을 좋아합니다. 그가 좋아하는 여
성은 교회에서 피아노 반주를 하고 있습니다. 그러나 그녀는 그
녀를 사랑한다는 고백을 할 수 없습니다. 단지 그녀의 주위를
맴돌 뿐입니다. 교회라는 공동체, 또 사회적인 통념으로 인해
그녀는 자신의 사랑을 고백할 수도 없습니다. 그녀는 자신의 동
성애를 이성애로 바꾸어 보려고 무단히 노력하며 치료도 해 보

성에 관한 여덟 가지 풍경

앉지만 헛수고였고 고통받을 수밖에 없었습니다.

그녀는 스스로 동성애를 원한 적은 없습니다. 어느 날 동성을 사랑하고 있는 자신을 발견한 것입니다. 마치 사춘기에 청춘 남녀가 서로에게 사랑이 싹트듯이 그녀는 여자를 향해서 자연스럽게 그런 감정이 올라왔습니다. 소스라치게 자신도 놀랄 수밖에 없었습니다. 그녀는 자신이 왜 이런 고통을 받아야 하는지 괴로워합니다. 차라리 자신이 종교인이 아니라면 자신의 성 정체성을 마음껏 드러내고 동성애를 누릴 수 있었을 텐데 하는 미련도 갖고 있습니다. 실제 이런 사례들은 우리 주위에서 일어나고 있는 일입니다.[1]

평소에 동성애자들에 대해 아주 부정적인 시각을 갖고 있는 한 교회의 장로님이 아들에게 "야, 이 녀석아 이제 애인 좀 데려와 봐! 언제까지 결혼을 미룰 거야?"라고 재촉했습니다. 아들이 애인을 데려왔는데 남자였습니다. 장로님은 아들을 정상적으로 키웠다고 생각했고 자신의 아들이 동성애라는 것을 전혀 눈치챌 수 없었습니다. 그는 이유를 모르고 신음하며 신에게 이렇게 기도합니다. "이게 웬 날벼락입니까? 왜 하필 접니까? 왜 하필 이

---

[1] 이 이야기는 저자 개인의 임상 자료에서 얻은 것입니다. 창조원리에 역행하는 삶은 어떤 종교나 공동체를 막론하고 동성애가 발생할 수 있다는 취지에서 기록한 것이지 기독교를 비판하기 위한 의도는 아닙니다.

런 일이 우리 집안에서 일어나야 합니까?" 이런 일들은 특정 종교와 관계없이 어느 곳에서나 어느 공동체에서나 일어나고 있는 일입니다.

과연 우리는 이들을 도울 수 있을까요? 이것이 병리요 역기능이라고 생각한다면 그들에게 치료는 가능한 것일까요? 이러한 문제는 아주 오래전부터 인류가 고민하고 생각해 온 문제입니다. "도대체 왜 남자가 남자를 좋아하고 여자가 여자를 좋아할까?" 창조의 원리는 분명히 남자와 여자가 만나 둘이 한 몸을 이루어야 하는데 말이지요!(창2:24)

정신분석학자들이나 포스트모던 학자들은 인간은 남성과 여성으로 태어나지 않는다고 생각합니다. 해부학적으로는 각각 남자와 여자의 성기를 달고 나오지만 심리적으로는 중성적인 인간으로 태어나 발달 과정을 통해서 남성과 여성으로 만들어져 간다는 것입니다. 정신분석은 여러 임상 사례들을 통해 이러한 사실들을 증명하고 있습니다.

인간이 미숙아로 나와서 점점 성체가 되어 가는 것이 인간의 몫으로 주어진 것처럼, 남성·여성의 성 정체성을 갖는 것도 발달 과정을 거쳐 만들어 가야 하는 인간의 몫이라는 것입니다. 물론 심리적 성도 발달 과정을 거쳐 점차적으로 만들어져 가는 것이지, 그냥 남성과 여성의 성기를 달고 나왔다고 해서 성 정체성을 얻는 것이 아니라고 주장합니다.

　일반적으로 동성애에 접근하는 몇 가지 방법이 있습니다. 첫째는 동성애를 창조 원리에 반하는 역기능으로 치부하고 부정적인 시각으로 터부시하는 입장입니다. 이 입장은 신의 창조 원리를 중시하며 동성애를 신의 뜻에 역행하는 역기능으로 죄와 악으로 생각합니다. 두 번째는 동성애의 원인과 치료 가능성을 연구하는 중립적인 입장으로 정신분석적 입장입니다. 세 번째는 "동성애가 뭐가 어때서 그래? 왜 성을 꼭 생물학적이고 해부학적인 관점에서만 보냐구! 너희들은 이성애를 동성애로 바꿀 수 있어? 그것이 가능할 것 같아?" 하며 동성애자를 이성애자로 만들려 하는 그 자체를 폭력으로 규정하는 후기 구조주의학자들의 입장입니다.

　이들 중 어떤 시각에서 바라보느냐에 따라서 논쟁의 관점이 달라지게 됩니다. 필자는 개인적으로 성경의 원리를 중요하게 생각합니다. 그러나 먼저 중립적인 입장에서 동성애가 무엇인지 어떻게 이해해야 하는 것인지를 다루고 그 이후의 판단은 독자들에게 맡기고자 합니다. 영화 〈브로크백 마운틴〉을 분석의 텍스트로 정한 것은 이 영화의 내용도 동성애에 대해 중립적 입장을 갖고 있을 뿐 아니라 도덕적·윤리적 판단을 시청자에게 미루고 있기 때문입니다. 또한 동성애가 무엇인지에 대해 깊이 생각할 기회를 주고 있다는 점 때문입니다.

2   대자연의 품, 엄마의 품으로 퇴행한다는 것

—— 이 영화는 바로 엄마를 상징하는, 곧 아무런 간섭도 없는, 지상낙원을 표상하는 대자연(원초성, 자유)을 배경으로 시작됩니다. 수천 마리의 양 떼와 함께 목동들이 이 산 저 산으로 옮겨 다니고 있는 거대하고 아름다운 모습은 마치 엄마의 푸근한 품을 연상케 하고 우리의 퇴행을 자극합니다.

일반적으로 대자연과 숲은 엄마의 품이요 모성성을 상징합니다. 브로크백 마운틴의 이 거대한 광경, 그리고 깊은 계속과 맑은 시냇물, 사람이 손이 닿은 적이 없는 원시림들은 마치 누구의 간섭도 없는 엄마의 품, 곧 전능의 세계를 표상하기도 합니다. 그러나 아직은 온전한 낙원이 아니기에, 여기저기 양들이 늑대에게 잡아먹히는 것을 통해, 감독은 상징적으로 위험한 표징들을 보여 주기도 합니다. 이러한 장면은 또한 영화의 전체적인 분위기를 미리 암시하는 장치이기도 하지요.

이곳에 사람이라곤 단둘, 에니스와 잭이라는 두 청년밖에 없습니다. 여자는 구경도 할 수 없고 사랑의 대상을 선택해야 한다면 또 다른 동성인 남자 한 명밖에 없습니다. 이곳에서 두 남자가 서로를 의지하며 도우며 살아갑니다. 감독 이안은 이들이 동성애 외에 더 이상 선택의 여지는 없었다고, 그들의 동성애가 정당화될 수밖에 없었다고 여러 장면과 대사들을 통해서 면죄부를 주고 있음을 알 수 있습니다. 보편적인 세상의 법이 이곳에서는 적용될 필요가 없고 아무도 감시하는 자가 없으니까요.

사실 인간은 엄마의 품에서 나와 사회를 대표하는 법, 곧 아버지의 법으로 들어갈 때 비로소 한 인격의 주체로서 타인과 관계를 맺어 갈 수 있게 됩니다. 그러나 이들은 대자연 속에서 세상과 유리된 삶을 통해 남들이 들어갈 수 없는 세계, 언어로 표현할 수 없는 그들만의 세계, 아버지를 잃어버린 세계, 현실과의 관계를 잃어버린 세계 속에 빠져들게 됩니다.

만년설로 뒤덮인 눈과 나무 숲, 그리고 깊은 계곡과 물은 두 청년 에니스와 잭에게 문명이 강요하는 보편적 틀을 넘어서는 구실이 됩니다. 그들에게 아버지의 법(상징의 세계)은 전혀 문제가 되지 않았습니다. 건장하지만 외로운, 그러나 가난한 두 남자가 텐트 속에서 서로를 바라보다가 충동을 못 이기고 사랑에 빠져듭니다. 그 둘은 자신들이 게이라고 생각해 본 적이 없지만 서로 뜻밖의 동성애를 경험하게 됨으로 영화는 그 모든 원인을 대자연과 그들의 가난 그리고 그들이 처한 환경의 탓으로 돌리고 있습니다. 잭은 에니스에게 이렇게 말합니다.

우리는 서로의 주변을 맴돌고 있고 그리고 상황이 우리를 데려다 놨다는 것뿐이야. 잘못된 장소에, 또 잘못된 시간에….

그들은 동성애적인 첫 경험을 한 후에도 이것이 마지막이라는 경고를 하지만 이 경험을 잊지 못하고 지속하게 됩니다. 사랑에 빠져 지내는 이들은 양을 돌보는 일에 충실하지 못하게 되고 양들이 포식자들에 의해 숫자가 줄어들게 되자 결국 목장주에게 쫓겨납니다. 이들은 도시로 내려가 각각 결혼을 합니다. 그러나 잭은 에니스를 잊지 못해 찾아오게 되고 둘은 만나자마자 건물 모퉁이에서 격렬히 키스합니다. 에니스의 부인이 이 장면을 목격하고 충격에 빠집니다. 에니스의 부인은 이혼 후에도 당시의 사회적 물의를 염려해 이 사실을 비밀로 하고 혼자 속앓이를 하고 삽니다.
　에니스 역시 이혼으로 인해 많은 고통을 겪게 되고 잭은 에니스의 이혼 소식을 듣고 수소문하여 다시 찾아옵니다. 이렇게 에니스와 잭은 20년이라는 기간 동안 여러 번의 만남을 반복합니다. 그러나 동성애를 허용하지 않는 당시의 사회적 통념과 관습으로 인해 갈등하며 괴로워합니다. 이때 에니스는 억압으로 일관

　　　　　　　　　　　　　성에 관한 여덟 가지 풍경

하지만 잭은 성충동을 참지 못하고 게이촌에 다녀오곤 합니다.

그들은 각각 여자를 만나 결혼하고 아이까지 낳아 보았지만 브로크백마운틴산에서의 동성애 경험은 잊히지 않았고 법이 요구하는 결혼제도는 그들에게 굴레가 되고 그들의 삶은 더 복잡하게 꼬여 가기만 합니다. 에니스는 결혼 후나 이혼 이후에도 가족을 책임지는 고통을 받게 됩니다. 에니스에게 매력적인 여자가 접근하지만 그는 여자에 대해 매력을 전혀 느끼지 못합니다.

이후 잭은 에니스와의 브로크백 마운틴에서의 사랑을 추억하며 사고를 위장한 자살을 하게 됩니다. 에니스는 잭의 죽음으로 잭의 살던 집을 찾게 되고, 잭의 아버지로부터 다음과 같은 이야기를 듣습니다.

"조만간 여기에 에니스를 데려올 거고, 우린 이 후진 목장을 그럴싸하게 만들 거예요."라고 입버릇처럼 말하곤 했지. 그 녀석은 네놈들이 여기에 와서 통나무 오두막집을 짓고 나를 도와 이 목장을 운영하고 돌보겠다는 뭔가 덜떨어진 계획을 갖고 있었어. 그러다가 이번 봄에 그 녀석은 여기에 같이 올라와서 목장을 짓고 목장 일을 도와줄 거라는 다른 놈이 생겼었다네. 녀석의 텍사스 이웃 목장에 있던 사람이었지. 녀석은 부인과 갈라서고 여기로 돌아올 예정이었네. 그렇게 말은 해도 녀석 계획이 대개 그러했듯이 그건 결코 실현되진 않았지.

잭의 아버지의 이 말을 듣고 에니스는 자신을 향했던 잭의 사랑을 다시 한번 확인합니다. 그리고 에니스는 잭의 방에서 잭의 유품을 갖고 나옵니다. 에니스는 자신의 집에 돌아와서 브로크 백 마운틴 사진 앞에서 잭의 재킷을 만지며 "맹세해"라는 말로 자신의 사랑을 고백합니다. 이어 동성애자들의 애환을 담은 노래가 흘러나오면서 영화는 막을 내립니다.

이 사슬을 끊고

네게 다가가고 싶어.

하지만 조물주는 또 다른 사슬을 만들어

나를 도망치지 못하게 하네.

너를 향한 사랑의 눈금을 더 높이 그어 가네.

너를 잊지 않으려고

하지만 조물주는 더 높은 금기의 벽을 쌓아 가네.

사랑은 언제나 슬픈 것

오, 주여 저는 압니다. 저는 압니다.

당신만이 내게 행복을 줄 수 있다는 것을,

그것이 제게는 또한 굴레라는 걸….

작가는 이렇게 동성애에 대해 보수도 진보도 아닌 차원에서 동성애가 겪는 갈등을 어떻게 이해하고 공감해야 할 것인가를 함께 고민하며 답을 피해 가고 있습니다. 특별히 두 남성의 대조를 통해서 동성애자가 겪고 있는 고통이 무엇이며 그들이 갈등하며 현실에 진입하지 못하는 것을 어떻게 이해해야 하는가에 초점을 두고 있습니다. 과연 우리가 그들을 도울 수 있을지에 대해서는 사실 부정적인 시각을 갖습니다. 그러면서도 감독 이안은 사회가 원하지 않는 이들의 사랑과 역기능은 결국, 어두운 종말을 맞을 수밖에 없다는 비관적인 결말을 보여 주며 영화를 끝맺습니다.

3   동성애란 무엇인가?

—— 왜 남자가 남자를 좋아하고 여자가 여자를 좋아할까요? 왜 그들은 일반적이지 않을까요? 이것을 이해하기 위해서는 먼저 동성애가 무엇인지 알아야 합니다. 동성애는 어원적으로 같은 성을 사랑하는 것이라고 정의할 수 있습니다. 남자가 여자를, 여자가 남자를 사랑하는 당연하고 자연스러운 것에 예외가 생긴 것입니다.

동성애는 어원적으로는 분명이 남자와 남자가, 여자와 여자가 애정 관계를 갖는 것입니다. 그러나 심리적으로는 남자를 여자로 또는 여자를 남자로 착각하는 도착입니다. 이 때문에 프로이트는 동성애라는 개념자체에 이의를 제기합니다. 그는 동성애를 '성 대상 도착'이라는 말로 대체해야 한다고 생각했습니다.[2] 남자를 여자로, 여자를 남자로 착각하는 것이지, 원래 동성애라는 말 자체가 성립되지 않는다는 것입니다. 그러나 분명한 것은 외양적으로 그리고 해부학적으로는 남자와 남자 그리고 여자와 여자가 사랑을 하는 것입니다. 그럼에도 이 동성애적 관계에는 분명히 심리적으로는 이성애적 사랑을 하고 있다는 것이지요.

그렇다면 왜 '성 대상 도착'이 일어날까요? 도착은 사실 '환상'의 영역이요 또 다른 차원에서 '이상화'의 능력이기도 합니다. 프로이트는 인간의 성적 환상 속에는 남성적이고 여성적인 특성이 공존하며 이미 이러한 성적 환상들 가운데 동성애적인 충동이 있다고 보았습니다. 자위를 하고 있는 사람이 남자의 감정과 여자의 감정을 동시에 연출하는 것을 유추해 보면 쉽게 받아들

---

2   S. Freud, 오현숙 역, 『성에 관한 세 편의 해석』, 을유문화사, 2007.

일 수 있는 이야기입니다.

프로이트는 실제 환자의 환상에서 한 손으로 남자의 침범을 방해하기 위해 옷을 몸에 밀착시키면서 다른 손으로는 그 옷을 남자가 여자를 범할 때처럼 옷을 찢으려고 하는 상반되는 행동의 애매모호함을 발견하기도 합니다.[3] 이러한 히스테리 성향은 결국 모든 인간에게 동성애적 기질이 잠재해 있음을 시사하고 있는 것입니다. 그렇다면 도대체 왜 이런 대상에 대한 도착이 일어나는 것일까요? 왜 남자를 여자로 착각하고 여자를 남자로 착각하는 것일까요?

우리는 항문이나 구강이 성기보다 훨씬 더 예민했던 유아가 성적으로 둔할 것으로 생각하지만, 프로이트는 어른들이 성기보다 어린 시절의 구강과 항문기의 상태로 퇴행하는 것을 통해서 유아가 성적으로 더 예민하다는 추론을 합니다. 그는 이런 추론을 통해서 어린이가 어른보다 더 성적으로 민감하다고 생각한 거지요. 그가 '범성론자'로 비난받는 이유도 여기에 있었습니다. 그러나 논리적으로 어른들이 자꾸 유아 시절의 행위를 반복하는 이유를 달리 해석할 더 좋은 설명은 아직 없습니다. 인간은 쾌락의 강도가 높은 것을 맛보면 그것보다 낮은 쾌락에서

---

3 S. Freud, 황보석 역, 「히스테리 성 환상과 양성소질의 관계」, 열린책, 전집12, 1998. 71.

는 자극에 둔해집니다. 유아기가 더 강렬하기 때문에 인간은 유아기에 고착되고 그리로 돌아가려는 관성을 갖게 되는 것이라고 프로이트는 생각한 것입니다.

유아가 자신의 엄마와 갖는 모든 접촉들, 물론 여기에는 애정이 기본적으로 깔려 있습니다. 그러나 거기에는 육욕이 함께 있어 빨고 만지고 심지어 심리적으로는 하나가 되기도 합니다. 아이의 둔부와 얼굴 등, 아이에게 모든 몸은 열려 있는 성감대인 것입니다. 유아에게는 아직 생식기가 발달되어 있지 않고 성적 에너지는 온몸으로 퍼져 있다고 본 것입니다.

점차 자라면서 생식기를 중심으로 성감대가 조직화되지만 과거 유아기의 흔적은 무의식에 남아 여전히 영향력을 행사하게 됩니다. 문제는 인간은 어린 유아 시절보다 더 강렬하고 짜릿한 자극을 이후의 삶에서 거의 만날 수 없다는 것에 있습니다. 이 때문에 인간은 어린 시절의 흔적을 불러일으키거나 상기시키는 어떤 자극이 있다면 곧바로 퇴행하려는 유혹에 빠지게 됩니다.

물론 어떤 감시나 방해가 없어야 합니다. 사실 그 어떤 제재가 없다면 이러한 퇴행은 항상 준비가 되어 있어 순식간에 그 시절의 욕망과 쾌락에 붙들리게 됩니다. 문제는 유아의 성애가 자기애적이라는 사실입니다. 사실 사랑의 대상을 다른 성(性)으로 옮기는 것보다 '자기애적 대상 선택', 곧 같은 성을 사랑하는 것이 더 수월할 수 있습니다.[4] 동성애를 향유하는 사람에게 있어 굳이 성 대상이 이성일 필요가 없는 이유는 그것이 유아적이고, 이 유아적이라 함은 성 정체성이 없었던 때였고, 그래서 이성이 그렇게 중요한 것은 아니기 때문입니다. 원초적인 성적 향유만 즐기면 되니까요.

이렇게 되면 영화 〈브로크백 마운틴〉에서 건장한 두 남자가 사랑에 빠지는 이유가 논리적으로 설명됩니다. 아무런 간섭도 없고, 모든 퇴행할 수 있는 조건을 다 갖추고 있고 더구나 다른 이성이 없고 더 다른 대안이 없었던 환경이 그것을 말하는 것이지요.

프로이트는 다수의 동성애자에게서 생의 초기에 영향을 주었던 특별한 성적 체험의 계기가 있었을 가능성에 대해서 이야기합니다. 그리고 생의 초기뿐 아니라 뒤늦게라도 성 대상 도착(동성애)을 이끈 촉진적 또는 저해적 역할의 외적 영향이 있을 언급합니다. 오직 동성과의 교제만 가능했거나, 전쟁 중의 공동체 생활, 억류된 감옥 생활, 이성애적 결합의 위험성, 독신 생활,

---

4 S. Freud, On Narcissism: An Introduction(1914), trans. by James Strachey, v.14. (London: The Hogarth Press, 1973), 100.

성에 관한 여덟 가지 풍경

성적 무능 등을 그 원인으로 보고 있습니다.[5] 영화에서 감독은 에니스와 잭은 대상 선택에서 선택의 여지가 없었던 것이 성 대상 도착(동성애)의 원인인 듯 전개하고 있습니다.

현대 포스트구조주의 학자들은 동성애에 대해 더 급진적인 해석을 시도하여 해부학적으로 잘못된 성기를 가지고 나와 결국 성전환 수술을 해야 하는 것으로 이해하거나 아니면 '제3의 성'으로 인정해야 함을 주장하기도 합니다. 그러나 정신분석학적으로는 선천적 동성애와 후천적 동성애 사이의 구분이 얼마나 쓸데없는 일인지 이미 증명되고 있습니다.[6]

남자로 태어났어야 하는데 여자로 태어났거나 여자로 태어났어야 하는데 남성의 성기를 달고 나왔다는 식의 어설픈 논리는 신학적인 설명을 거론할 필요까지 없이 이미 어불성설이라는 것은 증명이 되었습니다. 단, 정신적인 성적 특징과 대상-선택은 꼭 일치하지 않는 것이 문제입니다.

여성적인 마음이 불행하게도 남자의 몸에 담겨 있다거나 남성적인 마음이 여자의 몸에 갇혀 있다고 말하는 것이 실은 그렇게

---

5   S. Freud, 『성에 관한 세 편의 해석』, 52.

6   S. Freud, 임홍빈, 홍혜경 역, 「인간의 성생활」, 열린책, v. 2, 1998, 433.

간단한 문제가 아니라는 것입니다. 신체적인 성적 특징(신체적 자웅동체적 현상), 정신적인 성적 특징(남성적 혹은 여성적 태도), 대상-선택의 종류 이 세 가지가 사람에 따라 여러 가지 조합으로 나타나기 때문입니다.[7]

영화에서 남성의 역할을 하는 잭 트위스트는 왜 자신의 정신적 사랑이 생물학적 사실에 의해서 억압되어야 하는가 원망하는 대사가 자주 나옵니다. 종교적인 문제도 거론되며 마치 동성애를 신의 심판(롬1:26-27)으로 해석하는 것에 대해 그리고 동성애를 터부시하거나 감추고 살아야 하는 것에 대해 불만을 토로하기도 합니다. 사실 정신분석에서는 생물학적 성보다는 심리적인 성을 더 중요하게 생각하는 언급들이 많이 있습니다.

모든 인간이 동성을 성 대상으로 선택할 수 있는 가능성은 열려 있으며 실제 이러한 일들이 무의식 속에서 이행되기도 하고 체험도 할 수 있는 것이다.[8] 섹스와 사랑을 위한 대상 선택은 대상의 성과는 아주 무관하며 남성의 대상에게나 여성의 대상에게나 모두 동일한 자

---

7   S. Freud, 『성에 관한 세 편의 해석 』, 42.

8   위의 책, 60.

유를 느낄 수 있다고 주장함으로 대상 선택에 대해 개연성을 두고 있
다.[9]

　그뿐만 아니라 동성애자들은 정상적 삶의 규범으로부터 심하
게 이탈하지 않은 사람들에게 발견되고 이들은 또한 업무 능력
에 아무런 손상이 없고, 더 나아가 고도의 인지적 발달과 도덕
적 문화를 지닌 사람들에서 발견됩니다.[10] 최근 베스트 셀러 작
가이면서 이스라엘의 역사학자인 유발하라리(Yuval Noah Harari)
는 자신이 동성애라는 사실을 기자를 통해서 발표한 적도 있지
요. 동성애는 빈번한 현상이며, 고대 문명에서 매우 중요한 기
능을 했던 제도였고, 다수의 미개하고 단순한 민족에게선 널리
퍼져 있었다고 합니다.[11]
　우리가 알아야 할 것은 분명히 동성애는 어떤 도착, 곧 환상이
나 우리의 무의식과 관련되어 있다는 것입니다. 그렇다면 왜 이
런 성 대상에 대한 도착이 일어나는 것일까요? 프로이트는 발달
과정에서 그 원인을 찾고 있습니다.

9　위의 책, 60.
10　위의 책, 50
11　위의 책, 51

4   동성애의 발달 과정

──── 인간은 생애 초기 누구나 오직 자신에게만 집중하고 자기만을 사랑하는 자기애적 단계를 갖게 됩니다. 시간이 지나면서 다른 성을 사랑하거나 다른 사람에게 관심을 줄 수 있는 단계가 자연스럽게 일어나지요. 이것은 창조의 원리입니다. 그러나 정신분석은 이 당연하고 자연스러운 단계를 너무 순진한 생각으로 봅니다. 그들은 선천적이고 본능의 결과물인 '성 정체성'을 어떤 일련의 과정을 겪어야만 획득되는 것으로 보는 겁니다. 단지 우리가 이것을 의식하지 못하는 이유는 성 정체성을 결정하는 이유들이 의식적인 영역이 아닌 무의식 안에서 일어나기 때문이라고 말합니다.

인간이 성(性)에 대해서 이제 막 눈을 뜨려고 하는 시기는 아이가 사회로 진입해야 하는 시기와 맞물려 있습니다. 세상으로 나온다는 것은 이름이 부여되고 자기의 소속과 정체성이 부여되는 것을 의미하며, 이것은 아버지에 의해서 이루어지는 것입니다. 그동안 표정이나 감정 또는 정서로만 교감하던 것을 이제는 언어를 통해 의사소통해야 합니다. 사회의 예절과 관습도 익혀야 합니다. 무엇보다 자신의 욕망을 마음껏 분출할 수 없다는 것이 전제되어야 합니다. 그동안 누리던 '나르시시즘(narcissism)'의 만족을 포기하고 모든 것은 언어와 같은 상징으로 대체되어야 합니다. 이때 아버지(아버지는 세상의 대리자이다)는 더 이상 엄마와의 살붙임을 허용하지 않게 됩니다.

그러나 유아에게 엄마는 아기의 생명을 좌지우지할 있었던 신(神)과 같은 존재였습니다. 역으로 아기는 엄마를 마음대로 조정할 수 있는 '아기폐하'였습니다. 엄마와 유아의 관계는 이렇게 전능적 관계였지요. 그러나 이런 전능적 관계는 조금씩 좌절을 경험해야만 현실로 나올 수 있게 됩니다. 문제는 이런 적절한 좌절을 통해서 상상계(엄마와의 이자관계)에서 상징계(엄마, 아버지, 유아의 삼자관계)로 넘어오는 것이 그렇게 간단한 일은 아니라는 것이지요. 자의든 타의든 어떻게 해서든 '상상계'를 빠져나오지 못한다면 '정신병'이라는 대가를 지불해야 합니다. 동성애는 이 과정에서 발생하는 것입니다.

남성과 여성이라는 성 차이는 4-6세, 즉 프로이트가 말하는 오이디스프 콤플렉스 시기를 건너면서 시작되어 사춘기에 들어서서야 '남자' 혹은 '여자'라는 '성 정체성'이 완전히 확립됩니다. 우리는 누구나 자연스럽게 '성 정체성'을 얻을 수 있는 것으로 생각하지만 사실 아주 정교하고 복잡한 과정을 경험하면서 얻어지는 것입니다. 이 복잡한 과정이 기억되지 않는 것은 이 모든 과정이 무의식 속으로 침잠해 버렸기 때문입니다.

이 과정에서 어떤 사람은 자신의 '성 정체성'을 찾지 못하고 심리적 성과 생물학적 성이 일치하지 않는 교란이 일어나게 됩니다. 이것은 '오이디푸스 콤플렉스'라는 다리를 건너는 과정에서 일어나며 이 다리를 넘었다 할지라도 과거의 유아 시절(심리적으로 성 차이를 느끼지 못했던 시절)의 흔적은 누구에게나 여전히 무의식적으로 활동하고 있는 것입니다. 이러한 사실에는 누구든 동성애에 빠질 수 있는 상황에서 안전하지는 않다는 암시가 들어 있습니다. 그리고 영화는 이것을 증명하고 있는 것이지요. 물론 정신분석이 기독교의 창조론을 거부하는 것은 아닙니다. 정신분석은 분명하게 동성애를 성 대상 도착이나 일종의 교란과 같은 잘못된 무엇으로 규정하고 있습니다.

오이디푸스 콤플렉스는 '살부혼모(아버지를 죽이고 엄마와 자고 싶은 욕망)'로 인간 누구나 운명적으로 겪을 수밖에 없는 일련의 과정임을 여러 번 설명한 바 있습니다. 유아가 아버지의 명령을 거부할 때 아버지는 절대 양보하지 않게 됩니다. 이때 아이는 자신이 쫓겨나거나 제거될 수 있다는 환상에 빠지게 되는데 이것을 프로이트는 '거세불안'이라고 말합니다. 이 불안은 억압될 수밖에 없고 그 보상으로 인간은 사회에 진입할 수 있는 기회를 얻게 되는 것입니다.

성에 관한 여덟 가지 풍경

이 때문에 오이디푸스 콤플렉스는 아버지의 세계, 곧 세상으로 진입하는 관문이 됩니다. 이 관문을 나오면서 남자는 남자로, 여자는 여자로 자신의 '성 정체성'을 갖게 된다는 것이지요. 문제는 이 오이디푸스 콤플렉스라는 무의식적 정신활동을 누구나 다 유연하게 경험하는 것은 아니라는 사실입니다. 오이디푸스 콤플렉스라는 정신활동이 사실(fact)보다는 환상, 곧 환상적인 대상관계로 더 많이 구성되고 이 사실은 발달 과정에 왜곡을 일으킬 만한 요소가 충분히 개입될 수 있음을 말하는 것입니다.

이 과정, 곧 거세에 대한 두려움이 수동적이고 여성적인 거세로 미리 선취되면서 억압당한 아버지에 대한 실제적 증오는 겉으로 표출되지 못한 채 무의식에 영원한 원한 감정으로 남아 동성애라는 수동적인 방법으로 아버지를 공격하는 것이 바로 동성애인 것입니다.[12]

이러한 무의식적 환상과 현실적인 환경(아이에게 촉진적이지 못한 환경)의 결합으로 인해 오이디푸스 콤플렉스라는 다리를 힘들게 건너거나, 건너지 못하는 사람이 발생하게 됩니다. 일단 건넌다는 것은 초기의 그 강렬했던 유아성욕(엄마와의 이자관계)을 포기하고 억압한다는 의미이고, 건너지 못하는 아이의 경우 초

---

12 M. 호크하이머, Th.W. 아도르노, 김유동 역, 『계몽의 변증법』, 문학과 지성사, 2001, 288.

기 엄마와의 관계를 그대로 유지하겠다는 의미가 됩니다.

동성애는 '환상'과 '현실'의 경계를 건넌 것도 아니고 건너지 못한 것도 아닙니다. 보통 사람들은 건너와서 다시 뒤를 돌아보지만 동성애자들은 그 경계에서 한 발은 '상상계'에 또 한 발은 '현실계'에 발을 딛고 있는 것입니다. 강렬한 유아성욕을 포기할 수 없다는 이야기이지요. 왜곡된 '성 정체성'을 통해서 아버지의 세계(세상)로 나온 것처럼 가장하며 강렬한 유아성욕을 누리고 있는 셈입니다.[13]

성도착자는 결여를 상징적으로 받아들이지 못하고 성 차이를 인정하는 태도와 그것을 거부하는 다른 태도를 동시에 공존시키는 자들입니다. 차이를 인정하면서도 그것이 갖는 함의를 거부하는 것이지요.[14] 이러한 향유는 유아기의 성 이론으로부터 나오는 일정 수의 재료들을 중심으로 만들어 낸 환상적 구성물, 즉 성 차이의 현실 앞에서 느끼는 공포를 약화시켜 주는 구성물 덕분에 가능한 것입니다. 어린아이의 이러한 상상적 가공은 거세공포라는 환상적 문제 속에서 특히 집요하게 존속하는 요소입

---

13 박종서, 「동성애에 관한 정신분석학적 견해」, 『동성애, 21세기 문화충돌』, 킹덤북스, 2016, 682.

14 Joël Dor, 홍준기 역, 『라깡과 정신분석 임상, 구조와 도착증』, 아난케, 2005, 200.

　　　　　　　　　　　　　성에 관한 여덟 가지 풍경

니다.[15] 타자의 욕망에 대한 도착자의 욕망 관계는 이렇게 구조적으로 애매합니다.[16] 그들은 아버지의 법이라는 한계를 설정한 후 그에 이어서 사람들이 항상 그것(아버지의 법)을 넘어서려는 위험을 무릅쓰며 향유로부터 이익을 얻을 수 있는 것은 바로 이러한 넘어서기가 있기 때문에 가능한 것입니다.[17]

영화에서 에니스의 우유부단함은 사회적 관습과 통념의 틀에 자신을 가두는 결단력 없는 인간으로 비추어지지만 그의 성품은 복잡한 것을 견디어 내고 이것이냐 저것이냐를 결정해야 하는 것이 아니라 그 중간의 자리에서 일어날 수 있는 다양성을 담아내는 능력으로, 삶의 고뇌, 떠나고 싶은 유혹, 포기하고 싶은 충동과 갈등들을 끌어안고 버티어 내는 모습으로 나타납니다. 이것은 누구나 겪어야 하는 삶의 실존이고 애도의 과정으로 상징계에 진입한 인간들이 갈등하는 모습입니다.

사실 에니스는 동성애자이지만 아버지의 법을 중시하는 자였고 상징적 거세를 경험한 자로 보아야 합니다. 즉, 상징계에 들어오기 위해서는 남성성을 버리고 여성화되어야 하는 것이 인간

---

15 위의 책, 210.
16 위의 책, 209.
17 위의 책, 252.

의 실존입니다. 여기서 여성화된다는 것은 아버지의 명령에 순종하고 자신의 뜻을 꺾어야 한다는 의미입니다. 에니스가 세상의 관습적인 법에 떠나서 동성애를 갖는 것에 대해서 몹시 괴로워하고 있는 이유는 바로 그가 오이디푸스 콤플렉스의 다리를 건너면서 상징적 거세를 경험했다는 의미인 것이지요.

프로이트는 많은 사람들의 신경증을 통해서 남자들의 이런 여성화, 곧 동성애적 증상이 있다는 것을 발견합니다. 그리고 그는 그의 환자 '도라'의 사례에서 이 동성애의 문제를 보지 못하고는 환자의 본질적인 문제를 볼 수 없었다고 고백하기도 합니다.

에니스와 같은 사람이 대표적인 예가 되지요. 에니스에게는 현실도 중요했습니다. 그러면서도 터부시되는 동성애에 대한 갈망 역시 놓지 못하며 갈등하는 모습입니다. 그가 상징적 거세를 경험했고 아버지의 법을 떠날 수 없는 이유를 다음의 대사에서 읽을 수 있습니다.

- 우린 이제 안 돼. 얘기 하나 해 줄까? 함께 목장을 연 두 남자가 있었어, 옛날 내 고향에. Earl 그리고 Rich. 꽤나 억센 노친네들이었는데 마을에선 놀림거리였지. 어쨌든, 두 사람 중에 Earl이 관개수로에서 죽은 채로 발견되었어. 마을 놈들이 타이어레버

성에 관한 여덟 가지 풍경

로 그를 죽였던 거야. 그를 죽여 놓고 그 노인의 거시기를 매달
아 이리저리 끌고 다녔던 거야.

- 그걸 봤어?
- 내가 아홉 살 때였지. 아버지가, 나와 내 동생에게 그걸 보고 마
  음에 새기도록 했지. 더 끔찍한 건, 내가 알기로 그 짓을 한 건
  아버지야.

　

에니스의 아버지는 동성애 혐오자였습니다. 그러나 그의 아들
이 동성애자였던 것입니다. 이것은 우리 주변에서 충분히 일어
날 수 있는 일입니다. 반면, 잭은 현실의 갈등을 담아내기보다
는 왜 자신의 정신적 사랑이 생물학적 사실에 의해서 억압되어
야 하는가 원망하며 투사합니다. 그는 아직 상징적 거세를 받아
들이지 못할 뿐 아니라 세상을 이해하려 하지 않습니다.

그는 사람들이 손가락질하며 비웃으면 어떻게 하냐는 에니스
의 질문에 "그럼 그 동네를 떠나면 되지. 텍사스 같은….".으로
대답합니다. 그는 다소 편집적인 성격입니다. 복잡한 것을 분열
적인 정신활동으로 단순하게 정리해 버리거나 도피하려고 합니
다. 그는 입맛에 맞지 않으면 그런 장소와 사람을 떠나면 된다
고 쉽게 이야기합니다. 다음의 대사는 잭의 남성성을 잘 대변하
고 있습니다.

우린 함께 멋지게 살 수 있었어, 진짜 졸라 멋지게. 하지만 그걸 원치 않은 건 바로 너야, Ennis! 그리고 우리에게 남은 거라곤 달랑 이 브로크백 마운틴(Brokeback Mountain)뿐이지! 몽땅 다 그 위에서 만들어졌어. 그게 우리가 가진 전부야, XXX 전부라고. 20년 동안 우리가 함께했던 빌어먹을 눈곱만 한 횟수를 세어 봐. 네가 나한테 매어둔 그 XX 짧은 개끈을 한번 재 보라고. 그런 다음에 나한테 멕시코에 대해서 물어보고 그담에 내가 거기에 주구장창 갔으니까 죽여버릴 거라고 말하든지 해! 넌 지금 내 상황이 갈수록 얼마나 나빠지고 있는지 XX 아무것도 몰라! 난 네가 아냐. 난 일 년에 꼴랑 한두 번, 고도 높은 산 속에서 XX 하는 걸로는 부족해! 넌 진짜 나한테 해도 너무해, Ennis!

5   동성애의 자살적 성향

——— 영화에서 잭은 사고로 죽게 됩니다. 그러나 이것이 진정한 사고사 인지 아니면 동성애적 편견으로 인한 폭력으로 타살된 것인지 정확하게 밝히지 않습니다. 에니스는 잭의 부인으로부터 그의 사고 소식을 들으면서 도덕적 종교적 판단에 의해 폭도들에게 몰매 맞아 죽은 게이의 죽음을 연상을 합니다. 그러

나 잭의 죽음은 그것이 어떤 죽임이든 사고를 위장한 수동적인 자살일 가능성을 배제할 수 없습니다. 에니스의 수동적 자세, 그리고 환경의 벽, 사회적 통념으로 인해 잭은 에니스보다 더 빨리 지치고 좌절했고 이 때문에 그는 더 죽음에 가까이 다가가고 있었던 것입니다.

동성애는 남성과 여성의 성 정체성이 확립되기 전인 원초적 유아성욕의 상태, 엄마와의 이자관계인 지고의 상태에 고착된 것이고 그리로 돌아가고자 하는 것입니다. 그들의 세계는 보통 사람들은 쉬이 다가갈 수없는 세계입니다. 어머니에 대한 애착에서 독립하지 못한 남성 동성애자는 다른 누구보다 무자극 상태, 곧 자궁으로 회귀하려는 죽음본능이 더 우세하게 나타날 수밖에 없습니다.

동성애자일수록 어머니와의 젖가슴과의 융합에 대한 소원, 즉 대상이 따로 없는 자기애적 만족 상태의 환상을 성취하려는 소원이 클 수밖에 없는 것입니다. 이러한 단계에서는 욕구 충족을 목적으로 하는 대상들은 필요하지도 않고 상실되거나 파괴될 이유도 없습니다.[18] 미국의 가톨릭 신부이며 정신분석가인 마이스너(W.W. Meissner)는 이러한 자살 시도는 자아 경계의 상실과 어

---

18 W.W. Meissner, 이재훈 역, 「편집증과 심리치료」, 한국심리치료연구소, 1998, 431.

머니와의 융합의 소원을 포함하는 심각한 퇴행적 상태들과 관련이 있는 것으로 봅니다. 자살 환상들은 어머니 가슴에서 잠드는 초기 유아기 환상들과 연관되어 있으며 초기의 미분화된 유아의 정신상태에서의 어머니와의 연합과 분리라는 복잡한 문제들을 반영할 수밖에 없게 된다는 것입니다.[19]

자살 의도는 자기 징벌적, 자기 파괴적 충동들의 역동을 표현한 것이며 현대 정신분석학의 관점에서 자기 파괴는 자기애적 자기 성취와 자기표현에 대한 깊은 무의식적 소원들과 욕구들을 표현하는 것으로 봅니다.[20] 즉, 죽음에 매혹되고, 그것을 평화스러운 피난처로 알고, 그곳으로 가기 위해 자기 파괴를 시행한다는 것입니다. 어떤 경우에는 자살을 마술적이고 전능한 순간의 성취, 불가피한 인간의 한계들에 대한 승리로 여깁니다. 비록 환상적일지라도, 이 자살 행동의 더 깊은 의도는 죽음이라는 마술적 여행을 거쳐서 더 나은 삶을 위하여 자신의 본질을 보존하려는 것입니다.[21] 자살이 아닐지라도 죽음은 수동적으로만 당하는 것이 아니라 무의식적 사고를 가장한 자신의 선택이 될 수 있습니다.

---

19 위의 책, 432.
20 위의 책, 433.
21 위의 책, 431.

성에 관한 여덟 가지 풍경

영화에서 잭은 로데오를 합니다. 로데오는 길들여지지 않은 말을 어거하며 길들이는 위험한 게임입니다. 죽음의 경계를 넘나드는 것이지요. 에니스는 이렇게 노래합니다.

그는 내 친구였지. 그는 내 친구였어. 그를 생각할 때마다 눈물이 흐르네. 그는 내 친구였기 때문에⋯. 그는 나그네처럼 떠돌다가 죽었지. 그의 영혼은 머물 곳이 없었네. 그는 내 친구였네. 난 그에게서 도망쳤지. 그리고 난 울었네. 난 가난하고 불안했기 때문이지. 그는 내 친구였다네. 그의 이름을 들을 때마다 눈물이 흐르네. 그는 내 친구였기 때문에⋯.

어쩌면 모든 인간에게는 브로크백 마운틴이라는 산이 있고 우리 모두는 그곳으로 회귀하고자 합니다. 단지 이것이 동성애자들에게 더 강하게 작동되고 있는 것입니다.

- 여보세요?
- 그는 그곳에 묻혔습니까?
- 우린 비석을 세웠어요. 그이는 그이가 원하던 대로 화장되었어요. 유골 중 절반은 여기 매장되었고, 나머지는 그의 부모님께 올려 보냈죠. 잭은 자기의 유골을 브로크백산 위에 뿌렸으면 하

고, 늘 말했었거든요. 그런데 전 거기가 어디인지 도무지 모르겠어요. 전 브로크백산이 남편이 자라난 고향 근처라고 생각했거든요. 하지만 그이를 아시다시피, 브로크백산이라는 데는 머릿속에서 지어낸 장소인지도 몰라요. 아마 에덴과 같은 곳이었겠지요. 파랑새가 노래하고 위스키가 샘솟는 그런 곳이요.

- 우린 여름 한때 브로크백에서 양을 친 적이 있었어요. 63년쯤에.
- 흠, 그이는 그곳을 가장 좋아한다고 말했었어요. 저는 그게 취하고 싶다는 얘기라고 생각했죠. 술을 많이도 마셨거든요.

6   인간은 신이 준 굴레를 벗어날 수 있는가?

—— 동성애자에 대한 정신분석적 연구가 완전한 것은 아니지만 그들은 상징계 속으로 나오지 못하고 다른 누구보다 상상계 속에 머물러 있기를 갈망하는 자들임에는 분명합니다. 잭은 자신의 낙원이었던 브로크백 마운틴에 자신의 뼈를 묻어 달라고 유언했습니다. 마치 엄마의 품에서 나오기 싫어하는 아이가 죽음의 세계로 들어가야 하는 것처럼 잭은 조급히 그 길을 선택했습니다.

동성애자들이 다른 돌파구를 찾지 못한다면, 그들의 삶은 비관적이고 우울하게 마칠 가능성이 높다고 할 수 있습니다. 그래서 프로이트는 넘치는 성적 에너지(리비도)의 물꼬를 다른 곳으로 틀어야 한다는 승화의 길을 주장하고 있는 것입니다. 이것이 또한 동성애자 예술가들이 많은 이유이기도 합니다.

이들의 상실은 어쩌면 신이 정해 준 안전한 틀에 머물지 못했던 그 누군가의 과실로 인한 것입니다. 이들은 원초적 욕망을 추구하는 자들이었고, 그들의 성적 욕망은 결코 포기될 수 없는 것이었습니다. 잭과 에니스는 이러한 충동을 예술이나 종교 등으로 물꼬를 트고 달래는 방법을 찾지 못했습니다.

프로이트는 이러한 성적 욕망은 죽음으로 또는 아버지를 죽이고서라도 쟁취해야 하는 무엇으로 보고 있습니다. 더욱이 다른 성적 충동과 마찬가지로 프로이트는 동성애를 없애는 것은 쉬운 일이 아니며 혹 성공한다 할지라도 동성애에만 국한되어 있던 사람을 이성에게도 눈을 돌릴 수 있게 해 주는 정도라고 비관적으로 말하고 있습니다. 즉, 양성성을 회복할 수만 있다면 그나마 성공으로 간주될 수 있다는 것이지요.[22] 그러나 현대 정신분석적 입장에서 이론적으로 치료가 불가능한 것은 아닙니다. 단, 많은 시간과 재정 지원이 필요한 부분이라 인내가 필요합니다.

---

22 S. Freud, 김명희 역, 「여자동성애가 되는 심리」, 열린책 v. 11, 2002, 14.

물론 이 과정을 거친다는 것이 쉬운 일은 아니지만요.

영화는 이들을 어떻게 이해하고 받아들여야 하는지에 대해 좀 더 넓은 시각을 가져야 한다고 말합니다. 신의 심판으로, 저주로 해석하는 편집적이고 배타적인 사고에서 벗어나야 함을 종용하고 있습니다. 에니스는 죄책감을 떨쳐 버리지 못하면서도 잭을 그리워합니다. 이 갈등을 가지고 창조주를 경외하며 그는 또한 이렇게 노래하고 있는 것입니다.

> 이 사슬을 끊고
> 네게 다가가고 싶어.
> 하지만 조물주는 또 다른 사슬을 만들어
> 나를 도망치지 못하게 하네.
> 너를 향한 사랑의 눈금을 더 높이 그어 가네.
> 너를 잊지 않으려고
> 하지만 조물주는 더 높은 금기의 벽을 쌓아 가네.
> 사랑은 언제나 슬픈 것
> 오, 주여 저는 압니다. 저는 압니다.
> 당신만이 내게 행복을 줄 수 있다는 것을,
> 그것이 제게는 또한 굴레라는 걸….

성에 관한 여덟 가지 풍경

노래 가사처럼 동성애자의 고통은 사실 신이 준 것이 아닙니다. 그것은 필연도 우연도 아닌 인간의 잘못에 의한 사고입니다. 그 사고가 개인의 문제이든 가족과 사회적 문제이든 그들은 치료받아야 하고 도움을 받아야 하는 사람들입니다. 그리고 사회적으로 공동의 책임을 져야 하고 그 사회적 비용도 지출되어야 합니다.

　우리는 이쯤에서 동성애와 이성애가 일으키는 문제 중 어느 것이 사회적 비용을 더 많이 소모하는지 점검해 보아야 합니다. 대다수의 국민은 이성애이고 동성애와 비교할 때(음성적으로 밝혀지지 않은 것과 앞으로 증가되는 추세를 감안한다고 해도) 이성애가 차지하는 비율은 여전히 압도적이라 할 수 있습니다. 오히려 동성애의 비율을 감소시키는 비결은 이성애에 대한 바른 가치관을 갖는 것이 아닐까요?

　간음이나 강간을 통해서 받는 여성들의 상처와 우울증의 비용은 수치로 계산하기가 어렵습니다. 또한 외도를 통해서 발생하는 이혼, 그리고 자녀들의 혼란, 불안정한 가정으로 인해 파생되는 사회적 비용은 상상할 수 없을 정도로 엄청난 것입니다. 대부분의 동성애 역시 이러한 가정의 혼란에서 파생된다는 사실은 주목해 볼 만한 일입니다.

어떤 식으로든 선천적 동성애라는 것은 근원적으로 불가능하다는 것은 이미 검증된 사실입니다. 동성애를 너무 확대해서 동성애가 이 사회의 근원적인 문제인 것처럼 오해하기보다 맘몬의 우상과 쾌락의 욕망을 절제하는 일이 더 급한 일이지요. 정말로 시급한 우리 자신의 문제를 해결하지 않고 그 문제의 근원을 동성애에 돌린다면 동성애의 인구는 앞으로 계속 증가하게 될 것입니다. 동성애를 합법화하는 문제는 싸워야 할 문제이지만 동성애에 대한 윤리적 판단은 많은 토론과 합의가 필요하고 함께 고민해야 하는 문제입니다.

사실 우리는 원인보다는 증상에만 너무 관심을 갖는 경향이 있습니다. 모든 도착의 가장 큰 원인 중에 하나는 인간의 욕망을 너무 쉽게 처리할 수 있다는 생각입니다. 단순하게 억압과 금기로 제거할 수 있다는 생각이 오히려 동성애를 만들어 내는 원인이 될 수 있습니다. 극단적 처방은 또 다른 극단을 만들어 낼 수밖에 없겠지요. 거세의 위협만으로는 동성애자들을 품어 낼 수 없습니다.

분명한 것은 도착은 성욕을 생식의 질서에 예속시키는 문명과 이러한 질서를 보증하는 제도에 대한 항거의 표현으로 재생산의 계속적인 연쇄와 가부장의 계속적인 지배에 대한 반대, 가부장

성에 관한 여덟 가지 풍경

의 재등장을 방해하려는 시도로 생식을 배제하고 반대하는 실천 속에서 발견됩니다.[23] 더 분명한 것은 도착은 인류 문명을 역진 시킬 우려가 있고 사회가 추방하지 않으면 안 되는 역기능적 리비도의 관계를 확립한다는 것입니다. 문명은 이러한 극단의 위험을 인지하고 그것에 대해서 제재를 가해 왔고 덜 완전하나 더 현실적인 에로스를 위한 에로스의 표현을 법률로 금지하게 됩니다.[24] 그러나 문제는 모든 인간의 건설적이고 사회적인 노력에도 불구하고 본능의 구조와 본질 자체에 죽음의 원칙이 구체적으로 드러나고 있다는 것이고 우리의 지성과 종교가 이러한 저항을 막을 수 있는 영구적인 방어 수단을 제공할 수 없다는 사실입니다.[25]

동성애는 인간의 온전성에 대한 왜곡이고 교란입니다. 그 원인은 동성애자에게만 있는 것이 아니라 창조 질서에 순응하지 않고 물질숭배(fetishism)로 인해 자녀를 유기하거나 자녀를 자신의 결핍을 채워 줄 욕망의 도구로 본 것에도 원인이 있습니다. 성공의 자녀를 너무 급조하려고 하면 억압하게 되고 병리적인

---

23 H. 마르쿠제, 김인환 역, 『에로스와 문명』, 나남, 2017, 72.

24 위의 책, 73.

25 위의 책, 74.

인간을 만들게 됩니다. 창조의 원리대로 아름다운 가정이 유지된다면 이러한 성 정체성의 혼란은 일어나지 않을 것입니다. 이미 동성애로 고착이 되고 난 후에는 너무도 험난한 길이 예고되고 엄청난 사회적 비용이 지출되어야 합니다. 문제의 원인을 보지 않고 증상만 해결하려는 이원적인 태도는 지양되어야 합니다. 영화 〈브로크백 마운틴〉은 동성애가 무엇인가에 대해 더 열린 마음으로 고민하게 하는 영화입니다.

풍경 3.

여자의 몸에 대하여

〈그녀에게〉를 중심으로

우리는 인간을 신체 부분으로 환원시켜 놓은
천박한 포르노 잡지에 나오는 여자의 사진에로
우리의 시선을 끄는 것이 무엇인지를 물어야 한다.
우리를 사로잡는 것이 무엇인가?
그것은 여성을 더 이상 하나의 인간이 아닌
단지 커다란 젖가슴과 음모로 해체시킨 이미지인가?
우리는 그렇게 함으로써 그녀를 통제하고 싶은 것인가? (Ann and Barry Ulanov)

감독: 페드로 알모도바르(Pedro Almodovar)

1   여성의 몸: 욕망의 대상인가, 사랑의 대상인가

——— 미혼인 여자가 임신했을 때 여자는 태아의 아빠가 누구
일 것이라는 예측으로 남자의 부모를 찾습니다. 그리고 그 부모
는 여성을 데리고 병원을 찾아 불법으로라도 유전자 검사를 시
행하지요. 이때 자기 아들의 유전자가 아니면 안도의 한숨을 쉬
게 됩니다. 미혼모는 다시 추론해서 태아의 아빠를 찾아내지만,
남자들은 대부분 책임을 지려 하지 않습니다. 아이를 유산시키

기 위한 비용만 지불하고 남자는 사라지지요. 그리고 다른 연인과 놀아납니다. 여자는 홀로 미혼모로 남게 되구요. 아이는 아빠를 찾지 못해 엄마의 성을 따르게 됩니다. 대부분의 남자들은 욕망만 배출하고 이렇게 도망가 버립니다.

남자들은 교육받지 않거나 문화화되지 못하면 거의 동물과 다를 바가 없게 됩니다. 우리는 여기서 질문하지 않을 수 없습니다. 여자의 몸은 욕망의 대상인지, 아니면 사랑의 대상인지…. 대부분의 남자들은 여자의 몸을 욕망의 대상으로만 생각합니다. 그래서 남자들은 성적 충동이나 성적인 구속이 일어나야만 여자를 사랑하는 것으로 착각하는 경우가 많습니다.

그렇다면 여기서 한번 짚고 넘어가야 할 것이 있습니다. 남자들이 음식점이나 술집 같은 곳에서 광고 사진 속 여자의 포즈를 보면서 성적 충동을 느끼는 경우에 대해서입니다. 그렇다고 이 남자가 과연 사진 속의 모델을 사랑하는 것일까요? 분명히 그런 것은 아닙니다.

오히려 이때 남자들은 기분이 별로 좋지 않은 경우가 많습니다. 자신과 아무 관계도 없고 자신의 의지와도 별 관계없이 몸이 어떤 반응을 한다는 것, 그 충동이 자신의 조절 능력 밖에 있다는 것이 오히려 기분을 나쁘게 합니다. 물론 그것을 기분이 좋은 것으로 착각하는 사람도 없는 것은 아니지만요.

프로이트는 자신의 논문 〈불륜을 꿈꾸는 심리〉에서 남자는 사랑하는 사람에게서는 성적 욕망을 느낄 수 없고 또 성적 욕망의 대상은 사랑의 대상이 될 수 없다고 말합니다.[1] 성적 충동과 사랑이 통합되는 것이 그렇게 쉽고 간단한 일이 아니라는 것이지요. 대부분의 남자들은 사랑과 성적 충동에서 분열을 겪을 수밖에 없다는 것입니다. 물론 이 두 가지가 통합되는 사랑을 할 수 있다면 가장 바람직하고 이상적인 사랑이 되겠지요.

프로이트는 우리의 무의식 속에는 금지된 성적 욕망이 용암처럼 부글거리고 있고 인간은 그것을 억압하며 산다고 생각했습니다. 일례로 우리가 티브이 드라마를 보고 의식으로는 드라마의 스토리를 따라가지만 우리의 무의식의 눈은 성적인 마음을 가지고 배우들을 바라봅니다. 그래서 라깡은 그의 세미나에서 모든 배우는 노출증 환자고 시청자 모두는 관음증 환자라고 이야기하기도 합니다.[2]

그래서 그런지 성애 예술과 관계되는 모든 영화들은 사람들의 몸을 사용하는 무용이나 춤 연습 장면을 연출합니다. 임상수 감

---

1   S. Freud, 김정일 역, 「불륜을 꿈꾸는 심리」, 열린책 v. 9, 1998. 166.
2   자끄 라깡, 맹정현, 이수련 공역, 『세미나 11, 정신분석의 네 가지 근본개념』, 새물결, 2008. 159-162.

독의 〈바람난 가족〉에서도 여자들의 몸을 보여 주기 위해 춤학원이 나옵니다. 영화〈그녀에게〉역시, 춤을 통해 "여자의 몸이란 무엇인가?"에 대해 심각하게 질문하고 생각해 보게 하는 영화입니다.

여자의 몸이 '욕망의 대상'이면서 동시에 '금지의 공간'이라는 말은 사실 남자들에게 불편한 의미로 다가옵니다. 남자들은 여자의 몸에 대해서 트라우마가 있다는 이야기와도 같습니다. 늘 조심해야 하는…. 그래서 남자들은 여자를 원하고 여자를 잡기를 원하지만 한쪽으로는 늘 도망갈 준비를 하고 살아갑니다. 반면 여자들은 도망가려하면서 내심 잡히기를 원하는 경우가 많구요. 굉장히 복잡한 무엇이 있습니다. 우리는 이 영화를 통해서 이런 심리적 상황을 살필 수 있습니다.

인간은 엄마의 배 속에서 나오는 순간 엄마의 젖을 빨고, 온갖 좋은 혜택을 받게 됩니다. 영국의 정신분석가 멜라니 클라인은 심지어 아기는 엄마가 몸 안에 온갖 좋은 것을 다 갖고 나누려 하지 않는다고 생각하여 아기가 엄마에 대해 시기심을 느낀다고 까지 말합니다. 그래서 젖을 깨물고 엄마의 몸을 공격한다고 생각했습니다. "왜 너만 좋은 걸 다 가지고 있냐?"는 것이지요.

성에 관한 여덟 가지 풍경

어쨌든 엄마는 아기가 마음껏 유용할 수 있고 모든 좋은 것을 다 제공받는 풍성한 축제의 장이 됩니다. 그러나 동시에 엄마는 임자가 있는 몸이고 이 때문에 아버지에 의해서 통제되는 금지 구역이지요. 환상과 쾌락을 제공하는 달콤한 공간이지만 아버지의 법에 의해 가까이하기에는 너무 멀고 부담스러운, 그러나 반드시 탐구되어야 할 동굴과 같은 것이 됩니다. 그래서 프로이트는 여성의 몸을 검은 대륙과 같다고 이야기합니다.

오늘날 문화와 산업의 콘텐츠는 항상 이러한 것을 이용하기에 여성의 몸은 생물학적인 차원을 넘어서 환상화됩니다. 아주 오래전에 모 고등학교 미술선생이 자신의 부인이 임신한 사진을 올려서 장안에 화제가 된 적이 있습니다. 이 선생님은 여자의 몸을 상업화하는 것에 염증을 느끼고 진짜 여자의 몸, 솔직한 몸은 바로 이런 것임을 알리고 싶어 배가 볼록하게 나온 부인과 함께 벌거벗은 커플 사진을 올렸습니다.

그러나 사람들은 이것을 이해할 수 없어 선생님을 음란죄로 고발했고 결국 미술선생님은 사표를 내야 했습니다. 미술선생님은 만들어진 몸, 조작된 몸, 이것은 자연스러운 몸도 아니고 사랑의 대상이 될 수 없다는 의미에서 그렇게 한 것입니다. "진짜 몸은 이런 것이다!" 하는 의미로 말이지요. 남성들이 생각하는 그러한 유토피아적인 공간으로서 완벽한 여성의 몸은 존재하지 않는다는 거지요.

　영화 〈그녀에게〉는 끊임없이 엄마에 대한 유아적 환상을 좇는 남성들에 대한 여성관과, 그렇게 구성되려고 하는 여성들에 대한 자본주의 사회의 육체산업이, 어떻게 예술이라는 옷을 입고 교묘히 숨어 있는가를 보여 주는 대표적인 영화라고 할 수 있습니다. 또한 이 영화는 남성들이 여성의 몸 앞에 왜, 어떻게 갈등하고 퇴보하는지, 유혹에 직면하면서 왜 유아적인 환상으로 그것을 즐기고, 유아적 상상계에만 안주하고자 하는지를 보여 주는 영화라 할 수 있습니다.

2　　악순환

　　　페드로 알모도바르 감독의 영화 〈그녀에게〉에서 남자 주인공인 베니그노는 자신의 아버지가 다른 여자와 살고 있는 상황에서 미용술과 간호학까지 공부하면서, 15년이란 세월 동안 어머니의 병상을 지켜 온 인물입니다. 베니그노의 이런 불우한 환경은 베니그노의 대인관계가 평탄할 수 없음을 시사하고 있습니다. 어머니의 죽음 이후, 그는 우연히 창밖으로 1층 건너편 발레 학원에서 음악에 맞춰 춤추고 있는 알리샤를 발견하고 짝사랑하게 됩니다. 그녀의 몸을 욕망하게 되는 것이지요.

그러나 비가 오던 어느 날, 알리샤는 교통사고로 식물인간이 되고, 베니그노는 알리샤의 간호사로 추천되어 4년 동안 헌신적인 사랑으로 그녀를 보살피게 됩니다. 베니그노는 알리샤의 몸을 닦아 주고, 마사지해 주고, 옷을 입혀 주고, 자신이 본 공연과 영화의 줄거리들을 얘기해 줍니다. 간호할 대상이 식물인간이기에, 오직 성관계만을 제외한 모든 것이 다 허락되는 상황이었습니다.

한편, 여행잡지 기자인 마르코는 여자 투우사인 리디아의 방송 인터뷰에서 사랑의 상처로 버거워하는 리디아의 모습을 보고 흥미를 느껴 인터뷰를 요청합니다. 마르코 역시 과거 사랑의 상처가 아물지 않아 리디아의 아픔을 공감하게 되고, 이 과정에서 둘은 사랑에 빠져듭니다. 그러나 리디아는 투우경기 도중 사고를 당해 식물인간이 됩니다.

병원에서 같은 처지에 놓인 베니그노를 만나게 된 마르코는 식물인간인 알리샤와 대화하며 행복해하는 그의 모습을 보고 부러워합니다. 베니그노는 마르코에게 "당신도 나처럼 그녀에게 말을 걸어 보라, 그녀가 들을 수 있을 것이다."라고 이야기합니다. 그러나 마르코는 베니그노처럼 식물인간과 대화할 수 없음을 괴로워합니다.

영화가 진행되면서 베니그노는, 집안일로 야근을 자주 빠지게 된 동료 여간호사의 청으로 밤에도 알리샤를 돌보게 됩니다. 이 과정에서 식물인간인 그녀를 임신시키게 되고 베니그노는 성폭행 죄로 교도소에 가게 됩니다. 베니그노는 알리샤의 출산 예정일이 한 달 정도 지났을 때, 교도소에서 친구 마르코의 도움으로 아이와 산모의 생사를 확인합니다. 마르코는 알리샤가 깨어났고 아이는 사산된 사실을 베니그노에게 알리려 하지만, 베니그노의 변호사는 반대합니다. 변호사는 베니그노에게 알리샤의 소생을 숨기고 아이의 죽음만을 알려 줍니다. 베니그노는 자신과 알리샤와가 다시 맺어질 어떤 가능성도 없음을 알고 자살로 생을 마감합니다.

3   의식과 무의식, 현실과 환상

_____ 영화 〈그녀에게〉는 춤이라는 형식을 빌려 시작과 끝을 맺지요. 이 작품이 여성의 몸과 그것을 다루는 방식에 관한 작품임을 여성의 몸을 통해 강력하게 어필합니다. 페드로 알모도바르의 카메라는 마치 영화를 보는 것이 아니라, 공연을 보는 것 같은 착각을 일으킬 정도로 완벽하게 현대무용가 피나 바우

쉬(Pina Bausch)의 내면의 소리들을 잡아냅니다. 첼로 음으로 시작되는 비가(悲歌)의 단선율 또한 피나 바우쉬의 현대 무용과 절묘한 조화를 만들어 냅니다.

그러나 곧, 첼로와 오보에의 대화 그리고 노래의 앙상블은 절망적인 혼미에 빠져들기 시작합니다. 무대에는 여기저기 의자와 책상이 어지럽게 널려 있고, 눈을 뜨지 못하는 두 여인이 몸을 흐느끼며 무대 위를 종횡무진 위태롭게 움직입니다. 그 가운데 한 남성이 정신없이 돌아치며, 눈먼 두 여인들을 위해 그녀들의 앞에 놓인 장애물들(의자와 책상)을 걷어치웁니다.

헌신적으로 집중하는 열정적인 이 모습, 하지만 음악은 계속 이러한 즉흥 게임이 결국 무의미할 수밖에 없음을 예견하듯 체념의 정서를 노래합니다. 무대 위의 남자는 결코 포기할 수는 없다는 열성으로 음악과 부조화를 만들어 내며, 보는 이로 하여금 안타까움을 자아내게 합니다.

이 〈카페뮐러〉의 무용 공연은 결국 영화 전반의 내용을 상징적으로 암시하고 있습니다. 눈을 감은 두 여인은 영화에서 의식을 잃고 식물인간이 된 알리샤와 리디아를 상징하고, 열심히 의자를 치우는 한 남성은 베니그노를 상징한다고 볼 수 있습니다. 이 영화에서 알리샤는 교통사고로 식물인간이 되고, 리디아는 여성 투우사로서 소에 받치는 사고로 식물인간이 됩니다.

중요한 것은 이 공연을 보는 두 남자, 베니그노(알리샤를 짝사랑하는 남자)와 마르코(리디아의 애인)가 클로즈업되면서 마르코는 눈물을 흘리고, 옆에 앉은 베니그노는 멀뚱히 눈물을 글썽이는 마르코를 훔쳐본다는 것입니다. 마르코는 눈먼 두 여인을 자신과 동일시하며 눈물을 흘리고, 베니그노는 무대 위의 의자를 치우는 남성과 동일시한 때문이었을까요? 영화는 이렇게 두 남성이 공연을 보는 상반된 시각으로 시작됩니다.

영화 〈그녀에게〉에서 감독은 '무의식에 함몰된 베니그노'와 '의식 중심인 사람, 마르코'를 의식적으로 대조시키고 있습니다. 알리샤가 전혀 반응을 보이지 않아도 아무렇지 않게 이야기하는 베니그노와 리디아와 교감할 수 없어 안타까워하는 마르코의 모습이 그렇습니다. 식물인간인 알리샤와 결혼하겠다는 베니그노와 그 말을 듣고 "나무를 키우다가 나무와 결혼하겠다고 하는 사람은 없다."라며 분노하는 마르코 모습이, 또한 그렇습니다.

리디아와 알리샤라는 두 여자를 대비시키고 여자는 알리샤와 같아야만 살아남을 수 있다는 암시를 주고 있습니다. 알리샤는 풍성한 여성성을 지닌 여자이고 리디아는 남자와 같은 모습으로 현실적인 삶을 살아가는 여자입니다. 알리샤는 남자들의 환상을 자극하는 여성이고 리디아는 현실 원리를 일깨우는 여성입니다.

베니그노는 욕망을 방어하는 데 실패한 사람, 곧 무의식에 함몰된 사람이고 마르코는 의식적이고 현실 원리에 충실한 사람입니다. 억압에 실패한 베니그노는 자살로 생을 마감해야 한다는 것, 그리고 동시에 무의식에 함몰된 사람은 도착적인 사랑을 할 수밖에 없다는 것이 이 영화에서 암시되지요.

의식이 인간의 욕망을 다스려야 하는데 물신주의(fetishism)의 자본주의 세계는 오히려 우리의 의식이 무의식적 욕망의 노예가 되도록 유도합니다. 이 영화는 베니그노와 마르코의 모습을 통해서 우리의 의식을 폐기하고 무의식에 함몰되는 삶은 결국 베니그노와 같은 파멸의 길로 갈 수 있음을 암시하고 있습니다. 사실 이 영화에서 감독은 이러한 사실을 교묘히 은폐하면서 여자의 몸에 대한 우리의 환상을 자극하고 있습니다.

4   도착의 원인

——— 성 충동은 유아의 삶을 지배하는 핵심 요소이고 성도착의 원인도 바로 이 유아의 삶에서 유래한다는 프로이트의 주장,

기억하시지요? 이 사실에 대한 정서적 수납이 없다면 프로이트 정신분석의 입문이 거의 불가능하다고 보아야 합니다. 정신분석은 향유의 기원을 바로 유아기의 성이 만들어 낸 환상적인 구성물에서 찾으며 성도착의 기원을 여기에서 찾고 있습니다.

프로이트는 성도착에 대해서 해부학적 신체 부위를 넘어서는 어떤 성행위, 최종적인 성 목표를 향해 빨리 지나가야 할 과정을 지체하는 것으로 정의합니다. 그리고 이것을 '성 목표 도착'이라는 말로 개념 정리합니다.[3] 정상적인 성행위 과정 중에도 이런 이탈의 조짐들이 있는데, 즉 애무 또는 바라봄과 같은 중도적인 행위를 성 목표로 삼고 더 이상 나아가지 않는 것이지요.[4]

일단 프로이트는 보통 사람들에게 정상적인 성 목표에 도달하기 위해 약간의 도착은 필수불가결한 행위라고 봅니다. 성적인 감정에 휩싸여 신체 부위를 바라보거나 지체하는 것은 다수의 정상인들에게서도 누구나 어느 정도 일어나는 일이고[5] 정상인들도 상황에 따라 도착을 정상적인 성과 대체시키거나 아니면 정상적인 성 목표와 함께 병행한다는 것입니다. 조금은 경멸적으로 보이는 이 성도착이라는 말을 부정적으로만 볼 수는 없는 이

---

3 S. Freud, 오현숙 역, 『성에 관한 세 편의 해석』, 을유문화사, 2007. 66.

4 위의 책, 65.

5 위의 책, 74.

110 성에 관한 여덟 가지 풍경

유입니다.[6] 프로이트는 심지어 성도착의 소인은 의례적이며 특별한 것이 아니라 정상적으로 통용되는 체질의 한 부분이라고까지 말합니다.[7]

특별히 다른 영역, 사회적으로나 도덕적으로 전혀 문제가 없고 지극히 정상적으로 행동하는 사람이 유독 성생활의 영역에서만 극단적 충동에 사로잡혀 병자처럼 자신을 드러내는 경우가 많이 있는 것으로 그는 보고합니다.[8]

도착을 영어로는 'perversion'이라고 하는데 이 말은 '왜곡된, 뒤틀린, 잘못된'과 같은 뜻으로 정상이 아니라는 이야기입니다. 사실 프로이트는 늘 정상성과 비정상성의 경계에 대해서 의문을 제기합니다. 그러나 분명한 것은 이러한 성도착, 곧 성적 일탈 가운데 누가 보아도 유난히 이상한 것들이 있다는 점입니다. 남자를 여자로 보고 여자를 남자로 보는 '성 대상 도착'과 같은 동성애가 그렇고, '사디즘'이나 '마조히즘'도 일종의 도착으로 분류됩니다.

사실 이러한 것들보다 더 부적절한 것들도 많이 있습니다. 신

---

6 위의 책, 78.

7 위의 책, 90.

8 위의 책, 65, 79.

체 부위(발, 머리칼)나 또는 성 대상이 되는 사람과 밀접한 관계가 있는, 가령 그 사람의 성과 가장 밀접하게 관련된 무기물(의복 조각이나 흰 속옷)에 도착되는 것이 그것입니다. 이런 것을 '페티시즘(fetishism)'이라고 하는데 이런 행위는 성기의 무능력이 원인이 될 수도 있습니다.[9]

또는 성 대상을 지나치게 과대평가할 때에도 도착이 일어날 수 있습니다. 페티시즘의 경우 어느 수준까지는 정상적인 사랑, 특히 사랑에 빠진 첫 단계에서 정상적으로 나타나기도 합니다. 특별히 성 목표에 도달할 수 없거나 성 목표에의 접근이 불가능한 경우에도 성도착이라는 우회적인 방법을 사용할 수 있습니다.[10]

이러한 과대평가는 신체의 전 부위로 확장되고, 성 대상에 의해서 이루어지는 모든 것과 관련이 됩니다. 과대평가는 이렇게 모든 영역에까지 위력을 발휘하고 따라서 성 대상이 정신적 능력이나 품격에 대한 논리적 혼미, 판단력 저하가 일어나면서 성 대상의 생각을 무조건 신뢰하게 됩니다.[11] 이 과정에서 혐오감

---

9   위의 책, 70.

10   S. Freud, 임홍빈, 홍혜경 역, 「발달과 퇴행의 관점들 : 병인론」, 열린책, v. 2, 1998. 497.

11   S. Freud, 『성에 관한 세 편의 해석』, 66-67.

은 성 대상에 대한 이상화에 방해가 될 것 같지만 오히려 이러한 혐오감은 이상화를 통해서 더 강화되고 성 충동을 강화시키게 됩니다.[12]

문제는 기괴한 성도착은 병적이라고 설명할 수밖에 없을 정도로 정상성에서 너무 멀리 떨어져 있다는 것입니다. 즉 성 충동의 장벽(수치심, 혐오감, 잔악성의 고통)을 초월하는 행위들로서 매우 끔찍한 것들이 있습니다(분뇨 핥기, 시체 추행 등).[13] 영화에서 베그노니가 식물인간과 성관계를 갖는 것도 정상성에서 조금 멀리 있는 행위이지요.

베니그노는 성인이 되어서도 엄마를 15년 동안 간호했고 외부 현실과 차단된 채로 세월을 보내야 했습니다. 그런 그가 아무런 감시도 없는 밤에 알리샤를 돌보는 경우도 있었고 그녀의 몸을 벗기고 닦아 주면서 마음대로 할 수 있었습니다. 성도착이 발생할 수밖에 없는 특별한 환경이 한몫한 것이지요.

비겁하거나 성적 불능이 되어 버린 사람, 또는 도저히 참을 수 없는 성충동이 일어날 당시 다른 적절한 대상을 찾을 수 없을 경우 통제가 가능한 아동을 성 대상으로 삼는 경우가 그런 것입니

---

12 위의 책, 68.
13 위의 책, 79.

다. 아동의 성적 학대가 교사나 보육자들에게 빈번하게 일어나는 이유는 이들이 아동들과 접촉의 기회가 가장 많기 때문입니다.[14]

배고픔의 경우에는 대상이 훨씬 더 뚜렷하게 정해져 있어서 매우 극단적인 경우에만 변형이 허락되지만, 성 충동은 언제든지 다양한 형태로 변형될 수 있고 성 대상의 한계 초월이 가능할 수 있습니다.[15] 농경민족에게는 동물과의 성교 사례도 있고 성적 매력이 종의 경계를 넘어서는 경우도 있습니다. 분명한 것은 성생활의 흥분은 어떤 임계점을 넘어가면 고도의 정신력으로도 통제하기가 매우 어렵다는 것입니다.[16]

알리샤와 베니그노는 깊은 무의식적 차원에서 어떤 형태로든 교감을 했다고 억지를 부릴 수도 있겠지만 알리샤가 병상에서 일어났을 때 아무것도 기억할 수 없다면 그것은 공허한 관계일 뿐입니다. 그것은 마치 최면에 걸린 사람이 깨어나서 자기가 한 일을 전혀 기억하지 못하는 것과 같습니다. 어쨌든 베니그노는 알리샤의 몸을 너무 과대적으로 이상화하고 있습니다.[17]

---

14 위의 책, 64.

15 S. Freud, 김석희 역, 「문명 속의 불만」, 열린책, v. 15, 1998, 290–292.

16 S. Freud, 『성에 관한 세 편의 해석』, 64.

17 성도착자의 여자에 대한 모든 표상은 결여가 없는 여자 혹은 거세당한 여자라는 이중의 환상에 종속됩니다. 곧 여자는 거룩함의 향취를 가진 성처녀 혹은

성에 관한 여덟 가지 풍경

프로이트는 모든 신경증 환자에게서 예외 없이 무의식적 정신 생활로서의 성도착 흥분과 동성에 대한 리비도적 고착을 발견합니다. 다만 이러한 무의식적인 도착 성향은 신경증 환자에게서 누구나 나타난다는 것입니다. 이 때문에 그는 신경증을 '성 목표 도착'의 또 다른 그림자로 봅니다.[18]

심지어 그는 자신의 환자에게서 이러한 동성애의 문제가 해결되지 않고는 성공적인 치료를 한 적이 없다고 고백하기도 합니다.[19] 그는 성도착적 흥분이 신경증의 증상에 의해 형성된 것이라는 점을 증명함으로써, 성도착자의 수가 증가하게 되고 성도착을 보편적인 증상으로 보기도 합니다. 결국 도착은 건강한 상태와의 연속성 안에 있다는 이야기가 되는 것입니다.[20]

중요한 것은 모든 종류의 도착에는 그 싹이 자랄 수 있는 체질이 있고 이러한 체질이 비록 작은 강도로 나타난다 할지라도 이것을 단지 아이에게서만 관찰된다는 것입니다. 사실 신경증 환자는 유아적 성애 상태를 유지하고 있거나 아니면 그 상태로 되

거부감을 주는 창녀로서 교대로 나타나는데, 성도착자는 현실에서 이렇게 서로 양립할 수 없는 적합한 토양을 끊임없이 찾고 발견합니다. Joël Dor, 홍준기 역, 『라깡과 정신분석 임상, 구조와 도착증』, 아난케, 2005, 209.

18 S. Freud, 『성에 관한 세 편의 해석』, 84, 163.

19 S. Freud, 권재혁, 권세훈 역, 「히스테리 도라 사례의 분석」, 열린책 전집 10, 1997, 252.

20 S. Freud, 『성에 관한 세 편의 해석』, 90.

돌아간 것이라는 공식을 추론하게 됩니다.[21] 때문에 프로이트는 유아의 성에 집착하는 것이지요. 그는 성 목표 도착자가 유아들을 다룰 때 접촉이 많은 구강과 항문점막과 같은 그곳을 반복적으로 다루어지기를 바라는 것에서도 그 이유를 찾습니다.[22]

유아성욕은 유아가 이성(異性)을 깨닫기 이전에 엄마를 통해 먼저 경험하는 것으로, 젖 빨기, 안아 주기 등의 신체 접촉을 통해서 느끼는 성욕동을 말합니다. 그것이 어떻게 성적인 것이냐고 반문하겠지만 어머니의 상냥한 성애적 흐름(엄마는 순수한 사랑이라고 간주하지만) 속에는 훗날 아이의 성충동을 일깨우는 성충동의 강도가 숨어 있다고 보는 것이지요.[23]

이것은 성인에게 지속적인 퇴행의 유혹을 주는 충동이 됩니다. 이 충동에 한번 빠져들면 스스로의 힘으로 거의 벗어나기 힘든 상태로 전락하게 되구요. "풍경 1"의 영화 〈롤리타〉에서 살펴본 것처럼 이러한 유아성욕의 만족을 위한 것이라면 평생을 쌓아 온 지위도 체면도 하루아침에 이 유아성욕에 희생 제물로 바치게 됩니다.

---

21 위의 책, 91.
22 위의 책, 69.
23 위의 책, 152.

성에 관한 여덟 가지 풍경

이러한 틀로 베니그노의 사랑을 대입한다면 베니그노의 상황을 이해하는 데 별 무리가 없을 것입니다. 유아적이고 원초적인 사랑은 대상 그 자체를 있는 그대로 보는 것이 아니라, 유아적인 환상의 눈으로 보는 것입니다. 베니그노는 아직 초기 유아가 어머니와 갖는 상상 속에 머물러 있고, 현실세계에 정상적으로 진입하지 못하고 있는 사람입니다. 바로 이 때문에 그가 느끼는 쾌감은 그만큼 강렬했고, 이것이 또한 4년간이나 식물인간인 알리샤를 헌신적으로 돌보게 한 원동력이 된 것입니다.

베니그노는 환상과 현실을 통합해 내는 과정을 경험하지 못하고 유아적인 사랑 안에 갇혀 엄마와 15년이란 세월을 보냈습니다. 베니그노의 유아성욕은 한 번쯤은 사춘기를 통해서 활성화되고 조정되어야만 했습니다. 이는 영화에서 정신과 의사인 알리샤의 아버지가 베니그노의 심리상담을 통해 베니그노의 사춘기에 문제가 있을 수 있음을 제기하는 이유입니다. 그러나 정신분석 관점에서는 사춘기가 아니라 유아기의 문제로 소급해서 해석합니다.

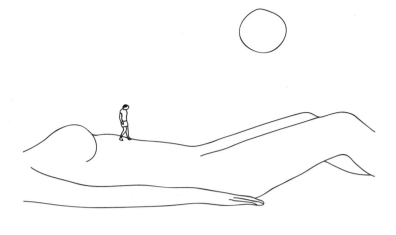

5   여자의 몸, 환상의 대상이 될 수 없다

_____ 미국의 정신분석학자인 컨버그(Otto Kernberg)는 성적인 열정은 자기 경계를 초월하는 여러 가지 형태의 요소들이 동시다발적으로 경험되는 근본적 경험이라고 이야기합니다. 그러나 그것을 넘어서게 되는 가장 중요한 경계는 '자기의 경계'입니다. 퇴행적인 융합 현상이 '자기(自己)'와 '비자기(非自己)'의 구분을 흐리게 만드는 데 반해서, 성숙한 사랑은 자기의 경계를 넘으면서

도 분리된 자기 경험을 유지할 수 있어야 한다는 것입니다.[24]

그러나 자기 경계를 넘어서기 위해서는 선결 요건을 갖추어야 하는데, 자기 바깥에 존재하는 심리적 영역을 인식하고, 이를 공감할 수 있는 능력을 갖추어야 합니다. 정신병 환자의 성애에 의해 채색된 조적 흥분 및 과대망상적 상태를 사랑이라고 볼 수 없다는 것입니다.[25]

성을 생생하게 해 주고 영원한 성적인 만족의 가능성을 제공하는 것은 바로 깊은 대상관계를 맺을 수 있는 능력이요, 이러한 능력을 가진 사람은 커플의 안정성을 보호할 뿐만 아니라 다른 사람과 새로운 관계를 맺는 일에 부족함이 없게 됩니다.[26] 또한 이러한 창조적인 사랑만이 커플의 가치와, 이별, 죽음과 같은 삶의 도전들을 이겨 낼 수 있는 힘이 된다는 것이지요.[27] 결국 참된 사랑은 고통과 갈등도 담아내고 때로는 상실과 심판까지 받아들일 수 있는 믿음의 작업인 것입니다. 성경에서 사도 바울은 사랑에 대한, 보다 본질적이고도 구체적인 표현을 이렇게 부정적 언어로 표현하고 있습니다.

---

24 Otto Kernberg, 이재훈 역, 『내면세계와 외부현실』, 심리치료연구소, 2001, 374, 375.

25 위의 책, 376, 377.

26 위의 책, 389.

27 위의 책, 390.

사랑은 오래 참고, 사랑은 온유하며

투기하는 자가 되지 아니하며, 사랑은 자랑하지 아니하며

교만하지 아니하며, 무례히 행치 아니하며

자기의 유익을 구하지 아니하며, 성내지 아니하며

악한 것을 생각지 아니하며, 불의를 기뻐하지 아니하며

진리와 함께 기뻐하고, 모든 것을 참으며 모든 것을 믿으며

모든 것을 바라며, 모든 것을 견디느니라(고전13:4-7).

이런 관점에서 볼 때, 영화 〈그녀에게〉에서 베니그노가 알리
샤에게 느끼는 사랑은 자기애적 사랑으로 위장된 또 다른 형태의
성애적 사랑일 뿐이며, 진정한 사랑이라고 볼 수 없게 됩니다.

이 작품에 특별히 제작·삽입된 7분짜리의 흑백영화 〈애인이
줄었어요〉는 손가락보다 작아진 남성이 여성의 몸을 기어올라,
젖가슴을 오르고[28] 거기서 또 굴러 결국 여성의 성기인 어두운
동굴을 만나게 되는 남성의 유아적 환상을 폭로하고 있습니다.
한없이 작아지는 남자, 자기의 경계가 없는 남자, 자기의 정체

---

28 이 장면은 멜라니 클라인의 〈부분대상〉과 연관 지을 수 있습니다. 초기 유아
시절에는 아기가 엄마의 전체를 인식할 능력이 없고 부분만을 인식하게 되는데,
이것은 아기의 이러한 부분인식은 엄마를 실제가 아닌 환상의 눈으로 보게 되는
원인이 됩니다.

성에 관한 여덟 가지 풍경

감이 없어지는 남자의 모습은 아직도 상상계 속에 머물고 있는 유아적인 남성들의 여성관을 지적하고 있습니다.

이것이 바로 남자들의 히스테리증세입니다. 작아진 남성이 여성의 성기에 들어가 영원히 그렇게 함께한다는 프로이드의 죽음본능(회기본능), 곧 유아성욕은 총괄적 개념의 성을 좁히고, 퇴행하고자 하는 남성들의 성 관념을 고착시킬 수 있는 위험이 있습니다. 여성의 몸은 결코 환상의 대상으로만 존재하는 몸이 아니지요. 우리의 욕망을 자극하는 몸으로만 있는 것이 아니라 사랑의 대상이 될 수 있는 현실적인 몸으로 존재한다는 것입니다.

영화의 거의 끝부분에서, 베니그노는 결코 동성애자가 아님에도 불구하고, 면회석상에서 마르코를 만지고 싶고 안아 보고 싶다고 이야기합니다. 베니그노는 접촉을 시도하지만 유리칸막이로 인해 마르코를 만지지는 못합니다. 그는 교도소에서 아무 불편함을 느끼지 못하지만 단지 알리샤가 없는 것을 견딜 수 없다고 말합니다.

그러나 프로이트와 라깡(J. Lacan)은 인간의 성(性)을 어떤 특정한 목표에 묶여 있는 것으로 보지 않습니다. 그것은 향유의 구체화, 즉 욕망의 한 표현일 뿐이라는 것이지요.[29] 에로스적 사랑이란 어떤 대상에 의해서든 메워질 수 없는 빈 구멍, 공백의 현존일 뿐이고 그것은 다시 욕망을 불러올 수밖에 없게 됩니다.[30] 때문에 베니그노의 사랑은 근원적인 결핍, 즉 대상추구의 욕구를 알리샤에 투사한 반사물이 되는 것입니다.

존재한다는 것은 불안 없이 관념적으로 존재하는 것을 말하지 않습니다. 홀로 있을 수 있다는 것은 누군가 곁에 있어 주고 존재하되, 어떤 요구도 없이, 즉 어떤 충동 없이도 존재할 수 있는 능력입니다. 이것은 오직 신만이 가능한 것입니다. 그러나 인간

---

29 Widmer, Peter, 홍준기, 이승미 역, 『욕망의 전복』, 한울, 1998. 123.
30 자끄 라깡, 『세미나 11, 정신분석의 네 가지 근본개념』, 271.

성에 관한 여덟 가지 풍경

에게도 완전하지는 않지만 홀로 있을 수 있는 능력과 이러한 경험의 축적은 불안과 긴장을 담아내는 현실적인 능력으로 발전되고 이러한 능력은 허망함 대신에 현실감을 갖는 삶의 기초가 될 수 있습니다.[31] 여자의 몸을 이상화하고 환상화하는 능력만으로는 현실적인 몸을 사랑할 수 없게 됩니다. 우리가 현실 안에 존재한다는 것에는 항상 몸의 현존을 동반한다는 의미가 있는 것이지요.

베니그노가 이런 존재의 불안함을 담아낼 수 있는 능력만 있었다면 알리샤의 몸을 그렇게 이상화하지도 않았을 것이고 알리샤 없이도, 알리샤를 내면화하고 사랑할 수 있었을 것입니다. 베니그노를 자살로 몰고 간 것은 이룰 수 없는 알리샤와의 사랑도, 사산된 아이의 죽음 때문도 아니었습니다. 더 깊은 바닥에 숨어 있는 문제, 그것은 존재의 문제였습니다.

인간에게 홀로 존재한다는 것은 불안과 긴장을 담아내는 현실적인 능력이 동반됨을 말합니다. 진정한 존재에 대한 느낌은 존재와 존재물의 변증법적 작업과 투쟁으로서만 얻을 수 있는 결과물이니까요. 베니그노는 관념적이고 이상화된 여자의 몸만

---

31 Madeleine Davis and David Wallbridge, 이재훈 역, 『울타리와 공간』, 심리치료연구소, 1997, 51~55.

있었지 실제의 몸은 없었습니다. 그는 그것을 욕망했지만 구름이었을 뿐입니다. 이것이 베니그노이 도착적 사랑의 원인이었고 자살을 택한 실제 이유가 됩니다.

6   여성의 몸, 욕망의 대상이 될 수 없다

──── 영화의 마지막 공연은, 누워 있는 남자들의 손에 의해 옮겨지는 관능적인 여성의 몸에 관한 안무입니다. '여성의 몸이란 바로 이런 거야!'라는 직설적인 표현을 예술적으로 교묘하게 포장해 놓은 것이지요. 이어 마르코와 알리샤가 비춰지면서 카메라는 알리샤의 곁에 비어 있는 좌석을 보여 줍니다. 이러한 장면 구성들은 남성의 구성에 의해서만이 여성의 존재가 드러난다는 남자의 여성상, 곧 여성은 남성의 부재이고 오직 남성에 의해서만 사유되고 감각될 수 있는 타자일 뿐이라는 남성적 논리를 강요하고 있는 것이지요.

알리샤는 식물인간으로서, 자신의 몸에서 일어났던 일을 알지 못하고 유아적 환상에 사로잡혀 있는 남성의 희생양으로서, 삶의 주체가 될 수 없는 여성의 모습입니다. 그가 의식을 잃고 병상에 쓰러져 있는 모습은 곧 사회적 최면에 걸려, 자신을 남성들이 구성하는 모습대로 만들려고 노력하는 여성들의 모습을 상징하기도 합니다. 이러한 모습에는 여자는 남자들에 사랑받기 위해 학습된 몸과 마음을 가져야만 살아남을 수 있다는 이데올로기가 숨어 있습니다. 알리샤는 그런 조건을 가진 여자였습니다. 그런 여자만이 남자의 환상을 자극하고 도착을 유도할 수 있다는…. 그래서 그녀는 살아났다고 감독 페드로 알모도바르는 이야기하고 있습니다.

같은 이유에서 주체적으로 자신을 구성하고, 자기의 인생을 살려고 노력한 리디아는 병상에서 일어나지 못하고 죽어야만 했습니다. 그녀는 분명히 남성들의 환상 속에 있는 여성상은 아니지요. 그녀는 투우사의 세계에서 소외받고, 힘겹게 투쟁하며 살아가는 여성이었습니다. 투우사는 여성이 하지 말아야 하는 사회적 통념의 금기사항이었고, 리디아는 그것을 어긴 여자였습니다. 때문에 그녀는 죽어야 했던 것입니다. 그러나 알리샤는 병상에서 깨어났습니다. 아름답기 때문에… 남자들의 환상과 퇴행을 자극할 수 있는 여자이기에….

베니그노와 알리샤의 관계가 알리샤를 일으키는 데 어떻게 어떤 식으로 작용했는지 의학적으로 정확히 설명할 수 있는 것은 아무것도 없습니다. 무의식적 차원에서 어떤 일이 이루어졌었다고 충분히 가정할 수는 있습니다. 그러나 분명히 알 수 있는 것은 베니그노와 알리샤는 적어도 병리적인 의존성으로 묶여 있었다는 것입니다. 알리샤는 할 수 없이 자신을 몸을 맡겨야 했고, 또한 그 간호를 받는 알리샤는 베니그노의 통제에서 벗어날 방법이 없었습니다. 그래서 이 의존성이 서로 해소되면(깨어나면) 그 관계는 다시 해체되거나 현실이라는 새로운 기초 위에 다시 세워야만 하는 것이 된 것입니다.

그렇다면 역설적으로 알리샤가 베니그노의 유아적인 사랑을 두려워했을 가능성도 배제할 수는 없습니다. 이것이 베니그노가 교도소에 있을 때에 알리샤가 깨어난 원인이 아닐까요?

분명한 것은 여성의 몸은 그 어떤 식으로든 욕망의 대상으로만 존재할 수 없다는 것입니다. 남자들이 올바른 여성관을 갖기 위해서는 욕망의 대상과 사랑의 대상의 분열된 간극을 통합해 나가야 하는 과제를 수행해야만 합니다. 이것은 환상과 현실의 통합이고 또한 유연한 왕래입니다. 어느 한쪽으로 치우친다면 그것은 병리로 드러날 수밖에 없게 되겠지요.

영화 〈그녀에게〉에서 감독 페드로 알모도바르는 성의 주술적인 능력과 예술적인 아름다움에 무서울 정도로 집착을 보이고 있습니다. 때문에 남성들의 이러한 유아적인 사랑이 폭로되기보다는 여성의 몸을 이상화시키고 미화하고 있다는 인상을 지울 수 없습니다. 베니그노의 무덤을 찾아간 마르코의 "네가 알리샤를 깨웠다!"라는 독백은 그 절정을 이루고 있습니다.

분명히 식물인간과의 성적인 관계는 정상인의 입장에서 보면 도착입니다. 그것은 침범이요 성폭력입니다. 하지만 그는 이런 문제에 대해, 어느 것에도 확실한 답을 내리지 않고 있습니다. 감독은 이러한 도착과 광기의 열정이 얼마나 위험한 곡예인가를 이야기하면서 관중에게 많은 해석의 여지를 남겨 두고 있습니다.

그러나 우리가 이 영화에서 분명히 알 수 있는 것은 도착은 단지 육체적 욕망에 머무는 것으로 사랑에 이르지 못한다는 것입니다. 여자의 몸은 욕망의 대상이 아니라 사랑의 대상입니다. 진정한 사랑은 영적·육체적·정신적·감성적 지식이 어우러진 총괄적 예술이 되어야 합니다.[32]

---

32 성경 창세기에는 하나님을 떠난 인간이 성적으로 어떻게 왜곡되어 도착증세가 나타나게 되었는가를 소돔과 고모라라는 도시에서 보여 줍니다. (창19:4-9) 하나님을 떠난 소돔과 고모라에서의 성은 변질되고, 왜곡되고, 뒤틀릴 수밖에 없다는 것이 성경의 이야기입니다.

히스테리와 성(性)에 대하여

〈욕망의 모호한 대상〉을 중심으로

무한한 향락에 전념한다는 것이 가능한 일인가?

개방을 향락한다는 것은 상상할 수 있는가?

신비주의자와 같이 절정 체험에 몰입할 수 없는 우리는 모두 히스테리 환자처럼

궁극적으로 성적 관계가 불가능해진 존재들이 아닌가?

(J. Lacan)

감독: 루이스 부뉘엘(Luis Bunuel)

1   정신분석 입문: 히스테리(Hysterie)

—— 일반적으로 우리는 '히스테리'라는 말을 들을 때 노처녀
의 신경질적인 반응을 연상하게 됩니다. '히스테리'의 어원은 '자
궁'이라는 뜻의 헬라어 'hysteron'입니다. 때문에 고대 사람들은
히스테리를 여성의 자궁과 연관시켜 여성의 질병으로 이해했지
요. 중세시대에는 히스테리 여성들을 악령이 들린 것으로 오해
하기도 했습니다.

히스테리는 이렇게 오랫동안 신비의 영역으로 남아 있다가 19세기 말 프로이트의 정신분석이 출현하면서 정체가 밝혀지기 시작했습니다. 사실 히스테리 환자의 분석을 통해서 정신분석이 자리를 잡기 시작했다고 보는 것이 더 정확한 진술이기는 합니다. 프로이트는 히스테리 환자를 분석·연구하면서 히스테리를 여러 가지로 세분화했지만 오늘날 이렇게 분화된 히스테리의 병명을 사용하지는 않습니다. 현대정신분석이 발견되면서 다른 병명으로 전환되었기 때문입니다.

중요한 것은 히스테리가 바로 정신분석을 이해하는 핵심이 될 뿐 아니라 프로이트가 〈꿈의 해석〉을 쓸 수 있었던 일등 공신이라는 사실입니다. 때문에 히스테리를 이해하지 않고는 정신분석에 입문한다는 것은 쉬운 일이 아니지요. 그러나 오이디푸스 콤플렉스와 유아성욕이 잘 이해된다면 정신분석의 꽃이라 할 수 있는 히스테리를 이해하는 데에도 큰 문제는 없습니다. 히스테리 이론과 그 지평을 확장해 나가다 보면 오늘날에는 히스테리가 꼭 자궁과 연관된 증상도, 또 여자에게서만 발견되는 것만도 아니라는 사실을 알게 됩니다.

일단 히스테리가 우리가 생각하는 노처녀의 신경질적 반응이라는 생각이 아주 틀린 말은 아니지만 이것이 정신분석을 입문하는 데 방해가 될 수 있습니다. 이런 기존의 생각들을 내려놓

으셔야겠지요. 우리는 이 장(chapter)의 히스테리를 통해서 억압이나 증상이 만들어지는 과정 그리고 성에 대해서 이해할 수 있는 중요한 단서들을 발견하게 될 것입니다.

사실 프로이트(S. Freud)는 이러한 히스테리 현상을 거의 모든 사람들이 가지고 있는 실존적 구조로 보며 이 히스테리에 고착되지 않은 사람이 거의 없다고 말합니다. 즉 모든 사람들에게 성적인 상처가 없을 수 없다는 이야기입니다. 여기에는 남자도 포함됩니다. 남자들이 성적 외상을 갖는다? 이 말은 언뜻 받아들이기 쉽지 않은 생각입니다. 그러나 프로이트는 이 사실을 자신의 여러 임상의 글과 논문에서 확언하고 있습니다. 그들의 무의식은 항상 성적인 것들로 넘쳐나지만 그들의 의식은 늘 이것을 경계하고 깨어 있다고 보는 것이지요.

자본주의는 이러한 인간의 성적 범람을 돈을 만드는 소재로 사용합니다. 이러한 점에서 히스테리의 이해는 인간과 문화와 사회를 이해하는 입문이 될 수도 있습니다. 영화 〈욕망의 모호한 대상〉은 히스테리의 근원이 어디에 있는지를 정확히 간파하고 있다는 점에서 히스테리의 핵심을 관통하고 있습니다. 또한 순수 히스테리의 '性 구조'와 인간 사회구조 그리고 인간의 보편적인 심리구조를 대비시킴으로써 문명에 대한 뛰어난 해석의 틀을 제공하고 인간의 이해와 관계 개선을 위한 놀라운 통

성에 관한 여덟 가지 풍경

찰을 제공하고 있습니다. 이제 영화의 내용으로 들어가 보겠습니다.

2 　　만날 수 없는 지평선

　　──── 영화는 스페인의 세비야에서 남자 주인공 마티유가 파리행 열차 1등석 침대칸과 일반 침대석(하인용) 티켓을 구입하는 것으로 시작됩니다. 마티유는 파리행 침대칸은 모두 매진되어 마드리드까지 가서 다음 날 밤에 파리행 침대칸으로 바꾸는

조건으로 표를 끊습니다. 기차역으로 가는 도중에 자동차가 폭발하는 테러가 발생합니다. 테러는 주로 좌우 이데올로기의 싸움에서 비롯된다는 것과 이 이데올로기에는 항상 신화적 환상이 개입된다는 사실을 생각하면 이 영화의 핵심 키가 드러나게 됩니다. 남녀의 성관계도 같다는 이야기를 하고 있는 것입니다.

마티유가 기차 안에서 함께 동석하게 된 여행객들과 인사를 나눌 때 여자 주인공 콘치타가 갑자기 열차 창문을 두드리며 "이렇게 떠날 수는 없어요! 오해예요! 가지 마세요! 이럴 수는 없어요!"라고 외칩니다. 마티유는 역무원에게 팁을 주고 물이 담긴 물통을 구해 오게 합니다. 그리고 기차가 막 떠나려 할 때, 마티유는 올라오려는 콘치타에게 물을 퍼붓고 자기 자리에 와 앉습니다. 물벼락을 맞은 콘치타는 떠나는 기차에 가까스로 몸을 싣지만 마티유는 이 사실을 모른 채 여행을 계속합니다.

마티유와 같은 칸에 동석한 어린 소녀는 "아저씨, 왜 아줌마에게 물을 끼얹었나요?"라고 당돌하게 질문합니다. 마티유는 동석한 사람들의 시선을 의식하며 좌중의 허락을 받아 콘치타와의 관계에 대해서 이야기를 시작합니다.

콘치타는 마티유의 집에 가정부로 들어오게 됩니다. 그녀는 스페인사람이었고 프랑스에 온 지는 10년이 되어 불어도 제법

성에 관한 여덟 가지 풍경

잘합니다. 마티유는 그녀의 미모와 자태에 한눈에 매혹되고 맙니다. 마티유가 구애를 하자 그녀는 급료도 받지 않고 말없이 마티유의 집을 떠나 버립니다.

3개월 후 마티유는 사업차 스위스를 가게 되고 그곳 호텔 근처에서 노상강도에게 800프랑을 빼앗깁니다. 그러나 잃어버린 800프랑을 들고 콘치타가 다시 마티유에게 나타납니다. 돈을 빼앗은 그들은 콘치타의 일행으로 연주 투어 중이었고 매니저가 돈과 함께 사라져 돈이 급해 그런 일을 저질렀다고 합니다. 돈을 돌려받은 마티유는 콘치타에게 다시 건네며 요긴히 쓰라고 합니다. 콘치타는 갚을 것을 약속하며 다시 돈을 받습니다. "그때 왜 말없이 떠났지?"라는 마티유의 질문에 콘치타는 "당신은 너무 다정했고 그래서 차라리 떠나기로 했어요."라고 말합니다.

콘치타에게 주소를 알아낸 마티유는 거의 매일 그녀의 집을 드나들게 됩니다. 그녀의 매력과 유혹에 정신을 빼앗긴 마티유는 여러 방법을 통해서 그녀를 자기의 집에 데려오려 하지만 번번이 실패합니다. 우여곡절 끝에 그녀를 자신의 별장에 데려왔지만 성행위는 거부합니다. 심지어 콘치타는 자신의 남자 친구 '엘 모레니토'를 마티유의 집에 몰래 데리고 와 잠을 재우기도 하지요. 이로 인해 마티유와 콘치타는 다시 헤어지게 됩니다.

판사인 마티유의 친구는 마티유를 위해 그녀와 그의 어머니를 스페인으로 추방해 버립니다. 그러나 마티유는 콘치타를 잊지 못하고 스페인의 세비야로 다시 찾아갑니다. 그곳에서 콘치타는 여행객들 앞에서 옷을 벗고 춤을 추는 일을 하고 있었습니다. 마티유의 분노에 콘치타는 "당신은 여자를 알 수 없다."고 답변합니다. 남자는 여자를 알 수 없고 여자는 남자를 이해할 수 없다는 이 의미는 영화를 관통하는 핵심 키가 됩니다.

마티유는 콘치타에게 집을 한 채 사 주고 그곳에서 콘치타는 애인이 되기로 약속합니다. 그러나 막상 마티유가 찾아갔을 때 콘치타는 발과 머리카락에 키스만 하게 하고 그녀의 남자 친구 '엘 모레니토'와 유사 성행위를 하며 마티유에게 수치심을 느끼게 합니다. 이튿날 콘치타는 마티유를 찾아와 모든 것이 연기였음을 고백합니다. 그러나 마티유는 더 이상 콘치타의 말을 믿지 못하고 콘치타를 폭행하고 그녀를 마음에서 정리합니다. 그리고 파리로 가는 열차표를 끊었던 것입니다.

그런데 그녀는 기차역까지 따라와 "이렇게 떠날 수는 없다. 당신이 오해하고 있다."고 억울함을 호소하며 떠나는 마티유를 붙들려 한 것입니다. 이때 마티유가 그녀에게 물세례를 퍼부었던 것이지요. 이렇게 두 사람의 의견은 만날 수 없는 지평선이 되고 영화는 이것에 대한 비유로 네다섯 차례의 테러와 이에 대해 보고하는 방송을 들려줍니다.

마티유가 그녀를 정리하고 스페인을 떠나려 할 때 테러가 일어나는 것은 바로 이들의 관계를 비유한 것입니다. 그들이 다시 합하여 파리의 길을 걸어갈 때도 다시 테러에 대한 뉴스가 나옵니다. 이러한 좌우의 분열과 갈등은 마티유와 콘치타의 관계인 것입니다. 물론 여기에서의 갈등은 정치적인 것은 아니지요. 남자와 여자의 이데올로기는 이렇게 서로 다르고 싸울 수밖에 없다는 이야기를 하는 것입니다.

"이제 분위기를 바꿔서 음악을 좀 들어 볼까요?"라는 라디오 멘트와 함께 마티유와 콘치타가 다시 다투기 시작하는 모습이 비추어집니다. 남녀의 갈등은 해결할 수도 없고 타협할 수도 없는, 이러지도 저러지도 못하는 세계이며 이것이 바로 우리가 살고 있는 세계라고 말하며 영화는 막을 내립니다.

3   히스테리 특성

——— 모호한 성 정체성(양성성)

일인이역으로 나오는 여주인공 콘치타는 자신의 남자 친구들(집시와 비슷한)과 여행을 다니며 공연을 합니다. 그녀는 미혼이지만 성적으로 문란하지 않습니다. 그녀는 마치 동성들과 함께 다니듯 남자들과 함께 연주 여행을 합니다. 남자들은 기타 (guitar)로 그녀의 춤을 반주하지만 섹스에 관심이 없습니다. 이런 일이 정말 가능한 것일까요?

콘치타는 마티유 앞에서 남자 친구 엘 모레니토와 성행위를 연기한 다음 날 이렇게 말하지요. "내 말 들어 봐요. 어젯밤에 있었던 모든 상황은 모두 속임수예요. 당신에게 말하지 않을 거예요. 내 말 좀 들어 봐요! '엘 모레니토'(콘치타와 함께 여행하며 공연을 다니는 친구)는 내 애인이 아녜요! 그는 여자를 좋아하지도 않아요! 우린 둘 다 연기를 한 거예요. 그 이상은 아녜요!"

프로이트는 성적 정체성에서 생물학적 구별을 의심하고 심리적인 성에 관심을 가진 최초의 사람이었습니다. 이러한 의심은 동성애를 규명하는 데에 결정적 도움이 되었지요. 사실 그의 최초 연구였던 히스테리 환자들은 거의 성적 정체성에 혼란을 겪는 사람들이었습니다.

인간은 발달 과정에서 어떤 대상관계와 어떤 경험을 가졌느냐에 따라 생물학적 성과 심리적 성의 교란을 경험하게 되고 여기에서 정체성의 도착이나 왜곡을 경험하게 됩니다. 그러나 히스테리는 도착을 향유할 수 없는 주체입니다. 그들은 자신의 욕망을 충족되지 않는 욕망으로 제시합니다. 그들의 욕망이 언어(법) 속에 감춰질 수 없다는 천재성을 드러내기는 하지만 그렇다고 해서 욕망과 법의 체계를 온전히 해명할 수 있는 것도 아닙니다.[1]

히스테리 환자는 상대가 성적으로 침범하는 것에 유연하게 반응할 수 없고 물론 자신도 상대방을 성적 대상으로 보는 것에 어려움을 갖습니다. 그러나 성적이지 않은 것을 성적으로 성화시키는 역설을 갖게 됩니다. 사랑은 적당한 거리를 유지할 수 있을 뿐 아니라 때로 침범을 허락하고 나를 내어 줄 수 있는 능력이지요. 그러나 그들은 넘어가지 못하고 다른 사람이 넘어오지 못하게 하는 지나친 경계를 갖습니다. 사람은 서로 섞여서 하나가 되기도 하고 또 분리되는 경험을 통해서 행복을 느낄 수 있습니다. 타자와의 정서적 관계에서 적당히 넘나들 수 있어야 오히려 건강한 것이지요.

프로이트의 히스테리를 더 자세히 연구 확장한 프랑스의 정신분석학자 나지오(J. D. Nasio)는 히스테리 환자를 성적 정체성이 확립되기 이전, 곧 중성의 상태, 남성의 무의식적 성적 환상과 여성의 무의식적인 성적 환상의 결합 그 자체라고 말합니다. 이 때문에 히스테리 환자가 동일시되는 것에는 두 종류의 자궁−남

---

1   J, Lacan, 맹정현, 이수련 공역, 『정신분석의 네 가지 근본개념』, 새물결, 2008, 27.

근이 있다고 말합니다.

이렇게 남자도 아니고 여자도 아닌 가변성은 히스테리 환자를 실재와 환상이 뒤섞인 현실 속에서 자기 존재 고유의 정체감 없이 특히, 성적인 정체감 없이 살아가게 합니다.[2] 그들은 남자에게도 여자에게도 동일시될 수 있으며, 남녀 커플의 갈등의 지점에도 동일시될 수 있습니다. 다음의 대화는 콘치타가 성 정체성의 혼돈을 겪고 있음을 알려 줍니다.

> 콘치타: 앉아 보세요! 제가 노래를 들려드릴게요.
>
> 마티유: 여기서?
>
> 콘치타: 여기 앉으세요! 아시겠어요? 이쪽으로 앉으세요!
>
> 마티유: 의미는?
>
> 콘치타의 노래: "듣고 있는 사람 없나요? - 없어요." "제가 얘기해 드릴까요? - 말해 주세요." "애인이 있나요? - 아니요." "제가 애인이 되어 드릴까요? - 네."

---

2   S. Freud, 황보석 역, 「히스테리 성 환상과 양성소질의 관계」, 열린책, v.12, 1997, 71. 프로이트는 정신신경증 환자들의 정신분석에서 선천적으로 양성적 소인이 존재한다는 가정을 자위에서 발견할 수 있다고 말합니다. 자위를 하고 있는 사람의 무의식적인 환상이 남자의 감정과 여자의 감정을 동시에 느끼려 하는 사실을 통해서도 알 수 있다는 것입니다. 이에 대한 내용은 동성애에 대한 글 p. 72에서도 자세히 설명된바 있습니다.

마티유: 그럼 그게 진짜야?

콘치타: 그냥 노래일 뿐이에요.

이러한 극적 연출에 자신은 감정이입이 되지 않고 단지 연기만 하는 격이 됩니다. 히스테리 환자는 자신의 성적 정체감에 혼돈을 겪고 있어 자신이 남자 혹은 여자라는 말을 하기 어려워합니다. 여성 히스테리의 경우 비록 자신이 정말 매력적이고 여성적인 느낌을 준다고 해도 정작 본인은 모호한 성 정체성에 시달리고 있는 경우가 대부분이라는 것입니다.

그렇다면 왜 이러한 현상이 일어날까요? 프로이트는 모든 인간은 오이디푸스 콤플렉스(oedipus complex) 과정을 거친 후에 성 정체성이 확립되는 것으로 말합니다. 오이디푸스 콤플렉스는 엄마와 아빠 그리고 아동의 삼각관계에서 일어나는 역동입니다. 이 관계에서 모든 유아는 '살부혼모'의 감정을 갖게 되는데 아버지를 살해하고 엄마와 함께 자고 싶어 하는 충동입니다. 문제는 성 정체성이 없던 중성의 시기에 비록 막연하기는 하지만 성적 느낌이 막 열리려고 할 그때 엄마와의 살붙임을 방해하는 아버지의 간섭이 들어오기 시작한다는 것입니다.

이때 정상적인 가정에서 자란 아이들은 아버지의 강압적인 힘에 자신의 뜻이 꺾이게 됩니다. 결국 유아는 엄마와의 살붙임을 포기하고 이제 아버지가 말하는 법의 세계를 받아들임으로 세상으로 나갈 수 있는 관문을 통과하게 됩니다. 물론 이때 성 정체성도 자연스럽게 부여받게 됩니다. 아버지와의 적대관계를 잠시 접고 엄마를 차지하기 위한 의도는 후일을 기약하는 이 오이디푸스 과정에서 분명히 남자는 남자로, 여자는 여자로의 성 정체성을 갖게 된다고 보는 것입니다.

이렇게 본다면 사실 성 정체성의 부재는 그들이 아직 남근기 초기에 고착되어 있는 것으로 이해될 수 있습니다. 이들의 정신 연령과 심리적 상태, 및 성적 환상은 아직 5, 6세의 아이에 고착된 것으로 중성의 상태에 머물러 있는 것입니다. 그 원인은 강렬한 남근기적 거세환상과 연관을 갖기 때문입니다.

남근기적 거세환상이라는 말에서 '남근(phallus)'이라는 말은 환상에 근거한 페니스라는 의미가 내포되어 있습니다. '페니스'는 생식기 자체를 말하는 것이지만 '남근'은 남자들이 생각하는 성기, 곧 이 성기에 어떤 힘이 있는 것 같다는 막연한 생각, 혹은 남자의 성기가 여자의 성기보다 더 우월하다고 하는 일종의 환상과 같은 무엇입니다.[3] 어른들이 어린아이들에게 하는 "고추를 잘라 버릴 거야!"라는 장난기 섞인 말에는 생식기의 거세라

---

3 S. Freud, 김정일 역, 「유아의 생식기」, 열린책, v. 9, 1998, 379.

는 의미를 넘어 쓸모없는, 버림받은 인간이라는 확장된 의미가 숨어 있습니다. 이러한 남근기적 거세환상에 대한 공포가 그들에게 더 이상 자신의 성에 대해 알고 싶어 하지 않게 되는 원인을 제공합니다. 나지오는 그들이 고통스러운 거세의 공포를 겪는 것보다는 자신의 성에 대한 무지로 인해 고통을 겪는 것을 더 좋아한다고 말합니다. 그들은 이렇게 고백한다는 것이지요. "나는 남자도 여자도 아니며, 그렇다고 그들 관계 속의 고통도 아니다. 나는 다만 그들의 신성한 만남, 어쨌든 내가 그 열매이기는 하지만 육체적 교환이 없는 만남을 맞아들였던 땅이다."[4] 콘치타는 이렇게 말합니다.

내가 할 수 있는 건, 당신을 미치도록 사랑하는 일뿐이에요. 그리고 당신을 위해 처녀로 남는 것.

이들의 심리 상태는 아직 중성인 유아 시절에서 벗어나지 못했거나 그 시절로 퇴행한 상태로 볼 수 있습니다. 이러한 유아성에 대해 좀 더 자세히 살펴보겠습니다.

---

4 J. D. Nasio, 표원경 역, 『히스테리의 정신분석』, 백의, 2001, 165.

─── 유아성

유아는 정신적 육체적으로 아직 미성숙한 상태이고 이 때문에 자신의 몸 안으로 들어오는 긴장에 대해 아무런 방어를 할 수 없습니다. 아직 자리 잡지 못한 부실한 자아와 어떤 방어조직도 아직 형성되지 못한 유아의 몸엔 성적 에너지의 긴장이 넘쳐날 수밖에 없게 됩니다. 이 때문에 유아의 몸은 범람하는 성욕의 장소가 되고 이것이 무의식 안에서는 외상으로 경험된다는 것입니다. 물론 의식으로는 그것이 무엇인지 알지 못하겠지요. 프로이트는 이러한 심리적 사건이 유아의 몸에서 일어나고 있기에 유아의 몸은 성욕이 들끓고 있는 욕망의 장소가 된다고 말합니다.[5]

아이들이 느끼는 욕동의 강도는 어른들의 욕동으로 유추될 수 있는 것은 아닙니다. 강도의 질에 있어서 전혀 다른 차원에 있다는 것을 전제해야 합니다. 유아에게 외상은 유아에게 주는 넘치는 자연스러운 사랑 그 자체이지, 다른 외적 침범이 필요한 것이 아니라는 것이지요. 문제는 유아의 몸 자체가 자극에 약하고 성욕이 넘쳐나는 장소가 된다는 것입니다.

어렸을 때 성감대(입과 항문, 근육과 피부, 눈 등)에서 겪었던 하

─────────

5   위의 책, 56.

나하나의 경험은 너무도 강한 인상과 느낌으로 인해(어른들이 듣고 보는 차원과 전혀 다른) 외상으로서의 충분한 요인이 되고도 남아 결국 어린아이의 자아는 걷잡을 수 없는 과도한 긴장이 개화하는 천연 장소가 된다는 것입니다.[6]

프로이트는 이것이 히스테리의 기원이라고 생각했습니다. 그것은 무의식의 환상, 곧 환상화된 불안인 것이지요. 심지어 프로이트는 히스테리 증상을 설명하기 위해 더 이상 환자의 외상적 사건을 찾아낼 필요가 없다고 생각했고 이것이 정신분석의 큰 전환점이 되기도 합니다.[7]

결론적으로 말하자면 히스테리 환자는 심리적으로 오이디푸스 단계를 넘어서지 못한 채 거기에 고착된 아이인 것입니다. 이 때문에 히스테리 환자는 초기의 유아적 세계의 심리 상태에서 받았던 무한한 '충족 대상'을 갈구합니다. 영화에서 마티유는 콘치타의 아버지의 대체물이 될 가능성이 너무도 높은 사람입니다. 콘치타는 마티유가 성적인 대상으로 보이기보다는 자신을 철저하게 보호해 주어야 하는 아버지로 보이겠지요. 이 때문에 콘치타에게 마티유의 행동은 자신을 성적으로 착취하려는 도착

---

6 위의 책, 55.

7 S. Freud, 황보석 역, 「신경증의 병인에서 성욕이 작용하는 부분에 대한 나의 견해」, 열린책 12, 1998, 55-57.

적인 대상으로 보이게 되는 것입니다.

　나지오는 히스테리 환자는 세도가와 비천한 사람, 강자와 약자, 젊은이와 노인, 건장한 삶과 불구자로 양분되어 있는 유아적 세계에 빠져 있고 남자, 여자의 대립이 존재하지 않는 환상화된 세계를 공연한다고 말합니다.[8] 그가 재현하는 세계에는 힘 있는 아버지를 연상케 하는 모든 이들, 곧 유아의 세계에서 필요한 인물들이 등장합니다.

　유아의 세계는 페니스를 가진 남자와 질을 가진 여자로 구분되는 것이 아니라, 남근을 갖춘 존재와 박탈된 존재, 단순하게 강하거나 나약한 존재 또는 건강하거나 병든 존재, 아름답거나 추한 추한 존재로만 구분됩니다.[9] 대부분의 어른들도 이러한 이항대립적 사고에서 벗어나지 못하고 있다는 사실은 그들 속에 아직 이런 유아성의 흔적이 남아 있다는 증거가 됩니다.

8　J. D. Nasio, 157.

9　위의 책, 72.

　　　　　　　　　　　　　성에 관한 여덟 가지 풍경

─────── 거세불안 : 향유에 대한 거부

- 왜, 그때 떠났지?

- 당신 때문에요.

- 내가 어쨌는데?

- 당신은 너무 다정했어요. 그래서 차라리 떠나기로 했어요.

　히스테리는 향락을 견딜 수 없는 두려움으로 인식해 신체상의
장애로 바꾸어 버립니다.[10] 욕망이라고 불리는 성욕의 범람과
향락의 충동은 너무 격렬하지만 이 성욕동을 무제한적으로 향락
하려 들다가 거세될지 모른다는 거세환상 때문입니다. 그 완화
를 위해서 무의식으로 하여금 상상력의 발동과 연극, 환상들을
만들어 내는 것이고 이것을 '히스테리환상'이라고 합니다.[11]

　히스테리의 사람은 매력적이고 몸을 요란하게 치장하지만, 정
작 섹스에 있어서 전혀 흥미를 느끼지 못합니다. 정작 이성이
매혹되어서 성적 관계를 취하려고 하면, 막상 그 순간에는 성관
계를 거부하지요.[12] 이렇게 타자와의 만족스러운 관계를 맺지

────────

10　위의 책, 34.

11　위의 책, 57.

12　위의 책, 82.

못하는 것을 히스테리적 관계라고 합니다. 즉 생식기 부분이 강한 성적 금지에 놀라 오히려 마비되어 조루, 불감, 불능, 성적 혐오 등으로 나타나는 것입니다. 문제는 생식기를 제외한 부분은 지나치게 성적으로 민감하여 지속적으로 그 자극들의 노예가 된다는 점입니다.[13] 이러한 지나친 자극이 오히려 향락에 대한 두려움을 갖게 하는 원인이 됩니다. 향락은 쾌락과는 다른 극도의 희락이고 오르가즘의 극치이기에 히스테리는 바로 이 향락을 거부하는 것이지요.[14]

그들에게는 만족되지 않은 향락만 있을 뿐입니다. 그들은 또한 타자와 자기를 위해 환상화된 각본을 무의식적으로 꾸며 냅니다. 이 때문에 자기 내부의 대상뿐 아니라 바깥 세계의 현실도 있는 그대로 보지 않고 환상화된 현실로 변형시켜 버립니다. 이렇게 세계를 히스테리화 또는 '리비도화'시킨다는 것은 곧 성적이지 않은 것을 성적으로 만들어 버리는 것과 같은 이치입니다.[15]

- 오! 마티유, 사랑해요. 쓰러질 것 같아요.

---

13 위의 책, 23.
14 위의 책, 72.
15 위의 책, 27-28.

성에 관한 여덟 가지 풍경

- 자리에 앉아! 여기 앉아!

- 당신을 사랑하지만 거의 기절할 지경이에요.

- 기대 누워! 물 좀 마시겠어?

- 아뇨, 저와 함께 있어 줘요! 오래토록 저를 사랑해 줄 거예요?

- 물론이지.

- 늙어서 백발이 되어도 여전히 저를 사랑할 건가요? 말해 주세요, 거짓이라 하더라도 제게 용기를 주세요.

- 난 끝까지 당신을 사랑할 거야!

- 당신 말고 다른 어느 누구도 사랑하지 않을 거예요. 저를 떠나신다면 저는 죽은 거나 마찬가지예요. 마티유, 오늘 밤을 약속했지만 지금은 기운이 없어요.

히스테리 환자는 이렇게 만족되지 않음, 그것이 자신의 욕망이 됩니다. 그 이유는 만족되지 않음이 타자의 침범으로부터 자신의 존재를 보호해 주기 때문입니다. 히스테리 환자는 만족되지 않을수록 자신이 미쳐 와해될 수 있다는 위험, 곧 향락의 위협으로부터 보다 잘 보호된다고 생각합니다.[16] 향락한다는 것은 넘어섬이며, 광란이며, 파멸이기에 히스테리 환자의 심리적 생

---

16 위의 책, 64-65.

활을 지배하는 거세불안의 환상은 신경증의 고통의 동기이자 원천인 것입니다. 그러나 그것은 또한 극도의 향락에 접근하는 모든 가능성에 대한 방패이자 확실한 방어벽이 됩니다.[17]

향락에 대한 거부는 환상 속에서 거세불안으로 변형되고 이 거세 환상이 히스테리 환자를 향락으로부터 보호해 줍니다. 그러나 그것은 신체 고통과 성적 고통 그리고 관계의 고통(만족되지 않은 욕망)으로 돌아오게 됩니다.[18]

> 콘치타: 저는 아무것도 약속하지 않았어요.
>
> 마티유: 뭐라고?
>
> 콘치타: 난 당신에게 아무것도 빚진 게 없어요. 참지 않을 거라구요? 난 오늘 밤 당신의 연인이 되지 않을 거예요. 오늘 밤도, 내일 밤도요. 김칫국 마시지 마세요.

전념하기를 거부하는 히스테리 환자, 성교를 노골적으로 거부하는 여자와 남자, 성교는 받아들이지만 근본적인 처녀성 상실을 거부하는 여자, 이들의 만족되지 않음은 단지 성적인 영역에

---

17 위의 책, 95.
18 위의 책, 96.

　성에 관한 여덟 가지 풍경

만 국한되지 않고 삶 전체로 확산되고 맙니다.[19] 이런 만족되지 않음은 자기 존재의 상실을 두려워하는 것, 혹은 자신의 남근이 위험하다는 생각과 이 때문에 발생하는 불안에 대한 방어가 됩니다.[20]

콘치타에게 있어서 남근은 그녀 자신의 몸 자체입니다. 어떻게 여자의 몸이 남근이 되냐구요? 생식기를 제외한 몸이 오히려 강력한 흥분의 장소가 된다는 히스테리의 의미를 생각해 보면 됩니다. 자신의 몸은 자기도취적인 숭배의 장소가 되면서 모든 유혹의 대상이 되는가 하면 많은 고통의 소재지가 됩니다. 생식기를 제외한 몸이 남근으로 전환되니까요.[21]

히스테리 환자-남근은 하찮은 소리나 가볍게 스친 옷깃, 목소리의 조그마한 떨림이나 단순한 눈길 등에서 끊임없이 새로운 성적 자극을 집어냅니다.[22] 이 때문에 히스테리 환자의 몸은 실재의 몸이 아니라고 보아야 합니다. 그것은 살아 있는 동물처럼 밖을 향해 열려 있는 순전한 감각 덩어리로, 마치 먹이를 찾아 움직이는 일종의 아메바와 같이 타인을 향해 뻗어 가서 그것에

---

19 위의 책, 64.
20 위의 책, 71.
21 위의 책, 81-82.
22 위의 책, 82.

강한 감각을 느끼고 먹어 치우는 것과 같습니다. 히스테리화한다는 것은 이렇게 타인의 몸 안에 강한 리비도를 흐르게 하는 것입니다.[23] 또한 성적인 요소가 없음에도 불구하고 성적 흥분을 갖는 것을 말합니다. 그리고 성적이지 않은 것을 성적인 것으로 만들어 버리지요. 타인에게서 지각한 모든 행동과 말, 또는 침묵들은 환상의 여과지를 통과하면서 모든 것에 성적인 의미가 부여됩니다.[24]

이 건물의 현관문이 딸깍하고 열리는 소리를 들을 때마다, 그리고 당신이 인터폰의 버튼을 눌러서 내게 문을 열어 줄 때마다, 나는 당신의 손가락이 내 팔을 누르는 듯한 느낌을 갖습니다. 그럴 때면 나는 자신을 비웃지요. 사실 처음 그런 느낌을 가졌을 때는 비웃었어요. 하지만 지금은 비웃지 않아요. 나는 내 감각에 사로잡혔으니까요. 타인이 아주 가벼운 동작에 주의를 기울일 때, 그것은 곧 내 피부로 다가옵니다. 그래서 목 언저리나 가슴이 뜨거워지는 것을 느끼게 되지요. 남자의 숨결이 가까이에서 들리기만 해도, 그것은 내게 어떤 자극처럼 느껴집니다. 그럴 때면 어떤 것이 아무런 거리낌도 없이 몸

---

23 위의 책, 28.
24 위의 책, 29.

속으로 직접 들어오는 걸 느끼지요. 당신의 아주 작은 소리는 내게
주는 피부의 쾌감으로 느껴집니다. 나는 당신의 동작을 피부에서 매
우 민감하게 느낍니다. 내가 마치 당신을 감싸고 있는 피부인 것처
럼, 나는 당신에게서 일어나고 있는 것을 상상합니다. 내 피부는 당
신의 동작을 감지하지요. 왜냐구요? 나는 당신의 피부니까요.[25]

히스테리 환자에게 이성과의 성교는 남근이 위험에 처한다는
것을 의미합니다. 만일 남근이 타격받게 된다면 그의 몸은 전체
적으로 붕괴되는 것으로 여기니까요.[26] 이러한 거세불안은 성적
억압으로 전환되고 거기에서 자연스럽게 만족되지 않은 불만족
이 뒤따르게 됩니다. 그 만족되지 않음이 그를 보호하고 그래서
그는 거기에 집착할 수밖에 없게 되는 것입니다.[27]

히스테리 환자는 생식을 위한 접촉 없이 남자와 여자의 포옹
만으로도 아이가 잉태된다는 생각을 가진 몽상의 작가이면서 연
출자라고도 나지오는 말합니다. 그는 포옹하는 두 남녀를 가려
주는 침대도 되고, 집도 되며, 생식적 접촉 관계를 숨겨 주는 모
태가 되면서 그들의 승화된 결합을 보호하는 장소가 되기도 합

---

25 위의 책, 30-31.

26 위의 책, 82.

27 위의 책, 83.

니다.[28]

그들이 불안에 사로잡혀 있는 이유는 그들의 욕망이 향락을 향해 열려 있지만(그리고 그 향락이 환상을 태어나게 하지만) 바로 그 환상이 불안을 포함하고 있기 때문입니다. 그리고, 마침내 그 불안은 고통으로 변형됩니다.[29] 때문에 나지오는 "히스테리 환자의 유혹에 현혹되지 말라. 그는 유혹하기보다는 두려워하는 존재"라고 말합니다.[30] 그들의 모든 행동은 연기이면서 동시에 사실이 되기도 합니다.

> 밤마다, 키스할 때마다 토하고 싶었어요. 내가 당신을 파멸시킨 다음에 당신이 죽도록 하나님께 기도했어요.

토하고 싶은 혐오의 반응은 생식기 수준에서 작용된 것이 아닌(질 경련) 소화기 차원에서 일어나지요. 이것은 생식적 성욕에 대한 노골적인 거부입니다. 이때 입은 구토하는 성기가 되고, 성적인 상대는 배척의 대상이 됩니다. 히스테리 환자에게서 나타나는 혐오반응, 탈성화(脫性化)의 형태는 바로 현실적 측면에

---

28 위의 책, 86.

29 위의 책, 97.

30 위의 책, 146.

성에 관한 여덟 가지 풍경

서 성적인 대상이 고깃덩어리로 제시되는 기능에 있습니다.[31]

그녀는 수많은 매듭들과 레이스로 된, 마치 정조대와 같은 속옷을 입고 침대에 누웠고, 마티유는 10분 동안 이 속옷을 벗기려다 실패합니다. 콘치타의 논지는 사랑하고 좋아하면 됐지 왜 꼭 성행위를 해야 하는가입니다.[32] 여자 히스테리 환자는 남성과 행복한 육체적 관계를 갖고 있으면서도, 그의 몸이 성적으로 나타날 때에는 자신의 개방을 자신도 모르게 이렇게 단호하게 거부합니다.[33]

콘치타: 제가 얼마나 아름다운지 보세요. 저를 좋아하세요?

마티유: 오, 그럼 당신을 좋아하지.

콘치타: 저를 아주 좋아하시나요?

마티유: 그래, 왜 그런 걸 물어?

콘치타: 안 돼요, 나중에…. 지금 그럴 기분이 아네요. 그것뿐이에요.

---

31 S. Freud, 오현숙 역, 『성에 관한 세 편의 해석』, 을유문화사, 2007, 68.

32 S. Freud, 김미리혜 역, 『히스테리 연구』, 열린책 전집 4, 172-186. 이러한 원인에 대해 프로이트는 성적 유혹에 대한 희생자로 보았습니다. 아이는 자신에게 일어난 일에 흥분을 지각하지 못하고 그 의미를 깨닫지 못했고 그 불안을 경험할 여유가 없었기 때문으로 봅니다. 그러나 그 흥분이 무의식에서는 성적 감정으로 범람하게 됩니다. 프로이트는 임상사례를 통해서 불안의 부재가 오히려 무의식에서 고립되어 병리를 일으키는 것으로 추정하지요. 히스테리 연구에서의 카타리나 사례가 그 대표적인 예라고 할 수 있습니다.

33 J. D. Nasio, 63.

마티유: 기분이 아니라고!

콘치타: 네, 아녜요!

콘치타: 제시간에 오셨군요. 기다리고 있었어요. 손에 키스해 주세요. 내 옷깃에 키스해 주세요. 발에도…. 거기 좋아요. 이제 떠나 주세요.

마티유: 뭐라고?

콘치타: 이제 떠나 달라고 했어요.

이렇게 생식기와 몸이 분열되어 있는 남근화된 세계는 불안에 가득 찬 세상을 만들고, 그 속에서 히스테리 환자는 자신의 성적 정체감에 대한 확신을 갖지 못하며 동시에 자신의 남근에 더욱 집착하게 되고, 그러면 그럴수록 불안은 커져서 고통과 증상으로 변형되게 됩니다.[34]

영화에서 콘치타는 마티유에게 자신의 나르시시즘을 마음껏 즐기게 하지만 결정적인 순간은 허락하지 않습니다. 서로 좋아하고 사랑하면 그것으로 족하지 왜 꼭 몸을 섞고 성관계를 가져

---

34 위의 책, 77.

야 하는가 하는 것입니다. 그녀는 오히려 마티유에게 당신을 위해서 처녀성을 간직하겠다고 하지요. 콘치타에게 마티유는 아빠와 같은 남자인 것입니다. 그녀는 그를 다정하다고 말하고 왠지 끌린다고 말하기도 하고 사랑한다고 말하기도 합니다.

그러나 그녀의 의식에서 그는 성적 대상이 될 수 없습니다. 무의식에서는 성적 대상이 되지만 의식에서는 허용되지 않는 것이지요. 때문에 유아적인 안목에서 그는 아빠와 같은 사람이요, 힘 있는 남자, 돈 많은 남자일 뿐입니다. 그는 마티유에게 성적인 전이도 받으며 아버지 같은 전이도 가져옵니다. 때문에 그의 키스는 딸이 아빠에게 해 주는 키스일 뿐입니다. 이 키스에 착각한 마티유는 흥분하여 콘치타를 더듬습니다. 그녀는 마티유에게 다음과 같이 말합니다.

콘치타: 뭐하는 거예요? 왜 그러는 거예요?

마티유: 하지만, 콘치타, 네가 와서 내 무릎에 앉았잖아! 네가 나에게 키스했고….

콘치타: 전 감사의 의미로 키스한 거예요. 당신을 좋아하기도 하구요. 전 당신을 즐겁게 하고 당신은 나를 좋아해요, 하지만 그뿐이죠.

콘치타의 성적욕구는 보통 성인 정도의 성적욕구가 아니라 과

장되고 환상화된 지나친 성적 욕구이기에 더 강력한 초자아가
작용될 수밖에 없는 것입니다.

4   미묘한 동맹: 사랑의 길

――― 영화의 가장 큰 흐름을 관통하고 있는 주제는 "당신은
여자를 몰라요"입니다. 그리고 콘치타는 남자를 이해하지 못하
는 것입니다. 이에 대한 상징으로 영화는 우파에 대한 좌파의
정치적 테러 장면으로 시작되고 끝을 맺습니다. 우(右)는 남성우
월주의의 기득권세력을 말하고, 좌(左)는 늘 복종해야 하는 여성
들의 반항을 상징하는 것이겠지요. 영화의 시작에서

- 그놈들은 사형인가?
- 힘들게 됐어. 신부는 8년, 나머지는 3년형, 턱없이 부족하지. 내
  생각에는 배심원들이 살해 협박을 받고 있는 것 같아.
- 어떤 놈들한테?
- 당연히 RABJ지. R-A-B-J '아기예수 혁명군' 말이야.
- 아! 성 다미앙 폭탄 테러 사건의 배후세력 말이군.
- 맞아, 15명이 죽었지.

그리고 영화의 끝에서

기묘한 동맹에 관해 알려 드립니다. 널리 알려진 일부 극좌 세력
들, POP, PRIQUE, CLAW와 RUT 등이 세력을 결합했습니다. 이
들을 이끄는 세력은 RABJ입니다. (중략) 많은 우익 테러리스트 그룹
들, 특히 PAF와 STIC도 극좌세력에 도전할 기회를 만나게 되었고
… 시에나의 대주교는 지난주, 경동맥을 관통하는 총탄 공격을 받은
이후 아직 혼수상태입니다. 더욱 심각한 것은….

프로이트는 오이디푸스를 통과한 모든 남자는 상징적으로 거
세되어 있지만 이로 인해 모든 남자는 근친상간의 '원대상'을 희
생해야 하고 오히려 더 근친상간에 고착되는 결과를 낳게 된다
고 말합니다. 이후의 모든 성적 대상의 본원적 대상은 끝없이
이어지는 대체물일 수밖에 없어 어떤 완전한 만족에도 도달될
수 없다는 것입니다.[35]

따라서 남자가 도달하고자 하는 충동의 대상은 어떤 대상에
의해서든 메어질 수 있는 빈 구멍, 공백의 현존이 됩니다. 이러
한 대상의 심급을 라깡은 소타자(대상a)라는 상실된 대상의 형태

---

35 S. Freud, 김정일 역, 「사랑을 선택하는 특별한 기준」, 열린책, 1998, v. 9, 188.

로만 알 수 있지, 결국 여자에는 도달하지 못하고 환상 속에서 남자는 영원히 상실되어 버린 대상 주위를 맴돌 뿐이라고 말합니다.[36] 라깡의 "여자는 존재하지 않는다."는 극단적인 이 말은 이렇게 남자는 여자에게 도달할 수 없고 부분대상에만 도달할 수 있다는 의미입니다.[37]

프로이트는 〈불륜을 꿈꾸는 심리〉에서 인간이 가지고 있는 애정적 성향과 육욕적 성향을 구분합니다. 이 두 종류의 충동(애정과 성욕)이 결합되는 본래의 원대상은 근친상간(엄마나 아빠)의 대상이고 오이디푸스(상징계)의 진입으로 이 본원적 대상은 무의식에 억압된다는 것입니다.[38] 프로이트는 근친상간적 금지로 인해 사랑과 욕망이 어떻게 그리고 왜 분열되고 있는지를 자세히 논하며 남자는 "사랑의 대상에 욕망을 느낄 수 없고 욕망 대상에 사랑의 가치를 느낄 수 없다."고 말합니다. 이것을 직관하는 콘치타는 내가 당신이 원하는 것을 주면 당신은 더 이상 나를 사랑하지 않을 것이라고 말합니다.

---

36 J, Lacan, 『정신분석의 네 가지 근본개념』, 271.

37 Ragland. Ellie, The Logic of Sexuation−From Aristotle to Lacan, U.S.A, State University of New York press, Albany, 2004, 70, 192.

38 S. Freud, 김정일 역, 「불륜을 꿈꾸는 심리」, 열린책, v. 9, 1998, 175.

마티유: 어서 와!

콘치타: 당신, 잊지 않았죠? 여느 밤처럼!

마티유: 아냐, 잊지 않았어, 어서 와, 아무 짓도 안 할게!

콘치타: 약속하죠?

마티유: 물론이야!

콘치타: 그렇지 않으면 나가 버릴 거예요.

마티유: 이리 들어와! 더 오래 기다려야 해?

콘치타: 당신이 원하는 걸 주면 당신은 절 사랑하지 않게 될 거예요!

그녀는 귀찮을 정도로 여러 번 마티유의 사랑을 확인합니다. 영화에서 콘치타의 일인이역은 콘치타의 이중인격이 아니라 여성에 대한 남성의 분열을 뜻하는 것입니다. 마티유에게 콘치타는 흥분시키며 동시에 거절하는 대상입니다. 또한 콘치타의 이러한 행위 속에는 당신은 나를 사랑하는 것이 아니라 나의 육체를 욕망하는 것이라는 의미가 내포되어 있습니다.

- 오래토록 저를 사랑해 줄 거예요?
- 물론이지.
- 늙어서 백발이 되어도 여전히 저를 사랑할 건가요? 말해 주세요, 거짓이라 하더라도 제게 용기를 주세요.
- 난 끝까지 당신을 사랑할 거야!
- 당신 말고 다른 어느 누구도 사랑하지 않을 거예요. 저를 떠나신다면 저는 죽은 거나 마찬가지예요. 마티유!

남자아이는 남근기(2세~3세)[39]에 들어서게 되면 자신의 성기로부터 쾌락을 느끼고 그것을 자랑으로 여기고 어머니에게 보임으로 엄마를 유혹하려 합니다. 이것은 사실 아버지를 대신하려

---

39 이 글은 프로이트의 가장 마지막 작품으로 오이디푸스기를 2,3세로 낮춘 것은 그가 멜라니 클라인을 인식한 듯합니다.

는 행위와 같은 것입니다.[40] 여아의 경우에는 무더위에도 딸의 옷을 잘 챙기지만 아들의 경우는 옷을 입히지 않은 채로 돌아다니게 하는 엄마의 자랑스러운 태도는 남아의 나르시시즘을 여자보다 아주 초기에 만족시키는 계기가 될 수 있습니다.

그러나 여자아이는 자기가 남근을 잃어버릴지도 모른다는 두려움과 달리 자신이 거세되었음을 미리 발견하게 됩니다. 이러한 깨달음은 여아에게 하나의 전환점이 됩니다. 여자아이는 자신의 거세 사실을 개인적인 불행으로 간주하고 이것은 소녀의 성에 대한 평가 절하와 후일 남자들의 평가 절하의 원인으로 작용합니다.[41] 그러나 그녀는 후일 이것을 자신의 성적 대상 혹은 남편을 통해서 간접적으로 보상하겠지요. 남자의 나르시시즘은 이미 어려서부터 채워졌었지만 여자의 나르시시즘은 이제 뒤늦게 보상을 요구하고 나서게 됩니다.

그녀는 이때 바로 남자를 통하여 타자의 욕망을 욕망하는 간접적인 방법으로 자신의 나르시시즘을 채우려고 하고, 이것이 바로 프로이트가 말하는 여성성인 것입니다. 프로이트가 여성성에는 높은 나르시시즘의 경향이 있고 또 여성은 사랑하고자

---

40 S. Freud, 한승완 역, 「정신분석학 개요」, 열린책, v. 20, 1998, 206.

41 S. Freud, 임홍빈, 홍혜경 역, 「여성성」, 열린책, v. 3, 1998, 180.

하는 욕구보다 사랑받으려는 욕구가 훨씬 강하게 작용한다는 말은 바로 이러한 맥락에서 이해될 수 있습니다. 자신의 매력을 원천적인 성적 열등감에 대한 뒤늦은 보상으로 그만큼 높게 평가받기를 원한다는 것입니다.[42] 이것이 바로 라깡이 이야기하는 히스테리가 '향유'의 문제라기보다는 '존재'의 문제로 귀결되는 이유이기도 합니다.

모든 남자는 오이디푸스기를 통과함으로써 상징적 거세에 직면하여 '본원적 대상'을 억압하게 되고 주체의 분열을 겪게 됩니다. 그는 상징계를 떠날 수 없지만 그렇다고 그 본래적 대상을 결코 포기하는 것은 아닙니다. 그는 그것을 환상적으로 향유하면서 분열을 경험하고 이 사실을 은폐하려고 하지만 결국 욕망의 덫에 걸려들게 됩니다. 영화에서 덫에 걸린 쥐의 장면과 물잔에 빠진 파리의 모습은 마티유와 콘치타의 상황을 은유적으로 보여 주는 것입니다.

여자는 남근적 질서 자체의 영향 안에 있으면서 남근을 가질 수 있다는 그 불가능성에 도전하지는 않습니다. 즉 자신이 거세된 존재라는 것을 은폐하지 않습니다. 그녀의 이러한 포기는 오

---

42 위의 책, 188.

히려 남근적 질서를 초월하는 계기가 되고[43] 이것이 오히려 남성을 앞지를 수 있는 디딤돌이 되기도 합니다. 그들은 남자와 달리 남근적 질서를 초월하는 예외적 존재, 독재자인 원초적 아버지가 되고자 하는 환상은 없습니다. 따라서 그들은 남근적 질서를 거부하지도 않지만 어떤 의미에서 남성적 속성에 대해 우위를 갖고 그 질서를 벗어나 버립니다.[44] 라깡은 이 후자 곧 비남근적 향유, 곧 불가능한 향유를 여성의 속성으로 간주합니다.[45]

여자는 남자의 욕망을 불러일으키는 타자가 되기를 원하며 남자가 향유하는 그녀 자신을 향유하는 주체입니다. 곧 타자가 자신을 향유하는 그 자체를 향유하면서 존재의 느낌에 도달하는 주체이지요.[46] 히스테리 여자와 고유한 의미의 여자가 다른 점은 히스테리 환자는 거세된 주체이며 따라서 존재 결여에 시달리고 있는 반면 여자는 향유하기를 원한다는 것입니다. 히스테리 환자는 거세당한 아버지와 동일화하고 욕망을 만족되지 않은

---

43 Lacan, J. Encore The seminar of Jacques Lacan Book ⅩⅩ Edited by Jacques-Alain Miller Translated by Notes by Bruce Fink. New York, Norton, 1998, 74. Joël Dor, 홍준기 역, 『라깡과 정신분석 임상, 구조와 도착증』, 아난케, 2005, 287-288.

44 위의 책, 86,87.

45 Peter, Widmer, 125.

46 Ragland. Ellie, 71, 72.

상태로 유지하려는 소외된 욕망의 소유자입니다.[47]

  욕망의 이러한 전략은 마치 타자와의 관계에서 충족되지 않은 욕망을 만들어 내는 목적으로 조직됩니다. 곧 주체의 욕망이 완전히 타자의 욕망을 통해서 타자의 욕망 속에서 구성될 수 있도록 기획되는 것입니다. 이렇게 타자는 처음부터 요구를 충족시켜 줄 수 있는 가능성으로부터 배제됩니다.[48] 결국 공백이 욕망의 원인이며 동시에 욕망이 목표가 되고 맙니다.[49] 이렇게 타자의 욕망을 통해서만 향유할 수 있는 진정한 일련의 효과는 역설적인 기괴한 실체로서 여성적 향유가 됩니다. 그러나 이러한 향락은 존재하지 않습니다. 그것은 수많은 외상적인 효과들만 양산할 뿐입니다.[50]

  어쨌든 히스테리는 여자의 향유 방식입니다. 히스테리적 주체는 한편으로 히스테리적 남근적 향유를 누리고 있으며 다른 한편으로는 이를 넘어서는 다른 향유를 가지게 됩니다.[51] 그리고 남자는 이 불가능한 향유를 염원합니다. 그러나 여성성은 이러

---

47 홍준기, 『오이디푸스 콤플렉스, 남자의 성, 여자의 성』, 아난케, 2005, 308.

48 Joël Dor, 홍준기, 강응섭 역, 『라깡 세미나. 에크리 독해 I』, 아난케, 2009, 287.

49 위의 책, 237-238.

50 Slavoj, Žižek, 이수련 역, 『이데올로기라는 숭고한 대상』, 인간사랑, 2002, 278.

51 홍준기, 『오이디푸스 콤플렉스, 남자의 성, 여자의 성』, 275.

한 도착이 환상이요, 불가능하다는 것을 알고 다른 승화의 길을 찾아 나섭니다.

남녀의 관계가 단지 순간적인 것, 즉 지속적이지 못하고 끊임없이 변하는 불안한 것으로 끝나 버리지 않는 것은, 남녀 간의 계약을 가능케 하는 상징계의 역할 때문입니다. 이것이 영화에서 말하는 "기묘한 동맹"입니다. 이로써 결핍을 없애려는 시도, 즉 사랑의 길은 동시에 비극적인 길도 열게 됩니다. 사랑은 인간 존재의 불안을 뜻하는 은유, 그리고 통제될 수 없는 성에 질서를 부여하려는 시도가 됩니다.[52]

5   욕망의 모호한 대상

—— 히스테리는 일단 남자가 원하는 것을 손에 넣으면 그것이 자기가 원하는 것이 아니었음을 알고 다시 눈을 돌릴 것을 간파합니다. 그들은 남자의 진실을 볼 줄 아는 통찰력을 갖고 있습니다. 영화 제목 〈욕망의 모호한 대상〉은 히스테리의 눈으로 상대의 욕망을 바라보았을 때의 해석입니다. 잡아 보면 구름일

---

52 Peter, Widmer, 홍준기, 이승미 역, 『욕망의 전복』, 한울, 1998, 121.

뿐이지요. 그래서 콘치타는 "나는 당신이 원하는 것을 줄 수 없다."라고 말하는 것입니다.

그것은 줄 수도 없고 받을 수도 없는 것입니다. 그럼에도 인간은 불가능한 그것을 끊임없이 욕망한다는 것이지요. 그리고 이것이 바로 인간의 비극적 실존인 것이구요. 히스테리 여성은 향락을 거부하면서까지 이 비극적인 실존을 수용하는 존재입니다. 그러나 남자는 이것을 수용하지 못하지요.

줄 수 없는 것을 주려고 하고 받을 수 없는 것을 받으려 하는 것은 보통 인간의 모습입니다. 그것은 아무리 채워도 채워지지 아니하고 그 어떤 것으로도 메울 수 없는 것입니다. 이것은 인간이 이 세상에 나오면서 가지고 나오는 결핍입니다. 라캉은 이 것을 '결여의 구멍'으로 보고 어떤 부족함 때문이 아니라 인간 그 자체가 곧 결여의 존재라고 말합니다. 욕구와 달리 욕망의 갈증은 죽음으로서만 해결될 수 있는 것입니다. 콘치타는 마티유에 게 다음과 같이 말합니다.

저도 제가 이러는 거 싫어요. 당신은 제가 줄 수 없는 걸 원하고 있어요. 당신은 기다릴 수밖에 없어요. 저는 당신 거예요. 그런데 뭘 더 바라시는 거죠? 말씀해 보세요. 당신, 제가 와서 함께 사는 걸 원하세요?

콘치타가 말하는 그 기다림이란 언제까지가 될까요? 라캉에 의하면 "우리는 결코 경험해 본 적이 없는 보다 나은 만족이 있다고 믿고 그것을 거듭 반복하여 말함으로써 우리는 이 다른 만족, 타자적 주이상스(Other jouissance)에 일종의 일관성을 부여한다."고 말합니다. 결코 과녁을 빗나가지 않는 불멸불후의 주이상스란 라캉에 의하면 그것은 존재한다기보다는 우리가 마음속에서 그릴 수 있는 이상, 관념, 가능성으로서 강요됩니다.[53] 그것은 신이라는 개념, 불교, 선, 신비주의의 형태를 취하며 다양한 이름으로 드러나기도 하지요.[54]

그러나 이것들을 우리의 일상 속으로 끌어드린다는 것은 쉬운 일은 아닙니다. 그럼에도 불구하고, 없지만 있는 그것으로 받아들이는 것, 그것은 서구 존재철학의 믿음이기도 합니다. 기독교에서의 믿음 역시 가능성에서의 믿음이 아니라 불가능성이 전제되어야만 합니다. 믿음은 바랄 수 없는 중에 바라는 것입니다.(롬4:18) 이미 얻은 것에는 더 이상 믿음이 필요하지 않겠지요.

아무튼 지금의 일시적인 향략이 플라톤의 말처럼 또 다른 향

---

53 Bruce Fink, 김서영 역, 『에크리 읽기』, 도서출판b, 2007, 279.
54 위의 책, 280.

략의 실체를 가늠할 수 있는 그림자라는 사실을 받아들인다면 히스테리 환자처럼 그렇게 두려워할 이유는 없을 것입니다. 히스테리는 진실에 아주 가까이 다가서 있기는 하지만 눈에 보이는 것도, 그리고 보이지 않는 진실 그 자체도 붙들지 못하는 고통받는 존재일 뿐입니다.

6   히스테리의 양면성

—— 영화가 끝날 무렵 콘치타는 "이렇게 떠날 수는 없어요!"라며 마티유를 붙듭니다. 결국 그들은 다시 화해하고 함께 길을 갑니다. 하지만 그들이 걸어갈 때 다시 폭탄테러가 일어나고 이를 전하고 비난하는 뉴스가 나오면서 분열과 갈등을 해결할 수 있는 방법에 부정적인 시각을 보여 줍니다. 그러나 그들이 함께 걷는 배경에 한 여인이 피 묻은 찢어진 천을 꿰매고 있는 모습이 비춰지면서 그들의 상처가 회복되어야 함도 암시합니다. 그러면서도 곧 다시 마티유와 콘치타의 싸우는 모습이 비추어지면서 영화의 막이 내립니다.

갈등을 해결할 수도 없고 타협할 수도 없는, 이러지도 저러지도 못하는 세계가 바로 우리가 살고 있는 세계라고 영화는 말하고 있습니다. 관계와 사랑에 실패한 세계, 히스테리화된 세계, 그 속에서 인간의 진실은 외면당할 수밖에 없는 것이고 그것이 바로 지금 우리가 살고 있는 세계라는 것입니다.

그가 내 안에 내가 그 안에 들어가는 신비의 체험만이 우리가 히스테리 세계에서 빠져나올 수 있는 길입니다. 그러나 성적 에너지를 적절히 승화할 수 있는 능력 역시 히스테리 안에 있습니다. 어쩌면 우리 모두는 절정 체험에 몰입할 수 없는 히스테리 환자처럼 궁극적으로 성적 관계가 불가능해진 존재들일 수 있습니다. 이것이 라깡이 "성관계는 없다"라는 언급을 통하여 우리에게 밝히고자 하는 문제였지요.

만약 우리가 히스테리적 성향으로 신(神)에게 다가간다면 신앙을 종교화, 곧 문화화시키게 됩니다. 히스테리 환자들은 신앙에서 신의 은총을 누리는 향유와 문화적 향유를 동일시하는 경향이 강합니다. 프로이트는 예술의 캐리커처(caricature)를 히스테리로 이야기하고 있지요. 신이 내 삶에 개입할 수 없고 내가 그분에게 갈 수 없다면 이것은 히스테리적 실존과 비슷한 것입니다. 기독교의 신(神)은 초월해 계시면서 우리 인간 세계와 마음에 내주하는 분으로 말합니다.

무섭고 벌주는 초자아가 꼭 건강한 도덕을 주는 것은 아닙니다. 은총을 향유할 수 없고 누릴 수 없는 것은 히스테리 환자가 초자아를 개입시켜 향락을 거부하는 근본적인 이유와 다를 바 없습니다.

우리는 어쩌면 히스테리 환자들처럼 두려움에 떠는 존재들입니다. 그래서 그 두려움에서 벗어나기 위해 스스로 환상을 동원하며 우리 존재의 붕괴를 막아 내려 합니다. 그러나 우리의 불안은 여전히 해결되지 않고 있습니다. 우리는 히스테리 환자처럼 지나치게 욕망하고 지나치게 거부(억압)합니다. 의식과 무의식의 사랑과 미움의 유연한 왕래와 타협도 없습니다. 히스테리 환자처럼 분열 속에 살고 있는 것이지요. 그래서 유아적이 되고 환상이 없이는 이 세상을 살아갈 수 없는 존재들인 것입니다.

우리는 이 욕망의 모호성에 대해서 끊임없이 묵상하고 삶을 향유할 수 있는 길이 무엇인가 찾아야 할 것입니다. 영화에서도 답을 주지 않고 의문표를 찍어 끝내고 있습니다.

오이디푸스 콤플렉스에
대하여

〈뫼비우스(Mœbius)〉를 중심으로

환상들은 입과 같은 신체 영역,
즉 먹고, 빨고 깨물고, 씹고, 뱉어 내는 신체의 영역을 둘러싸고 한데 모인다.
그뿐만 아니라 소변과 대변을 보유하고,
내보내는 다른 신체 부분에도 그것들은 모인다.

(Ann and Barry Ulanov)

각색 · 각본: 김기덕

1   소화해 내기 힘든 거친 음식

_____ 영화를 시청하면서 이해가 되지 않고 보고 난 후에도
불편한 감정에 시달린다면 누가 이런 영화를 관람할 수 있을까
요? 거북하다는 것은 소화, 곧 정신적 신진대사가 일어나지 않
는다는 이야기입니다. 음식으로 말하면 아주 거친 음식을 말하
는 것이지요. 문화인에게는 음식이 미각적으로는 부드럽고 맛
나게 그리고 시각적으로도 아름답게 제공되어야 합니다.

그러나 너무 부드럽고 표백된 음식은 장에 그리 좋은 것은 아닐 수 있습니다. 장에 혹(용종)이 생기는 것은 부드러운 음식 때문이라고 합니다. 거친 음식은 장이 소화를 위해 열심히 운동함으로 용종이 생기는 것을 예방합니다. 모든 것이 쉽게 나의 노력 없이 제공된다면 생각의 근육이 길러지지 않게 될 것입니다. 생각의 근육이 없어지면 활동을 못 하게 되고 결국 병들어 죽게 되는 위험에 처하지 않을까요?

사람들은 쉬운 언어를 사용하여 쉽게 이야기식으로 흘려주어야 이해합니다. 그러나 상세하게 설명해 주는 것이 그리 좋은 것만은 아닙니다. 때로 우리는 불편함을 만나야 하고 좌절을 경험하면서 견디는 능력을 배워야 합니다. 이런 점에서 어려운 영화를 감상하고 해석해 보는 일도 우리의 삶에 필요하고 도움이 되리라 생각합니다.

하지만 김기덕 감독의 〈뫼비우스〉는 거칠어도 너무 거친 음식이지요. 그냥 흙 묻은 고구마, 감자 던져 주고 깎아 먹는 정도가 아닙니다. 정글에 맨몸으로 풀어놓고 뱀을 잡아먹어야 하는 상황과 같습니다. 그렇다면 이 영화는 더 가공이 필요한 미완성의 영화일까요? 그건 아닙니다. 그냥 거친 그 자체로 두어야 하는 영화입니다. 이 영화는 작가의 깊은 무의식을 그대로 드러낸 한 편의 꿈과 같은 이야기입니다. 그것도 파편적이고 파국적인 꿈입니다. 자다가도 벌떡 깨야 하는…. 관람자들에게 이러한 꿈들을 해석하고 소화해 내라는 것은 사실 무리가 따릅니다.

성기를 거세하는 장면들, 근친상간들의 장면들은 엽기적이어서 때로 속이 메슥거리기까지 합니다. 그럼에도 영화에 나름 기승전결의 흐름이 아주 없는 것은 아닙니다. 페니스를 원하면서 시기하고 거세하고, 다시 이식하고, 이식에 성공한 페니스를 또다시 거세하고, 가해자가 피해자가 되고, 피해자가 가해자가 되는 이러한 사실은 안이 밖이 되고, 밖이 안이 되는, 친숙한 것이 낯선 것이 되고, 낯선 것이 친숙하게 되는 뫼비우스의 묘미입니다. 엄청난 상징과 은유가 뒤범벅이 되어, 감상자들은 잠시 현실 검증을 유보한 채 환각에 말려들게 됩니다.

영화의 줄거리와 장면들이 성적으로 우리의 무의식적 소망을 충족시켜 주는 것은 아니지만 분명이 이 영화는 한 편의 꿈입니다. 그러나 기괴한 꿈이지요. 그렇다고 해석이 불가능한 것은 아닙니다. 가끔 우리도 꿈을 꾸면서 도약이 심하고 파편적인 이상한 꿈들을 꿀 때가 있지 않나요? 하지만 분석가와 함께 자유연상을 통해 그 꿈의 의미를 풀어내기도 합니다.

꿈의 환각작용은 의식적인 언어로 이루어진 것보다는 무의식의 원초적 감각 이미지들로 이루어지고 그래서 퇴행의 방향을 추구합니다.[1] 이것이 이 영화에 언어가 없는 유일한 이유입니다. 인간의 깊은 원초적 소망은 꿈의 언어, 곧 이미지들을 통해서만 도달하려고 합니다. 그 이유는 과거의 감각이미지들은 언어의 영역에 격리된 채 아주 깊은 곳에 침잠해 있기 때문입니다.

꿈이든 유아적인 환상이든 결국 이 영화는 작가의 무의식을 드러낸다는 점에서 엽기적인 장면들에 무리가 있는 것은 아닙니다. 꿈을 충분히 그럴 수 있기 때문입니다. 이 영화는 프로이트의 꿈 작업에서 나오는 전치, 응축, 상징, 위장 그리고 왜곡 등의 사고들이 가득합니다. 그래서 표현이 거칠 수밖에 없고 분석하지 않고는 도무지 이해할 수 없는 한 편의 꿈인 것이지요.

〈롤리타〉의 유아성욕에서 살펴보았듯이 인간의 무의식 속에 근친상간에 대한 소망은 어떤 방법으로든 표출되어야 합니다. 이런 점에서 이 영화는 소원충동이 꿈이라는 무의식, 곧 영화라는 가공물을 통해서 대리 만족을 누리는 한 편의 꿈과 같은 것입니다.

---

1   S. Freud, 김인순 역, 「꿈의 해석 하」, 열린책 v.6, 1900, 7장 참조.

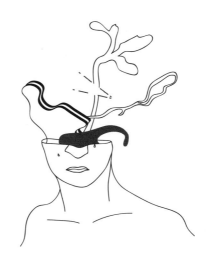

2   언어 이전의 언어, 꿈의 언어

—— 어느 한 생각이 뒤로 돌아 퇴행의 길을 따라간다면 무
의식의 기억 흔적까지 거슬러 올라가고 그다음에는 지각 단계에
까지 이르게 됩니다.[2] 이 단계에서 꿈꾸는 사람은 그 지각을 현
실적인 것으로 받아들입니다. 우리가 꿈을 꿀 때는 그것을 현실
로 생각하면서 꿈 이야기를 쫓아가는 경험을 하곤 합니다. 이렇
게 해서 환각은 현실에 대한 믿음을 스스로 만들어 내고 이 과정

2　위의 책, 669.

에서 환각을 불러일으키는 결정적인 요인이 바로 과거로 돌아가는 것(퇴행)입니다.[3] 환각은 본질적으로 무의식 조직에 있는 기억 이미지를 퇴행적으로 재생시킨 것입니다. 우리의 정신적 삶의 초기에는 우리가 어떤 대상이 정말 필요하다고 느낄 때면 실제로 그 대상을 소유하고 있으며 만족을 느끼고 있다는 환각에 빠지며 그런 상상을 펼쳐 나가곤 합니다.[4]

그러나 성장하면서 그런 소원 지각을 현실적인 충족과 구분하게 하고 다시는 그런 소원 지각을 하지 않지 않도록 어떤 장치를 고안해 냅니다. 어쩌면 우리는 아주 이른 시기부터 우리 소원의 환각적 만족을 포기하고 현실성 검사라는 장치를 만들기 시작합니다. 문제는 환각적 소망의 정신병이 어떻게 그 현실성 검사라는 장치를 제거하고 다시 옛날의 만족 방식으로 되돌아가는가 하는 것입니다.[5] 이것을 밝히는 것이 바로 꿈의 메커니즘을 이해하는 중요한 열쇠입니다. 꿈은 운동신경으로 가는 통로를 막고 동시에 외부 세계와 완벽히 차단하는 기능을 가지고 있습니다. 그렇다고 해서 오로지 자기에게만 집중되는 이 수면 상태가 완전한 것은 아닙니다. 오히려 불완전한 차단으로 인해 발생한

---

3 S. Freud, 윤희기 역, 「꿈이론과 초심리학」, 열린책 v. 14, 1998, 236.

4 위의 책, 237.

5 S. Freud, 김인순 역, 「꿈의 해석 하」, 673.

정신활동의 잔재가 드러나게 되고 이것이 꿈을 꾸는 원인이 됩니다.[6]

　문제는 인간의 무의식적 욕망들은 자주 도착적이며 근친상간적인 특징을 보인다는 것입니다. 아니면 아주 가깝고 사랑하는 가족 구성원에 대해 예상하지 못했던 적개심을 드러내 보이기도 합니다.[7] 이러한 것들은 꿈에서 그 모습을 드러내지만 우리는 이러한 충동들이 어디에서 유래하는지 규명하려 하지 않지요. 프로이트는 그 기원이 유아기 초기 단계에 있었던 근친상간과 연관되는 것으로 봅니다. 이미 오래전에 억압되어 포기된 '리비도 집중'과 '대상 리비도 집중'의 욕망은 밤이 되면 모습을 드러내고 삶에 영향력을 행사한다는 것입니다.[8]
　영화에서의 거세에 관한 장면과 근친상간들의 소원 성취가 엽기적이고 불편한 이유는 반대로 근친상간에 대한 그리움이 아직도 남아 있기 때문일 수 있고 이것이 또한 우리의 문화와 관습에

6　S. Freud, 「꿈이론과 초심리학」, 241-242.

7　S. Freud, 임홍빈, 홍혜경 역, 「리비도의 발달과 성적 조직들」, 열린책 v.2. 1998. 481.

8　S. Freud, 임홍빈, 홍혜경 역, 「발달과 퇴행의 관점들: 병인론」, 열린책 v.2. 1998. 486.

성에 관한 여덟 가지 풍경

적대적이기 때문일 것입니다.[9]

신경증의 병적 원인은 사실상 장기간의 '유아적 의존'이라는 성격에 그 기원이 있음을 이야기해 왔습니다. 이 영화 역시 작가의 유아기의 환상의 출몰이고 때문에 비언어적일 수밖에 없는 것이지요. 곧 꿈의 언어인 것입니다. 꿈이 기괴하고 연결이 부자연스럽고 해석이 어려운 이유가 여기에 있습니다. 언어 이전의 환상세계를 표현하는 데 언어가 사용된다면 오히려 언밸런스가 될 것은 자명합니다.

언어를 사용한다는 것은 이미 엄마와의 이자관계인 자연적 존재에서 사회적 존재로 진입했다는 의미입니다. 언어는 이미 인간 태생 이전에 선재했고 이 언어를 사용한다는 것 자체는 이미 상징의 세계(사회) 안으로 들어온 것이 됩니다. 영화 뫼비우스는 언어 이전, 곧 상상계에 머물러 있는 세계입니다. 때문에 이 영화는 영상 외에 어떤 언어도 존재하지 않습니다. 이제 기괴하고 섬뜩한 줄거리, 한번 들어가 보겠습니다.

영화는 아빠가 정부(情婦)에게 전화를 받는 것으로 시작됩니다. 이때 부인이 전화를 뺏으려 하고 다시 아빠가 전화를 뺏으

---

9 S. Freud, 한승완 역, 「정신분석학 개요」, 열린책, v. 20, 1998, 201.

면서 따귀와 폭력이 오가는 몸싸움으로 번집니다. 이 모습을 물끄러미 바라보는 아들의 시선을 느낀 엄마는 아들의 옷매무새를 고쳐 주며 미안해합니다. 장면이 바뀌어 아이가 학교에서 집으로 오는 길에 아빠와 정부(情婦)가 자동차에서 섹스 하는 것을 목격합니다. 이 모습을 보는 아들을 다시 엄마가 바라보는(감사자를 감시하는) 장면이 잠시 비추고 사라집니다.

장면이 바뀌어 엄마는 칼을 들고 자고 있는 남편의 페니스를 잘라 내려합니다. 실패하자 엄마는 아들의 방으로 들어갑니다. 그녀는 자고 있던 아들의 성기를 거세합니다. 비명 소리를 듣고 달려온 아버지가 아들의 잘려진 페니스를 빼앗으려 하자 엄마는 급히 아들의 페니스를 먹어 버립니다.

아버지는 죄책감으로 정부(情婦)를 매정하게 거절하지만 아들은 오히려 이 정부를 찾아갑니다. 슈퍼마켓을 운영하는 이 아줌마는 엄마의 모습과 꼭 같은 배우로 일인이역입니다. 남성의 무의식 안에 분열된 엄마의 상(像)이 이렇게 연출되는 것이지요.

아버지의 정부가 아들의 성기를 만지려 하자 페니스가 없는 아들은 기겁을 하고 도망칩니다. 학교 화장실에서 오줌이 정확하게 조준이 되지 않는 아들의 모습을 본 동료 학생들은 하교 길에 쫓아와 강압적으로 아들의 바지를 벗겨 거세를 확인하고 낄

성에 관한 여덟 가지 풍경

낄거리며 조롱합니다. 결국 아들은 이 일로 등교를 거부하게 됩니다.

아버지는 인터넷을 통해 '성기 접합 수술'이 가능한지를 검색합니다. 그리고 의사를 찾아가 자신의 성기를 제거하고 거세한 후 냉동 보관합니다. 아들은 거세를 확인하려는 동료들의 폭력에서 불량배들의 도움을 받지만, 이로 인해 이들과 슈퍼마켓 여인(아버지의 정부)을 윤간하도록 강요받습니다. 아들의 차례가 되었을 때 아들은 섹스를 흉내만 냅니다. 페이스가 없으니 당연한 일이지요.

다시 장면이 바뀌어 집에 형사들이 찾아와 아들을 강간죄로 끌고 갑니다. 아버지는 경찰서로 찾아가 아들의 무죄를 증명하기 위해 아들의 바지를 벗기려 합니다. 이때 아들은 격노하며 아버지를 폭행합니다. 낄낄거리는 불량배 동료들에게도 발길과 주먹을 휘두릅니다. 비록 강간죄가 적용될지라도 거세를 인정할 수 없는 것이 남자의 본성입니다. 남자에게 그것이 '있다', '없다'는 '있고', '없음'의 의미를 넘어서는 상징적인 무엇입니다.

아버지는 지속적으로 성기 이식에 대한 정보를 검색하다가 온몸 성기(Whole body is genital)라는 사이트를 찾아냅니다. 아버지는 이 글과 사진을 보고 발등을 돌로 문지르며 흥분을 체험합니다. 아버지는 이러한 정보를 출력하여 면회 간 아들에게 알려 주지만 아이는 비웃으며 정보를 꾸겨 버립니다. 그러나 호기심을 못이긴 아들은 결국 그 내용을 읽고 실연해 봅니다. 그는 아버지와 똑같이 깨진 벽돌 조각을 팔에 문지르며 흥분을 체험합니다. 온몸이 성기였던 것이지요(물론 상징적 의미로 받아들여야 합니다. 한 편의 꿈이니까요).

아들은 감옥에서 퇴소한 후에도 돌로 다리를 긁으며 상처를 내고 자위를 합니다. 이를 본 아버지는 아들의 상처를 붕대로 감아 줍니다. 함께 인터넷을 검색한 이들은 독일에서 '성기 이식 성공'이라는 사이트를 발견합니다.

이후 성기 없는 아들은 '슈퍼마켓의 여인'에게 엽기적인 피학증을 체험합니다. 여기서 감독은 온몸이 성감대임을 다시 한번 강조합니다. 슈퍼마켓 여인은 감옥에서 출소하는 불량배를 찾아가 음식점으로 유인해 성기를 거세합니다. 아들이 잘려진 성기를 들고 달아나고 불량배는 절뚝거리며 이를 쫓습니다. 놓쳐 버린 페니스가 아스팔트 찻길로 굴러 들어가고 자동차에 짓이겨집니다. 복수를 위해 가게로 찾아온 거세된 불량배에게 아들과 슈퍼마켓 여인은 엽기적 피학증을 제공하고 온몸이 성감대임을 알려 줍니다.

이후 아들과 아버지는 "성기 이식 수술 미국에서 성공! 전 세계 성기 없는 모든 남성에게 희망이 생겼다."라는 사이트를 찾고 좋아합니다. 아버지는 곧바로 병원에 전화하고 맡겼던 자신의 성기 이식을 부탁합니다.

성기 이식 후, 아버지와 아들이 자고 있는 침대 사이를 엄마가 (집을 나갔던) 비집고 들어옵니다. 그녀는 자신의 남편을 침대에서 밀어내고 방을 빠져나가려는 아들을 붙듭니다. 아들은 눈을 지그시 감고 신음합니다. 이 장면을 아버지가 쳐다보지요. 아들은 자신의 성기가 발기되는 모습을 통해서 놀랍니다. 자신의 성기가 성공적으로 이식된 것에 대한 놀람인지 아니면 엄마에 대한 성충동에 놀란 것인지⋯. 이를 보고 있는 아버지도 놀라고 맙니다.

놀란 엄마는 남편에게 달려가 바지를 내리고 아버지의 성기 없음(거세)을 확인합니다. 아들의 성기는 분명히 자신이 거세하였었지요. 남편은 부인 앞에 무릎 꿇고 울며 사죄합니다.

어느 날 성기가 없는 남편은 돌로 자신의 몸을 상처 내며(자위) 부인을 관음합니다. 부인은 몸서리치며 남편을 뿌리칩니다. 여자는 거세된 남자, 힘없는 남자를 결코 용납하지 않는다는 이야기이지요.

이 때문에 엄마는 아들의 페니스로 다시 돌아옵니다. 아버지가 들어와 부인의 따귀를 갈기고 아들의 따귀도 후려칩니다. 아버지와 아들은 이제 엄마를 두고 경쟁자가 되었습니다. 어머니는 페니스가 없는 남편을 거절하고 페니스가 있는 아들에게로 갑니다. 아들의 방에 들어가는 엄마를 아빠가 말리지만 엄마는 남편을 밀쳐 냅니다. 그리고 아들의 방에서 아이의 성기를 잡고 자위를 시킵니다. 아들은 흥분하여 신음합니다. 아들의 이 모습을 보며 엄마도 흐느낍니다. 아버지 역시 밖에서 아들의 흥분 소리를 듣습니다. 이렇게 영화는 시청 내내 관람자로 하여금 영화를 계속 보아야 할지 말아야 할지를 갈등하게 만듭니다.

아버지는 자신의 성기를 붙여 준 아들의 성기를 다시 거세하려 칼을 들고 아들 방으로 들어가고 엄마는 몸싸움을 하며 남편을 밀어젖힙니다. 어머니는 다시 아들의 방에 들어가 옷을 벗고 아들을 유혹하지요. 아버지는 다시 아들의 방에 들어가 부인을 끌어안고 나오구요. 그러나 그녀는 페니스가 없는 남편을 끝까지 밀어내고 맙니다. 분노한 아버지는 결국 방으로 들어가 권총을 꺼내 총알을 장전합니다. 그는 부인을 복도로 끌고 나가 머리에 총을 겨눕니다. 그리고 부인은 흐느껴 울지요.

이 순간 아들은 자신의 방에서 엄마와 성교하는 꿈을 꾸고 흥분합니다. 그것을 안 아버지가 들어와 아들에게 총을 쏩니다. 총소리에 놀라 깨어 보니 꿈이었고 몽정까지 일어났습니다.

아들에게는 총소리를 들은 것이 꿈인지 사실인지 확인이 필요

성에 관한 여덟 가지 풍경

했습니다. 방문을 열고 복도로 나가보니 총소리는 사실이었고 처참한 광경이 목도됩니다. 엄마는 아버지에게 살해되었고 아버지 역시 자살해 피 흘린 채 쓰러져 있습니다. 자신의 페니스로 인해 이 모든 문제가 야기되었고 그 모든 것에 책임이 바로 페니스에 있다는 듯 그는 아버지의 총으로 자신의 성기를 거세해 버리고 맙니다.

장면이 다시 바뀌어 한 스님이 부처상에 절하고 있는 장면으로 이어집니다. 엄마가 아들의 성기를 거세하고 집을 나갔을 때 만났던 그 스님과 같은 모습입니다. 아들이 성직자로 귀화한 것입니다. 스님은 부처상에 절을 한 후 만족스러운 미소를 짓습니다. '성'이라는 폭군에서 해방되었다는 듯…. 그리고 한 편의 꿈(영화)이 막을 내립니다.

3 영화를 관통하는 여러 가지 축들

──── 근친상간

사람들이 처음 사랑대상을 선택하는 방식은 한결같이 근친상간직할 수밖에 없게 됩니다. 식구들은 늘 가까이서 살을 맞대고 살아야 하니까요. 남자아이의 경우 어머니나 누이가 되겠지요.

어린 시절부터 형제자매들과 공동생활을 함으로써 가족 중의 다른 성을 지닌 구성원들에 대해서는 성적 충동을 느끼지 않는다는 것은 교육의 영향 때문입니다. 그러나 이러한 충동에 대한 억압은 다른 형태, 곧 두려움이나 다른 신경증의 형태로 나타나게 된다는 것이 프로이트의 생각이었습니다.

만약 근친상간을 억제하는 어떤 믿을 만한 자연적 장벽이 존재했었다면 법과 인륜과 같은 냉엄한 금지 조항들이 불필요했겠지요. 〈토템과 족외혼(Totemism and Exogamy)〉이라는 저술에서 영국의 인류학자 프레이저는 인간이 금기를 정하는 것은 인간이 가장 하고 싶은 것이기 때문이라고 말합니다.

"뜨거운 것을 만지지 말라"는 계명이 십계명에 없는 이유는 그것을 금기로 정하지 않아도 뜨거운 것을 만지는 사람이 없기 때문이라는 거지요.[10] 뜨거운 것을 만지니 너무 행복하여 죽음도 두려워하지 않는다면 "뜨거운 것을 만지지 말라"는 금령이 당연히 생겼을 것이라는 겁니다. "살인하지 말라", 즉 "다른 사람을 공격하지 말라"는 이 명령은 인간이 가장 하고 싶은 욕망이기에 금령으로 정해졌다는 것입니다.

근친상간도 마찬가지입니다. 지속적으로 작용하는 유아기의

---

10 S. Freud, 김종엽 역, 「토템과 타부」, 문예마당, 1995, 180-181, 재인용.

충동이 현실로 나타나지 못하도록 엄격한 금지 조항들이 필요했다는 것입니다. 오늘날 아직도 남아 있는 원시인들, 즉 미개한 종족들의 경우, 근친상간은 문화인들보다 더 엄격하게 금지되는 것으로 보고되고 있습니다. 아이크는 〈야만족의 사춘기, 1915〉라는 탁월한 연구를 통해서 환생을 뜻하는 미개인들의 성인식이 사내아이의 어머니에 대한 근친상간적인 집착을 끊고 아버지와 화해한다는 의미가 있음을 밝혀냅니다.[11]

모든 인간은 부모에게서 독립해야만 더 이상 아이가 아닌 사회 공동체의 구성원이 될 수 있습니다. 아들은 자신의 어머니를 향한 리비도적인 욕망들에서 자신을 해방시키고 그 욕망의 실현을 다른 대상을 선택하는 일에 사용해야 합니다.

만약 아버지와 계속 반목하고 있었다면 그와의 화해는 우리 인생의 과제가 되어야만 합니다. 혹은 유아기의 반발에 대한 반작용으로 아버지에 대해서 굴종 적인 관계에 놓여 있었다면 이제 그 압력에서 벗어나야 합니다.[12] 이것은 사실 모든 사람들의 과제가 되기도 합니다. 프로이트는 이 과제가 제대로 해결되는

---

11 S. Freud, 「리비도의 발달과 성적 조직들」, 477. 재인용.

12 위의 책, 479.

경우가 거의 없는 것으로 생각하고 있습니다. 이것은 신경증의 보편성을 말하는 것이고 신경증의 핵심 요인이 근친상간에 있음을 말하는 것입니다.[13]

영화에서 엄마가 아들을 거세하는 것은 우리가 꾸는 꿈에 왜곡과 위장이 있듯이 사실상 위장입니다(거세는 아버지가 아들에게 행하는 것이지요). 아들이 아버지의 정부(情婦)를 찾아가는 것은 사실상 아들의 분열된 엄마의 다른 모습을 찾아가는 것이지요. 즉 유아기의 엄마를 찾는 것입니다. 이것이 영화에서 엄마의 모습이 일인이역으로 나오는 이유입니다.

디드로의 '라모의 조카'라는 유명한 대화체의 소설에서 "만약 이 작은 미개인이 자기가 살던 방식대로 살아가도록 내버려져서 자신의 멍청한 상태를 모두 그대로 지니게 된다면, 만약 요람 속의 어린아이가 지닌 정도의 지성과 서른 살 먹은 성인의 열정적 힘이 그에게 함께 주어졌더라면 그는 아마도 자기 아버지의 목을 쥐어 비틀고 자기 어머니와 동침하려고 시도했을 것이다."[14]라고 기록하고 있습니다. 그러나 이러한 사실이 믿어지지

---

13 위의 책, 479.
14 위의 책, 480.

성에 관한 여덟 가지 풍경

않는 이유는 현재나 혹은 과거와 현재 사이에 있었던 일들이 과거에 반영되기 때문이고 과거의 모습은 이렇게 운명적으로 왜곡될 수밖에 없다는 것입니다.[15]

신화가 우리에게 가르쳐 주는 것은 근친상간이 사람들에 의해서 겉으로는 그렇게도 심하게 매도당하지만 신들에게는 별다른 생각 없이 용인된다는 사실입니다. 누이와 근친상간적인 결혼을 하는 것은 지배자가 지켜야 할 성스러운 행위의 지침이었으며 고대의 역사는 (고대 이집트의 파라오들이나 페루의 잉카 제국 등의 경우) 이런 사실들을 기록으로 남기고 있습니다. 그러나 근친상간은 비천한 일반인들에게는 허용되지 않는 오직 지배자들만의 특권이었습니다.[16]

아들이 정부(情婦)를 찾는 것은 사실상 어머니에 대한 욕망입니다. 아들은 창녀와 같은 엄마와 정숙한 엄마를 분열시키고 감히 정숙한 엄마를 찾는 것이 아니라, 욕망을 부추기는 창녀와 같은 아버지의 정부(情婦)를 선택하는 것입니다. 정부(情婦)는 분열된 엄마의 또 다른 이미지입니다. 엄마가 아들의 페니스를 거세한 것은 엄마를 욕망하는 것에 대한 금기의 처벌을(아버지에게

---

15 위의 책, 478.
16 위의 책, 477.

처벌받아야 하는 것을 어머니에게 받는 것으로) 교묘하게 감추고 위장하는 것이지요.

——— 죄책의 기원: 오이디푸스 콤플렉스

프로이트의 가장 탁월한 발견들 중의 하나는 바로 이 오이디푸스 콤플렉스 신화를 우리의 삶의 지평으로 적용시킬 수 있게 한 것입니다. 오이디푸스는 자신이 살해한 사람이 아버지인 줄 몰랐고 자신과 결혼한 사람이 어머니라는 사실도 몰랐지요. 프로이트는 이 점에 대해서 인간의 본래적인 욕망과 무의식에는 살부혼모의 성향이 잠재해 있는 것이고 이야기를 구성하는 과정에서 어쩔 수 없이 편집이 필요했다고 말합니다.[17]

오이디푸스는 신탁을 모면하기 위해서 모든 노력을 다했지만 어쩔 수 없이 아버지를 죽이고 자신의 어머니를 아내로 취해야만 하는 비극적 운명에 말려들게 됩니다. 결국 그는 자신도 알지 못하는 사이에 범한 이 두 가지 죄로 인해 스스로를 장님으로 만듭니다.[18] 이러한 소포클레스의 오이디푸스 비극은 결국은 모

---

17 S. Freud, 「정신분석학 개요」, 열린책, 209-210.

18 S. Freud, 「리비도의 발달과 성적 조직들」, 470. 프로이트는 이것을 중심으로 성 정체성이 구조화된다고 생각했습니다. 그리고 이러한 사실은 보편적인 것으로 인간이라면 누구나 직면해야 하는 과제라는 것입니다. 이것은 항상 정신병리의 중심부에 놓여 있습니다. 프로이트는 이 오이디푸스 콤플렉스를 꿈의 해석에서

성에 관한 여덟 가지 풍경

든 것들의 신의 섭리 안에 있으며 신들의 의지에 복종하는 것이 최고의 도덕성이라는 경건하면서도 교묘한 구도가 주입되도록 짜여 있다고 프로이트는 말합니다.[19]

그러나 프로이트는 관객은 자신의 내부에 있는 오이디푸스 콤플렉스를 무의식적으로 간파하여 이 이야기가 고차원적인 형태로 가장한 채 자신들의 이야기를 나타내는 것임을 알아챈다고 말합니다. 아버지를 제거하고 어머니를 자기 여자로 삼고 싶어하는 욕망들을 기억해 내고 이런 자신의 모습에 대해 내심 경악한다는 것이지요.[20] 이것이 프로이트가 말하는 인간의 노이로제 근원입니다.

너는 네가 질 책임에서 벗어나려고 애를 썼지만, 이 범죄적인 의도들에 반해서 정당했다고 맹세까지 했지만, 모두 헛수고에 불과했다.

잠시 기술하고 1905년 도라 사례, 1909년 어린 한스의 임상 작업에서 이 이론을 검증합니다. 그러나 이 개념은 1910년 〈남성들의 사랑대상을 선택하는 특별한 기준〉에서 처음으로 출현합니다. 1913년 토템과 타부에서 오디프스 콤플렉스의 보편적 성질과 모든 인간의 성격 발달에서 그것이 성격 형성을 구조화시키는 역할을 한다는 것을 설명합니다. 여기서 그는 아버지의 여자를 소유하기 위해서 아버지를 살해한다는 원시 유목민에 대한 사설을 통해서 이를 증명하려 했습니다. 그리고 프로이트는 이것을 인류의 최초의 범죄로 보기도 합니다. 최초의 살인과 죄책감이 우리 모두에게 오이디푸스 콤플렉스라는 형태로 나타난다고 보는 것입니다.

19 위의 책, 471.

20 위의 책, 471.

결국 너는 죄인이다. 네가 그런 범죄적인 의도를 완전히 포기할 수 없었기 때문이다. 그것은 아직도 네 속에 무의식적으로 남아 있다.[21]

비극의 관람객들은 이런 사실을 눈치채고 놀란다는 것이지요. 우리도 이러한 사실 때문에 이 영화를 보면서 마음이 불쾌한 것은 아닐까요? "어떻게 저런 일이 일어날 수 있어?"라는 섬뜩함, 그것이 곧 우리 속에 억눌려 있는 무의식의 내용이 아닐까요?

이 영화에서 아들은 오이디푸스입니다. 그러나 영화에서는 아들이 범죄자임을 여러 가지 방법으로 왜곡하고 위장합니다. 원래는 아들이 엄마를 차지하기 위해서 아버지를 죽여야 하지요(상상과 무의식 속에서 이루어집니다). 그런데 그가 아버지를 죽이는 것이 아니라, 엄마가 아들에게 향하는 것을 시기한 아버지가 엄마를 죽이고 자살하는 것으로 바꾸어 버립니다. 그리고 아들은 거세당하는 것이 아니라 스스로 거세하는 것으로 위장되지요.

영화에서 아들은 아무 죄 없이 성기가 잘려나간 것처럼 희생양으로 표현됩니다. 마치 엄마에 의한 피해자인 것처럼…. 그러나 아들의 무의식적 소망은 엄마입니다. 힘없는 아버지와 엄마

---

21 위의 책, 472.

성에 관한 여덟 가지 풍경

사이에서 갈등하는 아들 속에는 오이디푸스 콤플렉스가 교묘하게 위장되어 있습니다.

이야기 흐름상으로는 아들을 중심으로 벌어지는 아버지와 엄마의 삼각관계이지만, 엄마를 중심으로 한 아들과 아버지의 삼각관계로 위장됩니다. 엄마가 아들의 성기를 거세한 것 역시 아들과 엄마의 끊을 수 없는 사랑관계를 왜곡하고 역전시킨 것입니다. 엄마가 아들의 페니스를 시기하고 엄마가 아이를 버린 것처럼 말입니다.

그러나 감독의 무의식은 아버지를 제거하고 엄마를 갖고 싶은 그 충동에 대한 죄책에서 아들이 빠져나오도록 구성합니다. 마치 오이디푸스의 이야기가 우연히 만난 노인이 아버지인 줄 모르고 죽이고 엄마인지 모르고 결혼한 것으로 위장된 것과 같습니다. 아버지는 자살했지만 사실상 아들이 죽인 것이지요. 이러한 사실은 교묘하게 전치되어 있을 뿐입니다. 사실상 이 영화의 감독 김기덕은 바로 이 오이디푸스가 되는 것입니다.

한 부모에게 사랑을 보이고 동시에 다른 한쪽의 부모는 경쟁자로 증오하는 운명적인 결함을 발견하는 것은 오직 남자아이들의 경우에만 해당됩니다. 그러나 거세불안에 직면한 남아(男兒)는 아버지와 동일시하게 되고 아버지의 경고와 아버지의 간섭을 받아들여야 합니다. 그리고 여기에서 초자아가 생성됩니다.

이로 인해 인간은 문화 공동체 속에 자신을 위치시키게 됩니다. 이러한 일련의 과정들의 시작은 '여성의 생식기'를 발견 · 관찰함으로, 즉 거세 가능성의 발견으로 시작됩니다.[22]

아들은 힘없는 아버지에게 미안하고 엄마의 남근이 되는 것에 대한 죄책감 사이에서 갈등합니다. 그리고 자신의 페니스를 거세합니다. 이러한 행태는 "아버지, 저를 보세요! 제가 이렇게 제 스스로 벌을 받고 있잖아요!"라고 하는 은유적 표현입니다. 이렇게 영화의 전체적인 흐름을 관통하는 것이 바로 죄책감입니다. 프로이트는 이러한 죄책감은 오이디푸스 콤플렉스에서 기인한 것이며 이 죄책에서 또한 초자아를 추론해 냅니다.

---

22 S, Freud, 김정일 역, 「여성의 성욕,[1931]」,열린책 v.9, 1998, 203.

성에 관한 여덟 가지 풍경

────── 거세불안

인간의 거세공포를 이해하기 위해서는 '유아의 성욕'을 정서적으로 받아들일 수 있어야 합니다. 유아가 엄마와 갖는 육체적 접촉과 유혹의 영향에 의해 다중적으로 도착되고 모든 종류의 이탈로 유도될 수 있어 강력한 성적 환상의 물결을 막는 일에 한계를 가지게 됩니다.[23] 이러한 사실은 유아가 엄마에 대한 성적 욕구를 포기한다는 것이 어떤 정서적 외상을 수반할지를 충분히 예측케 합니다. 결국 아이는 망각과 부정이라는 방어기제를 사용하게 되고 무의식에 깊이 억압된 유아성욕은 성인의 삶에 비정상적인 방식으로 영향을 주게 됩니다. 이 억압의 중심에는 항상 거세불안이 있게 된다는 것이지요.

어머니는 남자아이의 성적 흥분이 자기 자신에게로 향해 있다는 것을 누구보다 잘 이해하고 있습니다(이때 꼭 남아의 성적 흥분을 우리가 생각하는 sex로만 생각하지 말아야 합니다). 그녀는 어느 순간에 이를 허용하는 것이 옳지 않다는 생각에 이르게 되고 그녀는 남자아이가 자신의 성기를 손으로 만지는 일을 금하게 됩니다.[24] 그러나 남자아이가 아버지의 부재 시에 어머니와 같이 잠

---

23 S. Freud, 오현숙 역, 『성에 관한 세 편의 해석』, 을유문화사, 2007. 113.
24 S. Freud, 「정신분석학 개요」, 207.

자리에 들 수 있고 아버지가 돌아오면 다시 쫓겨나는 경험, 그리고 아버지가 사라질 때의 충족감과 그가 다시 등장할 때의 실망감 정도로는 외상이 되지 못합니다.[25]

엄마는 마침내 강력한 수단을 취하고 엄마는 반항하면 그것을 없애 버리겠다고 위협합니다. 그녀는 이 위협을 더욱 무섭고 믿게 만들기 위해 그 실행을 아버지에게 미룹니다.[26] 이 효과는 남자아이의 아버지와 어머니에 대한 모든 관계, 그리고 후에는 남자와 여자 일반에 대한 관계에 영향을 미치게 됩니다. 대부분 남자아이는 이 최초의 충격을 견뎌 내지 못합니다. 그는 자신의 성기를 구제하기 위해 대체로 어머니의 소유를 완전히 포기하며 종종 그의 성생활은 영원히 이 금지에 의해 부담을 받게 됩니다. 이러한 남성의 위축이 남자들에게 수동적이고 여성적 구성 요소를 존재케 하는 원인이 됩니다.[27]

남아가 이러한 거세 위협에서 여성의 성기를 기억하거나 다른 모든 것보다 소중한 부분이 없는 성기를 보게 되면 자신이 들은 위협의 진지함을 믿게 되는 것입니다. 그는 거세콤플렉스의 영향에 빠짐으로써 그의 짧은 생애에서 가장 강력한 외상을 체험

---

25 위의 책, 206.

26 위의 책, 207.

27 위의 책, 208.

성에 관한 여덟 가지 풍경

하게 되지요. 결국 아버지에 대한 수동적인 태도에 빠지게 되고 이것이 남근기에 평생의 운명을 결정하는 정신적 패턴이 형성된다고 프로이트는 생각했습니다.

이때 남아는 이자관계에서 삼자관계로, 자연적 존재로부터 사회적·도덕적 존재로, 자기애적 단계에서 타자를 사랑하는 대상애로의 진입하는 단계를 경험하게 됩니다. 이 시기는 인간 존재에 결정적인 틀(인격, 정신구조 등)이 형성되는 시기입니다. 오이디푸스 욕구로 인한 거세불안은 모든 인간이 이렇게 보편적으로 겪어야 하는 운명적인 사건이 되는 것입니다.

실제 영화의 중심 주제 역시 거세입니다. '거세된 성기를 어떻게 다시 복원할 것인가'가 중요한 이슈입니다. 자르고 붙이고, 성기를 씹어서 없애거나 자동차가 그것을 깔아 버리는 장면 등, 영화는 반복적으로 페니스에 집착합니다. 영화 내내 아들의 잘려 나간 성기를 어떻게 복구시키느냐의 문제로 아버지는 인터넷을 검색합니다. 어느 날 드디어 '생식기 이식 수술' 성공이라는 사이트를 발견하고 이식에 성공합니다. 이렇게 이식에 성공한 페니스를 다시 아들은 스스로 거세하고 맙니다.

남자들의 페니스에 대한 자기애적 관심은 거세불안과 맞물려 있습니다. 거세는 힘없는 남자를 의미합니다. 거세된 인간이 된다면 남자로서의 자존감은 추락할 수밖에 없습니다. 때문에 아들은 강간죄를 범했을 리가 없다는 것을 증명하기 위해 자신의 옷을 벗기는 아버지를 두들겨 패고 맙니다. 남자들은 이런 갈등 속에서 세상을 살아가지요. 아들은 괴로워할 수밖에 없었습니다. 힘없는 아버지에 대한 미안함, 엄마의 남근이 되는 것에 대한 죄책감, 두 사이에서 갈등하는 아들은 결국 자신의 페니스를 거세하고 맙니다. 드니즈 라쇼의 『강박증: 의무의 감옥』이라는 저서는 오직 이러한 사실 하나만으로 구성되어 있습니다.

영화에서 페니스가 없는 아버지를 어머니가 원하지 않았다는 사실은 많은 것을 상징합니다. 거세된 남편을 뒤로하고 남근 이식 수술한 아들에게로 향하는 어머니 역시 문화적 차원의 성을 반영합니다. 아들은 남근의 대리물이지요. 이것은 아버지의 남근을 아들에게 이식 수술하는 것으로 상징됩니다. 이렇게 영화는 남아(男兒)들이 가지고 있는 근원적인 불안이 무엇인가에 대해서 이야기하고 있는 것입니다.

성기가 없다는 것은 생식능력이 없다는 의미도 되지만 힘없는 존재, 쓸모없는 존재라는 말과도 같은 것입니다. 성기는 남자의 상징이고, 권력의 상징이고, 힘의 상징입니다. 이 때문에 거세는 생식기의 있고, 없음의 간단한 문제가 아닙니다. 거세 공포의 유무는 사회, 곧 상징계로 진입하느냐 못하느냐의 문제와 맞

성에 관한 여덟 가지 풍경

닿아 있습니다.

　사회의 온전한 구성원으로 서기 위해서는 쾌락본능을 억압해야만 합니다. 거세공포는 자아본능에 손을 들어 주는 역할을 하게 되구요. 인간은 이렇게 거세공포로 인해 문화에 진입하는 것입니다. 또한 거세공포로 인해 오이디푸스 상황이 종료되는 것입니다.

　거세란 남자와 여자가 무엇인가를 알 수 있는 상징적 기호입니다. 성기로 알 수 있는 것이 아니라 거세의 유무에 결정되는 것이지요.[28] 남자들은 힘에 의해서 행복이 좌우된다고 착각합니다. 내가 다른 사람과 비교해서 힘이 있는 존재냐 없는 존재냐? 성기는 이러한 힘의 상징적인 기호인 것입니다. 그것이 없으면 남자가 아닌 거지요. 남자는 끊임없이 자신이 힘이 있는 존재라는 것을 증명해야 합니다. 이것이 남자가 나이가 들어도 일을 벌이는 이유입니다.

　잘려 나간 성기를 찾는 것은 남자들의 평생의 과제입니다. 자동차가 가장 많이 팔리는 때가 고향에 돌아가 자신의 성공을 알리기 가장 좋은 명절 전이라고 합니다. 그러나 프로이트는 이것이 착각이고 환상이라는 사실을 증명합니다. 남근(phallus)은

28　S. Freud, 김정일 역, 「유아의 생식기」, 열린책, v.9, 1998. 377-381.

유아가 생각하는 페니스(생식기)입니다. 즉 환상화된 페니스인 거지요. 이 내용은 프로이트가 〈유아의 생식기〉라는 짧은 논문에서 자세히 설명하고 있습니다. 이러한 착각, 곧 유아성은 성인의 삶까지 이어집니다. 이렇게 거세불안은 인간의 실존이요 보편적 운명이 됩니다. 거세공포가 환상이지만 또 이것이 없다면 인간은 사회생활을 정상적으로 해낼 수 없다는 아이러니가 있습니다.

─── 페니스를 원하면서 시기하는 여자

남근은 언어 습득 이전의 아이가 갖는 페니스에 대한 생각이라고 언급했었지요? 이러한 남근에 대한 생각은 여아(女兒)에게도 마찬가지입니다. 이러한 환상화된 페니스(남근)의 생각에서 여아는 남성 페니스에 대한 선망과 함께 평가 절하도 받아들이게 됩니다.[29] 남존여비사상으로 인해 남자의 나르시시즘은 어려서부터 만족될 가능성이 많지만 여자들의 나르시시즘은 일찍부터 좌절될 가능성이 높습니다. 그래서 여자는 바닥부터 시작하게 됩니다. 이것이 여성들이 남성보다 더 영리할 수 있는 기반이 되기도 하지요.

---

29 S. Freud, 김정일 역, 「여성의 성욕,[1931]」, 열린책 v.9, 1998. 208.

남아의 페니스를 본 여아는 매우 심하게 손상받았다는 느낌을 갖게 되며 자신도 그것을 갖고 싶다는 소원을 품게 되면서 자신의 발달과 성격 형성에 지울 수 없는 흔적을 남기게 됩니다. 프로이트는 이것이 상당한 심리적 비용을 치르지 않고는 극복되기 어려운 것으로 생각합니다.[30]

여자아이가 페니스가 없다는 사실을 인정하게 된다는 것이 그녀가 그것에 간단히 굴복하게 됨을 의미하지는 않습니다. 그 반대로 그녀는 그런 것을 갖고 싶다는 소원을 오랫동안 간직하게 되며, 그 후로도 믿기지 않을 만큼 오랫동안 이 가능성에 의존하면서 현실에 대한 지식을 통해 이러한 소원의 성취는 이미 도달될 수 없는 것으로 판단하고 제쳐 놓은 후까지도 이 믿음은 무의식 속에 그대로 남겨진 채 그것에 집착하는 상당한 양의 에너지를 보유하고 있게 됩니다.[31]

자신이 거세되었음을 발견하는 것은 여자아이의 발달 단계에 있어서 하나의 전환점이 됩니다.[32] 여자아이는 처음에 자신

---

30 위의 책, 178.

31 S. Freud, 임홍빈, 홍혜경 역, 「여성성」, 열린책, v.3, 1998, 178

32 훨씬 더 멋있는 육체를 가진 소년과 자신을 비교함으로써 자신에 대한 사랑에 상처를 입은 그녀는 음핵에 대한 자위행위적 만족을 포기하게 되고 어머니에 대한 사랑을 던져 버리며 드물지 않게 일반적인 성적 충동의 상당 부분을

의 거세 사실을 개인적인 불행으로 간주합니다. 그러다 그것이 점차 다른 여성적 존재에게로 확대되는데 결국 어머니에게로까지 확대됩니다. 그녀의 사랑은 음경을 가진 어머니를 향한 것이었고 어머니가 거세된 상태라는 사실을 발견하게 되면서 그녀를 사랑의 대상에서 제외시키게 됩니다. 또한 여자의 성에 대한 평가 절하뿐 아니라 남자들의 평가 절하의 원인이 되기도 합니다.[33]

최초 여아는 아무에게도 방해받지 않은 음경기적 단계에 이미 아기를 갖고 싶다고 소망합니다. 그들이 인형을 갖고 노는 놀이의 진정한 의미는 놀이가 여성성을 표현하는 것이 아니라 수동성을 적극적으로 대체시키고자 하는 의도로 어머니와 동일시하는 역할을 합니다.[34] 이렇게 페니스 소원이 그녀에게 자리를 잡게 될 때 그 인형 아기는 아버지의 아기가 되고 그때부터 가장 강력하게 여성적인 소원의 목표가 됩니다.[35]

억압하게 됩니다. 그것으로부터 세 가지의 발전 방향이 갈라지게 되는데 하나는 성적 주저 혹은 노이로제로 이어지고, 또 하나는 남성 콤플렉스의 의미에서 성격의 변화를 가져옵니다. 마지막 방법은 결국 평범한 여성성으로 발전해 나가는 것입니다. (위의 책, 179-180)

33 위의 책, 180.

34 위의 책, 182.

35 위의 책, 183.

성에 관한 여덟 가지 풍경

이것은 후에 현실적으로 이루어져 말할 수 없는 기쁨을 갖게 되고 특히 아이가 페니스를 달고 있는 사내아이일 경우 더 그렇게 느껴지고 이것이 바로 남존여비 사상에 한몫을 하기도 합니다. 아버지의 아이를 갖고 싶다는 생각 속에서 강조되는 것은 거의 항상 아이 그 자체이며 아버지는 강조되지 않습니다. 페니스를 갖고 싶다는 그 소원은 완결된 여성성을 통해서도 희미하게 남아 있게 됩니다.[36]

아이-페니스-소원이 아버지에게로 투사되면서 여자아이는 오이디푸스 콤플렉스의 상황으로 발을 들여놓게 되지요. 엄마에 대한 적개심은 다시 강화되고 어머니의 존재는 라이벌이 됩니다. 여자아이의 오이디푸스 콤플렉스는 오랫동안 그녀의 어머니에 대한 전오이디푸스적인 애착을 가리어 오다가 이제 오이디푸스적 상황의 막바지에 이르게 됩니다.[37]

여성이 자신의 거세를 발견하고 난 뒤 가능한 반응들 중 가장 주목할 만한 것은 강력한 남성 콤플렉스의 발달입니다. 여자아이는 이 불쾌한 사실을 인정하지 않고 오히려 반항적인 마음을 가질 수 있습니다.[38] 그 결과는 상당한 정도의 적극성인 남자의

---

36 S. Freud, 「유아의 생식기」, 380-381.

37 S. Freud, 「여성성」, 183.

38 위의 책, 184-185.

특성을 갖게 됩니다. 이 지점에서 여성성으로의 변화를 촉진시켜 줄 수동성의 발달이 회피되게 되지요. 오이디푸스적 상황에서 아버지에 대한 어쩔 수 없는 실망(사랑에 대한 실망)으로 인해 다시 초기 남성 콤플렉스로 퇴행되는 이 실망의 의미는 음미될 필요가 있습니다.[39]

그렇게 지속적으로 남아 있던 적개심은 결국 긍정적인 애착 관계에 굴복하게 되고 새로운 대상을 낚아채게 됩니다. 처음에는 아버지로부터 자리를 물려받았던 남편이라는 존재는 시간이 흐름에 따라서 어머니의 자리까지도 물려받습니다. 이렇게 해서 여성의 두 번째 절반의 삶은 그녀의 짧은 이전의 삶이 어머니에 대한 반항으로 이어졌던 것처럼 남편에 대한 투쟁으로 채워지게 됩니다.[40]

이렇게 페니스의 결여는 여성들의 삶에 지속적으로 그 영향력을 갖게 됩니다. 아들을 향해서 어머니는 자신이 지금까지 억눌러 왔던 모든 공명심을 투사하게 되고 자신이 갖고 있던 남성 콤플렉스에서 아직까지 채워지지 않은 채로 남아 있던 모든

---

39 위의 책, 104-185.
40 위의 책, 189.

것의 만족을 기대하게 됩니다. 심지어 여성은 결혼을 통해 자신의 남편을 자기의 아이로 만들어 어머니로서의 역할을 하는 데 성공하기도 합니다.[41] 이러한 사실에서 우리는 여성들의 페니스에 대한 선망과 시기심의 양가적 원인을 조심스럽게 짐작해 볼 수 있습니다.

────── 온몸 성감대

영화에서 온몸이 성감대임을 여러 장면을 통해 반복하여 보여 줍니다. 돌로 살을 문지르고 상처에 피가 흐르면서 성적 흥분을 느끼는 장면이나 어깨 부위를 칼로 찌른 후 칼을 돌리는 피학적 쾌락은 정말 엽기적입니다. 엄마와의 이자관계, 자기애 단계에 모든 리비도가 자신에게 집중되었던 시절 모든 몸은 성감대였습니다. 이 점에 대해서는 롤리타의 유아성욕을 통해서도 설명이 되었었지요. 리비도가 성기에 집중되어 있지 않은 이 시기의 엄마의 애정 속에는 육욕이 숨겨져 있었던 것이지요. 사실 애정과 육욕이 섞여 있다고 말하는 것이 더 정확한 표현입니다.

엄마는 아이의 온몸을 애무합니다. 아이에게 생존에 필요한 것을 해 줄 뿐이지만(닦아 주고 빨아 주고 만져 주고 씻기는 행위들)

──────

41 위의 책, 190.

이때 아이의 환상은 피 흘리고, 아프고, 그러면서 황홀한 경험을 가졌던 시기입니다. 프로이트는 이 자체만으로도 아기는 충분히 외상을 가질 수 있다고 말합니다. 모든 것이 성감대인 황홀한 상태, 부분충동의 물결이 지속적으로 쌓이며 큰 물결을 이루는 이러한 충동들은[42] 돌로 살을 긁어내며 피 흘리는 고통도 승화시켜 낼 수 있다고 영화는 말하고 있습니다.

이러한 신경증은 소망 충족이 의식으로부터 차단, 억압으로 인해 다른 부위의 전환을 통해 대리 만족하는 것입니다. 이러한 신경증 환자의 성애는 유아적 관점이 유지된 것이거나 유아기 시점으로 되돌아간 것입니다.[43]

따라서 신경증에서는 본래 성기 부위가 가장 많이 억압되고 성기에서 올 수 있는 흥분성이 다른 성감대에 전이되고 이 성감대가 성기처럼 작용하게 됩니다.[44] 이렇게 볼 때 신경증자들은 유년기 성 환상에 보통 사람들보다 더 강하게 집착하는 셈입니다. 그들은 유년기에 좌절되었거나 과도 충족한 유아성욕을, 어른이 되어서도 계속해서 충족시키려는 무의식적 반복 강박 성향

---

42 S. Freud, 윤희기 역, 「본능과 본능의 변화」, 열린책 v.13, 1998, 120.

43 S. Freud, 『성에 관한 세 편의 해석』, 96.

44 위의 책, 105.

성에 관한 여덟 가지 풍경

을 지니고 있는 자들입니다.[45]

그러나 신경증 환자들뿐만 아니라 모든 사람들이 도착과 근친상간, 살인들을 소재로 한 꿈을 꿀 수 있으며 정상적인 사람들도 성적 도착들과 오이디푸스 콤플렉스의 대상 리비도 집중이라는 발달 과정을 의무적으로 거치게 됩니다. 이러한 사실은 모든 성인들의 삶에 성도착의 보편성이 숨어 있을 수 있다는 결론을 갖게 합니다.[46]

사실 어른의 관점에서 유아와 엄마와의 관계는 모든 종류의 성적 일탈이나 다름이 없습니다. 성기관의 조직이 느슨하게 이루어져 있다는 것은 외부의 침범에 그대로 노출될 수밖에 없는 상황이어서 도착은 아이의 선택이 아니라 운명이 되고 맙니다.[47] 방어가 가능하다면 신경증의 원인이 되겠지만 억압이 없는 퇴행은 결국 도착으로 이어질 수밖에 없겠지요.[48]

유아가 사랑하는 사람들을 통해서 경험하는 민감한 자극들, 곧 수유와 안아 주기 등의 신체적 접촉은 성기관이 아니라 대상

---

45 이창재, 『프로이드와의 대화』, 민음사, 2004. 172.

46 S. Freud, 「리비도의 발달과 성적 조직들」, 481.

47 위의 책, 465.

48 S. Freud, 「발달과 퇴행의 관점들: 병인론」, 489.

의 다른 신체 부위를 통해서 촉발됩니다.[49] 이러한 가정을 고려할 때 성인 신경증의 사람들에게 온몸이 성감대일 수 있다는 사실은 충분히 가능한 설정이 됩니다. 온몸을 성감대로 사용할 수 있는 것은 성인이 퇴행적으로 유아기의 성욕을 향유(도착적으로)하고 있는 것으로 볼 수 있습니다.

김기덕 감독의 독특함은 바로 이런 무의식, 곧 꿈속에서나 볼 수 있는 있는 비언어적 이미지들을 여과 없이 그대로 드러낸다는 것에 있습니다.

4   거세가 인간의 욕망을 제거할 수 있는가?

―――― 영화의 마지막 장면은 권총으로 자신의 성기를 거세한 아들이 승려가 되어 부처상에서 절을 하는 모습입니다. 이어 그의 만족스러운 마지막 웃음으로 영화는 막을 내립니다. 엄마를 사랑하고 아빠를 거세해야 하는 아들은 아버지를 버리고 자신에게 집중하는 엄마 사이에서 갈등합니다. 그는 이 죄책을 처리하기 위해 강박적으로 거세를 결정합니다. 그는 거세로 모

---

49 S. Freud, 「리비도의 발달과 성적 조직들」, 458.

든 집착과 욕망을 버리고 자유를 얻었음을 '승리의 웃음'으로 선포합니다.

거세불안을 종료한다는 상징적 행위는 사회 규범에 순응해야 하는 현실에 대한 반영입니다. 그렇다면 그의 웃음을 과연 승리의 웃음으로 볼 수 있을까요? 작가는 분명히 온몸이 성기라는 주장을 영화 여러 장면에서 연출하고 있습니다. 이것은 단지 성기를 거세한다고 해서 욕망과 집착이 사라지는 것이 아니라고 말하는 것과 같습니다. 여기에서 작가는 인간의 이 근원적인 욕망의 해결을 위해 종교라는 해결책을 제시합니다. 그러나 인간이 겸손할 수 있는 마지막 도구는 동물성이 아직도 많이 남아 있는 인간 자신을 아는 것이 아닐까요? 동물적 욕망은 겸손할 수 있는 인간의 마지막 보루인 것입니다. 인간이 그렇게 고상한 존재가 아니라는…. 인간이 신이 아니고 인간일 수 있는 유일한 특징이 동물적 욕망입니다.

여기에서 해탈의 경지로 가고 신이 되려는 싸움, 신의 경지를 넘보는 것이 또한 선악과를 따 먹고 신과 같이 되려는 그것과 맞물려 있습니다. 인간에게 거세는 후일을 기약하는 거세일 뿐입니다. 과연 이 욕망만 제거하면 우리도 신의 경지에 올라갈 수 있을까요? 노예의지를 선택하고 유한한 인간으로서 겸손을 취한다는 것은 쉬운 일은 아닙니다. 인간은 끊임없이 아버지를 살해하고 싶은 충동에 시달립니다. 그리고 인간은 끊임없이 신의 자리를 넘보지요. 자신을 거세하면서까지….

이 영화는 김기덕 감독의 꿈이고 무의식이지만 동시에 모든 남성들의 꿈이요 무의식이기도 합니다. 인간은 거세로 오이디푸스 상황이 완전히 종료되는 것은 아닙니다. 나중을 기약하는 이러한 태도는 평생의 삶에 영향을 미칩니다. 영화에서 마지막 그 웃음을 우리는 무엇으로 이해해야 할까요? 집착과 욕망에서의 자유인지 아니면 아버지를 살해하고 신의 경지에 반드시 오르고야 말겠다는 음험한 웃음인지 우리는 알 수 없습니다. 그러나 그 어느 쪽도 될 수 있습니다. 그래서 이 영화의 제목이 '뫼비우스'인 것입니다.

중요한 것은, 강력한 거세(강력한 초자아와 억압 그리고 금기) 안에는 우리의 욕망을 해결할 수 있는 진정한 해답이 없다는 것입니다. 물론 초자아를 완전히 제거해야 한다는 것은 아닙니다. 그러나 이슬람이든 기독교든, 근본주의적인 태도 안에 있는 오이디푸스 신화의 극단적 거세의 태도는, 오히려 폭력이나 엽기를 불러오거나 인간을 병들게 할 수 있다는 것입니다. 이 영화는 이 점을 우리에게 교훈하고 있습니다.

　　　　　　　　　　　　　성에 관한 여덟 가지 풍경

마조히즘에 대하여

〈모피를 입은 비너스〉를 중심으로

마조히즘(masochism)적 인간은
그의 주인이 외부적인 권위이든 내면화된 양심이든
또는 심리적 강제이든 간에 결정을 내리는 일에서 구원된다.
즉 자기 자신의 운명에 대해서 최종적 책임을 갖는 일에서 구원되고
또 어떤 결정을 내려야 할까 하는 의문에서 구원된다.
그는 또한 그의 생명의 의미가 무엇이며
자기는 어떤 인간인가 하는 의심에서도 구원된다. (E. Fromm)

감독·각본: 송예섭
원작: 레오폴드 폰 자허마조흐(Leopold von Sacher-Masoch)

1   피학증, 정상인가 병리인가?

—— 유명한 스포츠선수의 외모가 바뀌어 가는 모습을 우리
는 종종 티브이를 통해서 볼 수 있습니다. 이때 우리는 "저 사람
이 저렇게 이뻤나? 저렇게 멋있었나? 분명히 저 모습이 아니었
는데 언제 저렇게 변했지?"라는 생각을 하게 되지요. 물론 자신
의 모습을 잘 가꾼 탓도 있지만 사실 공인이 되고 세계적인 사
람이 되면서 많은 사람들의 이상화를 받고 사랑스러운 사람으로

변해 가는 것입니다. 미움을 많이 받고 자라면 자연스럽게 미운 털이 박히는 것과 같은 이치입니다.

목회자의 경우도 작은 교회에서 고생을 많이 한 목사의 얼굴과 큰 교회에서 사람들의 이상화를 많이 받는 목사의 얼굴이 다르게 변해 가는 것을 봅니다. 세계적인 연주자들의 공연 모습과 그들의 화려한 연주복, 청중을 리드하는 자신감은 마치 여신과 남신을 보는 것 같은 착각을 불러일으킵니다. 어떻게 보면 예술가는 적어도 연주 순간만은 나르시시스트(narcissist)가 되어야 합니다. 이러한 나르시시스트의 옆에는 항상 자신은 부족하고 바보 같고 무능하다고 느끼는 수많은 대중들이 있습니다. 부러워하고 이상화하는 대중들이지요.

그러나 이러한 상황들이 남녀의 사랑관계에서 일어난다면 어떻게 될까요? 아마 사도이즘과 마조히즘의 관계가 형성될 것입니다. 사랑에 빠진 사람은 최면에 걸린 상태처럼 거의 정신을 잃어버리고 구속의 상태에 빠져 사랑하는 사람이 시키는 모든 일을 다 하게 됩니다. 사모하는 대상을 여신이나 남신으로 환상 처리합니다. 그리고 상대가 신이 되면 주인과 노예의 관계가 자동적으로 성립됩니다.

욕망하는 쪽은 남성이고 여성은 그 욕망의 대상이죠. 이것이 여성이 갖는 전적이고도 결정적인 이점이에요. 자연은 남성이 지닌 열정을 통해 남성을 여성의 손아귀에 넘겨주었어요. 그러니 남성을 자신의 종으로, 노예로, 한마디로 노리갯감으로 만들어 결국에는 깔깔대며 차 버리지 못하는 여자는 뭔가 잘못된 여자예요. 내 원칙은 수천 년의 경험에 근거한 거예요. 여성이 복종하는 태도를 보일수록 남성은 그만큼 더 빨리 정신을 차리고 여성을 지배하려 들지요. 반면에 여성이 잔인하고 불충하고 게다가 남성을 학대하고 모욕적으로 가지고 놀며 동정 같은 것을 보이지 않으면 않을수록 여성은 남성의 욕망을 자극하여 남성에게 사랑을 받고 또 숭배를 받을 수 있어요. 상대를 제압하지 못하는 쪽은 상대의 발밑에 자신의 목을 내밀어야 합니다.[1]

이 영화의 원작 소설 『모피를 입은 비너스』는 마조허가 쓴 사랑소설로 사도마조히즘을 에로틱한 사랑으로 판타지화하고 예술화한 소설입니다. 소설의 내용이나 영화 모두에서 인간에게는 사디스트적인 것과 매조키스트적인 두 성향이 다 잠재해 있다는 것을 말하고 있습니다. 소설이 출간되었을 때 이 소설이 인기가 있었고 작가는 이 소설로 인해 유명세를 탄 것은 마조히

---

1 Sacher-Masoch, Leopold von. 김재혁 역, 『모피를 입은 비너스』, 팽귄클래식코리아, 2010, 12-13.

즘이 인간의 내면에 보편적으로 잠재해 있다는 증거가 됩니다.

그러나 크라프트에빙(Kraft-Ebing)이라는 학자가 이러한 성향을 피학증이라는 병으로 명명하고부터 특별히 작가의 이름 마조허(Masoch)를 어원으로 하는 마조히즘(masochism)이라는 병명을 만들면서 작가는 피학증 환자의 누명을 모두 지는 불명예를 안게 됩니다. 사실 피학증과 사디스트적인 성향은 거의 모든 인간 안에 잠재해 있는 보편적 심리구조입니다. 그럼에도 불구하고 크라프트에빙은 이것을 병으로 규정했습니다.

마조허(L. S. Masoch)도 사실 소설에서 이 부분이 치유되어야 함을 여러 곳에서 피력하고 있고 소설의 결말도 주인공이 치유되는 것으로 끝이 나고 있습니다. 이후 프로이트가 〈마조히즘의 경제적 문제〉와 〈매 맞는 아이〉라는 논문을 통해서 피학증의 보편성을 이야기하지만 이미 크라프트에빙이 마조히즘이라는 피학증을 병명으로 규정하고부터 사람들은 이 부분에 대한 언급을 피하기 시작하고 부정적으로 취급합니다. 이 때문에 송예섭 감독의 이 영화도 개봉되자마자 곧 내려야 하는 운명을 겪게 됩니다.

분명한 것은 이런 류의 영화를 성애예술로 승화시키려 해도 우리의 무의식을 적나라하게 자극하는 무엇이 있다는 사실은 부인할 수 없습니다. 감독 송예섭은 심지어 포르노로 비추어질 수 있는 위험성을 어떻게 피해 갈 것인가 여러 가지로 고민합니다. 배우의 선택, 음악, 종교, 성 이데올로기, 상징의 사용 그리고 이야기의 구성 등을 통해서 이 위험을 풀어 나가고 있습니다.

　무엇보다 인간의 욕망과 사랑의 분열, 특별히 성과 사회적 인격의 분열을 어떻게 다루어야 하는지에 대해 의문을 던지며 결국 '성'과 '인격의 분열'에 통합을 지향해야 하지 않는가라는 자신의 도덕적·신앙적 가치관을 영화에 투영하기도 합니다. 또한 성적 에너지가 다른 방향으로 승화되지 못할 경우, 성적 정체성의 혼란과 또 다른 폭력의 양산이라는 결과를 산출하고 비극적 결말을 맺게 된다고 경고하고 있습니다.

　대부분의 사람들에게 이러한 마조히즘의 성향은 실현될 수 없는 가능적 불가능성입니다. 노예 환상 자극을 일으키는 여신의 조건은 상속받은 부자이어야 하고 노예가 있어야 하며 귀족처럼 살아야 합니다. 현실적으로 그런 사람이 있다는 것은 불가능하지요. 그러나 성적인 관계 속에서는 이 모든 조건을 다 갖추지 않아도 충분히 일어날 수 있는 일입니다. 상상 속에만 있을 수 있는 일이지만 자신감을 갖는 공격적인 자세를 가진, 신 같은 이성을 만난다면 우리의 무의식 안에 있는 마조히즘의 성향

이 활성화되겠지요. 이런 자극은 아마 직업적인 매춘부에게서
는 발견될 것입니다.

실제 우리의 삶은 복잡하고 이 때문에 사랑의 에너지는 다른
곳으로 새어 나가는 일이 수없이 일어나게 됩니다. 마조히즘을
마음껏 실현한다는 것은 그야말로 판타지 안에서만 일어날 수
있는 일이지요. 그러면 이제 판타스틱한 이야기 줄거리를 한번
살펴보도록 하지요.

2   망치냐 모루냐?

—— 영화는 차갑고 얼음 같은, 그래서 더욱 매력적으로 보
이는 한 여인 '주원'과 아마추어 냄새가 물씬 풍기는 가난한 예
술가, 이름 없는 영화감독 '민수'의 불균형적인 만남의 장면으로
시작됩니다. 민수는 주원에게 자신의 시나리오 대본을 주며 영
감을 받고 싶다고 합니다. 저자세의 그 모습은 마치 힘없는 어
린아이가 부모에게 구원을 요청하는 듯 애절합니다. 시나리오
대본 제목은 '운명의 어두운 그림자 속에 갇혀 버린 한 여인'입
니다. 주원은 곧바로 이 대본이 자신의 이야기라는 것을 직감합
니다. 주원과 민수의 첫 만남을 통해 둘은 곧바로 사도마조히즘

(sadomasochism) 관계로 들어가고 도착적인 사랑에 빠져듭니다.

주원은 거대한 권력과 부를 가진 허 회장과도 사도마조히즘적인 성관계를 이미 갖고 있었고 이 관계를 청산하고 싶어 하지만 영화감독 민수에게는 자신의 여성성을 실험하고 같은 상황을 반복하고 싶은 충동에 다시 빠지게 됩니다. 민수는 여기에 재물이 되고 이것은 민수의 피학적 욕망과 맞물리게 됩니다.

민수는 자신도 알 수 없는 욕망의 노예가 되어 점점 더 피학적이 되어 가고 주원 역시 자신의 가학성을 즐기며 나르시시즘을 즐기게 됩니다. 이들의 게임은 '노예계약서'라는 것에 서명하는 단계까지 발전하고 주원은 이후 이 도착적 사랑 게임에 두 개의 삼각구도를 도입(지훈과 정아를 끌어들임)하여 민수의 피학적 환상에 더욱 불을 지르게 됩니다. 그리고 주원이 의도적으로 파 놓은 함정(정아의 유혹)으로 민수를 말려들게 하고 여기서 주원은 자신을 상처 입힌 남자에 대한 증오를 민수에게 투사하며 가상의 '연적' 지훈에게 민수를 채찍질하게 합니다.

주원은 여기에서 잘못을 비는 민수에게 "잘못은 무슨 잘못⋯. 욕망이 문제지."라는 의미 있는 말을 뱉어 냅니다. 욕망은 통제할 수 없는 괴물이요, 세상의 그 어떤 고상함이나 초월적 사랑으로도 욕망을 이겨 낼 수 없을 뿐 아니라 욕망과 사랑은 결코 융합될 수 없다고 말합니다.

　　　　　　　성에 관한 여덟 가지 풍경

　연적에게 채찍질당한 민수의 비굴함과 비참함은 주원을 더욱 갈망하게 만드는 상황이 되지만 연적에게는 더욱 깊게 적의를 품게 만드는 오이디푸스 상황을 연출하게 되고 민수는 결국 지훈을 살해하게 됩니다. 주원의 이러한 공격성과 민수의 수동적 여성적 피학증은 맞물리고 도착과 왜곡은 정도를 더해 가면서 사도마조히즘이 주는 쾌락의 결말이 비극으로 치닫게 됩니다.

　민수는 점점 괴물로 변해 '정아'를 학대하며 피학에서 가학으로 동전의 양면처럼 뒤집기를 합니다. 정아는 점점 피학적이 되어 가고 주원은 이 모습을 보고 독백합니다. "나약했던 그는 괴물이 되었고 괴물은 왕이 된 지금, 난 뭘 했고 여기서 뭘 하고 있나? 괴물과 괴물의 먹이. 망치와 모루. 나는 누구일까? 난 무엇일까?"

이 고백으로 영화는 비극적으로 막을 내립니다. 영화는 섹스피어의 말을 인용해 남자와 여자의 관계는 망치가 되느냐 모루가 되느냐의 관계, 곧 누가 주도권을 잡느냐의 문제로 말하며 아름다운 사랑이라는 것이 현실적으로 가능한가라는 문제를 제기하며 막을 내립니다.

3 인간은 왜 고통을 받으면서 쾌락을 느끼는가?

—— 프로이트(S. Freud)는 1920년 〈쾌락의 원리를 넘어서〉라는 글에서 불쾌를 피하고 쾌를 취하는 보편적 원리인 '쾌락원칙'을 넘어서는 '죽음본능'에 대해 언급합니다. 이후 쾌락원칙이라는 경제적 관점과 모순이 되는 마조히즘(고통을 통해서 쾌를 추구)의 해석이 열리기 시작합니다. 그 이전 프로이트는 마조히즘에 대해서 비교적 신비의 영역으로 분리, 언급하는 경향이 없지 않

았습니다.

그는 마조히즘을 마치 우리의 정신생활을 감시하는 파수꾼이 마약을 먹고 행동 불능 상태가 된 것으로 묘사하기까지 했습니다.[2] 그러나 쾌락원리를 넘어서는 그 무엇, 곧 죽음본능이라는 이론이 거론되면서 마조히즘이 새롭게 조명됩니다. 그는 1924년에 쓴 〈마조히즘의 경제적 문제〉에서 마조히즘을 3가지로 분화시켜 설명합니다. 먼저 도착적 흥분의 발달 과정에서 추적하고 둘째, 수동적인 여성적 측면에서 그리고 마지막으로 무의식적 죄책감에서 기원된 '도덕적 마조히즘'으로 설명하고 있습니다.

─── 유아성욕에 기인한 마조히즘

욕망의 노예인 인간이, 이 욕망으로 인해 어떻게 죽음으로까지 치달을 수 있을까요? 이 문제는 "풍경 1"의 〈롤리타〉에서 자세히 다루었습니다. 유아성욕에 빠진 사람이 왜 욕망의 노예가 될 수밖에 없는지에 대해서 말입니다. 노예는 죽음이 두려워 노예가 됩니다. 만약 죽음에서 자유할 수만 있다면 노예를 벗어날 수 있겠지요.[3] 문제는 죽고자 하는 노예는 설명할 길이 막연해

---

2 S. Freud, 박찬부 역, 「마조히즘의 경제적 문제」, 열린책 v. 14, 1998, 167.

3 Hyppolite, Jean. 이종철, 김상환 공역, 『헤겔의 정신현상학 1』, 문예출판사. 2003, 219.

진다는 겁니다. 이 역설로 인해 프로이트는 '쾌락원리'가 '죽음본능'에 어떻게 봉사하는지에 대한 미묘한 문제를 밝혀내고 이를 통해서 많은 정신분석적 통찰을 얻어 냅니다.

인간의 삶에서 가장 인상적인 경험은 남녀의 열정적인 성애관계를 통해 황홀경에 빠지는 경험, 곧 자기와 타자의 경계가 붕괴되고 침범하며 침범받는 엑스타시의 경험입니다.

초기 부모와의 원시적 접촉과 사랑관계, 넘고 넘어서고 감싸고 싸이고 안아 주는 흔적은 일상의 삶에서 의식될 수 없고 무의식 속에 잠재되어 의식과 해리되어 있습니다.[4] 의식은 늘 이것을 경계해야 하고 혹 삶을 어렵게 만들 수 있는 내부에서 오는 자극에 대해서는 더욱 경계를 해야 합니다.[5] 이 내부자극은 대부분 유아성욕과 연관이 될 수 있습니다.

보통의 경우에는 유아기의 이러한 원초적 경험과 흔적은 그대로 재생되는 것이 아니고 초기 도덕적·관습적 교육의 영향으로 왜곡되고 변형되어 다른 증상으로 나타납니다. 유아성욕의 흔적은 남아 있지만 원형은 잊히게 된다는 것이지요. 다만 갑자기 올라오는 사춘기의 상사병과 같은 열망을 통하여 그 본래적 원

---

4 Otto. Kernberg, Love Relations— Normality and Pathology. New York: Aronson, 1983. 171.

5 S. Freud, 박찬부 역, 「쾌락 원칙을 넘어서」, 열린책 v. 14, 1998, 88.

성에 관한 여덟 가지 풍경

형의 힘은 얼마나 큰 것일까 상상할 수는 있습니다. 그러나 종종 아주 특별한 경우, 조건만 충족되면 억압된 유아성욕이 거의 그대로 활성화되고 발전될 수도 있습니다.

주원은 영화에서 부자요 귀부인입니다. 재력과 미모를 겸비한 여자입니다. 그의 재산은 주원을 딸처럼 키워 준 남궁 회장으로부터 물려받은 것으로 남궁회장이 엽총으로 자살하면서 그 유산이 주원에게 돌아온 것입니다. 남궁 회장이 자살한 이유는 주원에게 청혼을 거부당했기 때문이었습니다.

이렇게 영화 초반 남궁 회장의 자살은 그의 통제할 수 없는 성적 욕망과 연관됨을 시사하고 있습니다. 남궁 회장은 주원을 마조히즘이라는 독특한 방법으로 사랑했고 그들의 관계는 평등과 대등한 입장이 아니라 주인과 노예라는 성애적 주종의 관계였습니다. 이것이 그를 죽음으로까지 몰고 간 것입니다.

영화에서 또한 주원은 민수와 함께 엽총으로 사격 연습을 하며 남궁 회장이 엽총으로 자살했음을 상기시키지만 민수는 눈치채지 못합니다. 주원은 이 장면에서 "나는 위험한 여자예요. 자칫 당신도 비참한 최후를 맞이할 수 있습니다."라는 무언의 암시를 합니다.

죽음을 선택하는 노예, 생명까지 바치면서까지 사랑할 수 있는 그러한 성애적 사랑. 성애적 대상에게 사로잡혀 목숨을 끊을 수 있는 사랑을 유아성욕이라고 했지요. 순교자들의 고차원적인 헌신적인 사랑과 순교는 사역을 완수하기 위한 것이지만 사랑을 위한 순교는 왠지 좀 이상하지 않나요? 사실 유아성욕이 우리의 무의식 안에 억압되어 있다면 우리 안에는 이미 운명적으로 타자가 자신의 운명의 주인이 될 수 있는 여지가 잠재해 있는 것입니다.

중요한 것은 누가 바로 이러한 원초적 흔적들을 왜곡 없이 그대로 활성화시켜 내겠느냐 하는 것입니다. 혹 이러한 대상을 만난다면 인간은 상대의 노예가 되는 것도 불사하게 되겠지요. 원초적 경험을 그대로 재생시킬 수 있는 대상, 절대적 권력자로 군림할 수 있는 대상, 그러한 대상을 만날 수만 있다면 인간은 얼마든지 초기 유아로 퇴행하게 됩니다.

- 잠깐만요, 주원 씨! 저도요, 주원 씨를 위해서 목숨 바칠 수 있어요.
- 자살하시겠어요? 엽총 줄까? 날 위해 죽은 당신, 당신을 위해 우는 나.

민수의 이러한 고백은 사실 유아성욕을 향유하고 여기에 있습니다. 이렇게 인간은 생물학적인 육체적 노선을 따라 운명적으로 또는 생물학적으로 그의 원시적인 첫 대상(엄마)과의 흔적, 곧 성적 흥분의 자극을 받게 됩니다.[6] 따라서 인간은 운명적으로 피학적 성도착성에 사로잡힐 가능성을 갖게 되는 것입니다.

─── 여성성의 마조히즘

프로이트는 마조히즘에 걸린 사람들의 주체가 여성적인 자리에 있다는 사실을 강조합니다. "그들은 거세되었고 성교당하고 싶고, 성교당했으며 어린아이를 낳았다는 의미를 갖는다."고 말합니다. 거세를 상징하는 눈먼 상태는, 이미 거세되었으므로 더 이상 생식기나 눈에 해가 가해지지 않을 것이라는 환상 속에서 이미 부정적 흔적으로 시작되게 됩니다.[7] 이런 여성적 마조히즘은 여자를 비하한다기보다는 남자 안에 있는 여성성을 설명하기 위한 것입니다.

마조히즘의 남자들의 행위는 환상의 연출로, 겉으로 드러나는 내용은 재갈을 물고 묶인 상태이며 고통스럽게 얻어맞고 매질당한 상태이며 어떤 면에서는 학대받고 무조건적인 복종을 강요받

---

6   S. Freud, 「마조히즘의 경제적 문제」, 174.
7   위의 책, 172.

고 더렵혀지고 타락한 상태로 구성되어 있습니다. 결국 마조히
즘에 걸린 성도착자들의 성적 환상은 수동적으로 성행위를 당하
거나 또는 자위행위로 끝나거나 그 자체로 성적 만족을 나타내
게 됩니다.[8]

영화에서 주원은 남성성의 역할을 하고 민수는 여성성의 수동
적 역할을 하게 됩니다. "벌레, 포르말린에 담그고 싶었다. 농
약을 먹이고 싶었다." 등의 공격적이고 가학적인 표현은 오히려
여성 안에 있는 남성성이 표출된 것이라 할 수 있습니다. 남성
안에 있는 피학적 태도는 곧 남성 안에 있는 여성성이 드러난 것
으로 보는 것이지요. 라캉(J. Lacan)은 심지어 남성이 자신을 떠
받들고 그 발아래 무릎을 꿇는 그 모습을 즐기는 나르시시즘 자
체를 여성성으로 규정합니다.[9]

내가 오히려 한 남자의 지배를 받고 싶어 한다는 것을 비밀에 부친
적이 있었나? 그런데도 너는 내 노리갯감이 되고 싶어 했어, 내 노예
가 말이야! 잔인하고 거만한 여자의 발길질과 채찍 맛을 보는 게 네

---

8 위의 책, 171.
9 홍준기, 『오이디푸스 콤플렉스, 남자의 성, 여자의 성』, 아난케, 2005. 307-
   308.

겐 최고의 기쁨이었어. 자, 이제 뭘 원하는 거야?[10]

피학증에 걸린 사람에게는 상대를 지배하는 것보다 아름다운 여인의 노예가 되는 것을 훨씬 더 매력적인 것으로 여기게 됩니다.

당신이 아무렇게나 다룰 수 있고, 또 당신에게 절대 짐이 되지 않는, 아무런 의지도 없는 무제한의 소유물이 되고 싶으니까요. 당신이 생을 마음껏 즐기고 넘치는 호사 속에 파묻혀 즐거운 행복과 올림포스의 사랑을 만끽하는 동안 나는 당신의 시중을 들고 당신에게 신발을 신겨 주고 벗겨 주겠습니다.[11]

라캉은 이러한 남성들의 피학적 자세도 프로이트와 달리 아예 남성성으로 규정해 버립니다. 그렇다면 남성들의 수동적 태도를 즐길 수 있는 여성의 나르시시즘이 진정한 여성성이 되는 것일까요? 존재의 차원에서 또는 병리적 차원에서는 맞는 말일 수 있습니다. 그러나 정상적인 사랑의 차원에서 이러한 피학적인

---

10 Leopold von. Sacher-Masoch, 208.
11 위의 책, 96.

남자 연인을 사랑하는 일은 쉬운 일이 아닐 것입니다.

─── 도덕적 마조히즘

프로이트의 놀라운 창의성은 '도덕적 마조히즘'에 대한 통찰에서 발견됩니다. 마조히즘을 가장 깊게 그리고 정확하게 이해할 수 있는 방법이 사실 이 도덕적 마조히즘의 구조와 개념 안에 숨어 있습니다. 결론부터 이야기하자면 도덕적 마조히즘은 자발적으로 매 맞고 당하는 자기 처벌, 곧 도덕적 감정을 이용해 성적 욕망을 은밀히 누리는 것입니다. 그렇다면 이 도덕적 감정에 성애가 묻어 있다는 이야기가 되는데 프로이트는 이것을 오이디푸스 콤플렉스의 논리로 풀어내고 있습니다.

아이가 어머니를 처음으로 성적 대상으로 느끼기 시작할 무렵 아이는 아버지 때문에 운명적으로 억압이라는 심리적 과정을 겪는다고 했지요. 프로이트는 이 현상을 '오이디푸스 콤플렉스'라는 정신분석도구로 설명하고 있습니다.[12] 여기에서 오이디푸스는 어린 남자아이를 상징합니다. 엄마와 지속적인 살붙임을 유지하려 하지만 아버지의 개입으로 방해받게 되는, 이로 인해 결국 아버지를 살해하고 싶은 충동을 갖게 되는데 문제는 어린아

---

12 S. Freud, 임홍빈, 홍혜경 역, 「리비도의 발달과 성적 조직들」, 열린책, v.2. 1998, 469.

성에 관한 여덟 가지 풍경

이에게는 생각과 행동에 차이가 없다는 이야기도 언급했었지요. 생각으로 살해한 것은 아이에게 이미 행동한 것과 다름없다는. 때문에 오이디푸스콤플렉스는 모든 남아들이 운명적으로 겪어 내야 하는 사건이며 구조가 될 수밖에 없는 것입니다.

신탁을 모면하기 위해서 모든 노력을 다했지만 어쩔 수 없는 운명에 의해서 자기 아버지를 죽이고, 자신의 어머니를 아내로 취해야만 하는 비극적 운명의 주인공, 오이디푸스를 기억하시지요? 오이디푸스는 이 죄책으로 자신을 스스로 장님으로 만듭니다. 프로이트는 이 비극적 운명의 이야기가 모든 인간의 무의식에 억압해 있다고 본 것입니다.[13]

사람들이 자신의 나쁜 충동들을 무의식 속에 얽매어 놓고 그런 충동에 대해서 자기 자신은 아무 책임이 없다고 말한다 해도 자기도 모르는 사이에 엄습하는 죄책감에 시달리게 되는 이유가 여기에 있습니다.

신경증 환자들을 자주 괴롭히는 것은 죄의식인데, 이를 불러일으키는 가장 중요한 원천 중의 하나가 오이디푸스 콤플렉스

---

13 위의 책, 470.

속에서 발견되는 것입니다.[14] 이러한 죄책감은 초자아로 변형되어 외부 세계의 대변자가 되기도 하고 원본능(id)의 대변자가 되기도 합니다. 사실 초자아는 이드의 리비도적 충동의 첫 번째 대상이었던 부모를 자아에 내면화시킴으로써 생긴 것입니다.

이 과정에서 그 대상들과의 관계가 자연스럽게 성적 목표에서 벗어나는 탈성화(脫性化: 성적 목표에서 벗어나는)가 일어나게 됩니다. 오직 이러한 탈성화 방식을 통해서만 어머니에 대한 성적 목표를 포기하고 아버지와의 적대적 관계를 극복할 수 있기 때문입니다. 이러한 과정을 통해 내사된 사람들의(특히 아버지) 기본적 특징들인 엄격함, 감시, 벌주는 태도 등을 간직하게 됩니다.[15]

여기에서 도적적 감정, 곧 무의식적 죄의식은 부모의 손에서 처벌받기를 원한다는 의미가 됩니다. 아버지에게 매 맞고 싶다는 욕망은 다른 욕망, 즉 그와 수동적(여성적) 성관계를 갖고 싶다는 욕망과 매우 가까운 것으로 이것의 퇴행적 표현에 불과한 것이라고 프로이트는 말합니다.[16]

---

14 위의 책, 472.

15 S. Freud, 「마조히즘의 경제적 문제」, 178.

16 위의 책, 181. S. Freud, 황보석 역, 「매 맞는 아이」, 열린책 v. 12, 1997, 166-168. 이러한 사실들은 프로이트가 〈늑대인간〉 등의 임상사례를 통해서도 자세히 설명하고 있습니다.

프로이트는 부모의 명령을 받아들임으로 인해 발생하는 본능의 억압과 이에 따른 분열 덕분으로 초자아는 주체에게 더욱 혹독하고 잔인하며 무정한 존재가 되어 버릴 수 있다고 말합니다.[17] 문제는 성적 흥분이 충동의 대상을 떠난 후에도 양심 기관(초자아) 속에서 계속 활동하게 되고 이러한 활동의 주체를 외부의 세계로 투사하게 됨으로 결국 초자아는 외부 현실 세계의 대변체가 됩니다.[18] 이때 초자아의 공격적인 사디즘은 의식적인 반면 자아의 마조히즘적 추세는 원칙적으로 주체에게 숨겨져 있어 무의식적이고 단지 그의 행동을 통해서만 추론이 가능하게 됩니다.[19]

특별히 양심과 도덕은 오이디푸스 콤플렉스의 극복과 탈성화(脫性化)를 통해서 생겨났었지만 결국 성적 욕망은 도덕을 이용해서 교묘하게 다시 성화(性化)되고 오이디푸스 콤플렉스는 되살아나게 됩니다. 이에 따라 도덕을 통해 오이디푸스 콤플렉스로 다시 퇴행하는 길이 열리게 됩니다.[20] 이렇게 마조히즘은 무의식적으로 그리고 아주 영악스럽게 초자아의 눈을 피해 자신의 성적 흥분을 누리게 됩니다. 영화에서 민수는 주원에게 이렇게 애걸합니다.

---

17 S. Freud, 「마조히즘의 경제적 문제」, 179.

18 위의 책, 179.

19 위의 책, 181.

20 위의 책, 182.

민수: 저를 처벌해 주세요! 저의 살을 찢어 주세요. 제가 잘못했어요. 저는 처벌받아 마땅해요(저는 처벌받음으로 유아 때처럼 당신과 하나가 되고 싶어요). 당신은 나의 운명의 주인입니다. 저는 처벌을 기꺼이 받을 겁니다. 주인님의 매는 사랑의 매이고 치유의 매입니다.

주원: 우리 이제 게임 그만해요.

민수: 아니요, 아니요. 제발 절 버리지 마십시오. 아시잖아요? 주인님만이 절 구원해 주실 수 있단 말입니다. 네? 주원 씨, 아니 주인님. 저를 학대해 주세요.

따라서 마조히즘은 죄가 되는 행동을 하고 싶은 유혹을 만들어 냅니다. 형벌을 자초하기 위한 것이지요. 마조히즘 환자는 부적당한 것을 해야 하며 자신의 이익에 반해서 행동해야 하고 현실 세계에서 자신에게 열려 있는 좋은 전망을 망쳐 놓아야 하며 급기야는 자기 자신의 현실적 존재 자체를 파괴해야 합니다.[21] 이렇게라도 맛보고자 하는 인간의 행태를 통해서 우리는 성적 욕망을 포기한다는 것이 얼마나 어려운가를 다시 한번 생각하게 됩니다.

사디즘이 자신에게 반대해서 마조히즘으로 되돌아서는 일

---

21 위의 책, 182.

은 주체의 파괴 본능 요소들 중 많은 것이 '본능의 문화적 억압'에 의해서 현실 생활에서 실현되지 못하도록 제지받기 때문입니다. 뒤로 물러선 이러한 파괴 본능이 자아 속에서 마조히즘의 강화 요소로서 다시 등장한다는 것입니다.[22]

초자아의 사디즘과 자아의 마조히즘은 상호 보완적 성격을 띠며 둘이 결합해서 같은 효과를 냅니다.[23] 생각건대 오로지 이 방법을 통해서만 본능의 억압이 어떻게 해서 죄의식을 가져올 수 있는지, 또는 어떻게 사람의 양심이 다른 사람에 대한 공격성을 억제하면 할수록 더 심각하고 더 민감하게 마조히즘으로 발전되는지의 문제를 이해할 수 있게 됩니다.[24]

윤리 의식은 양심에서 자기표현을 하며 더 많은 본능의 포기를 요구한다는 사실은 도덕적 마조히즘에 본능의 융합이 존재한다는 증거가 됩니다. 도덕적 마조히즘의 위험성은 그것이 죽음 본능에서 나온 것이며 파괴 본능으로서 외부로 향하는 것을 피한 그 죽음본능의 일부와 일치하는 것입니다. 결국 죽음본능 자체도 성애적 요소를 간직하고 있는 셈이 됩니다.[25]

---

22 위의 책, 172.

23 S. Freud, 박찬부 역, 「자아와 이드」, 열린책, v. 14. 1998, 131-135, 「쾌락원칙을 넘어서」, 75-76.

24 S. Freud, 「마조히즘의 경제적 문제」, 182-183.

25 위의 책, 183. S, Freud, 「쾌락원칙을 넘어서」, 75.

4   종교적 체험과 성애적 흥분

─── 성본능의 승화와 종교

프로이트는 〈집단심리학과 자아분석〉에서 대상이 자아이상을 대신할 경우 자아는 빈곤해지고 이것이 병리적으로 또는 병리적 집단으로 갈 수 있는 소지에 대해서 언급합니다. 이때 자아이상의 근원 역시 사랑에 빠진 상태, 곧 최면의 상태 또는 과대평가나 이상화로 보고 이것에 대한 뿌리를 유아의 엄마의 신체 표면에 대한 이상화와 흥분에 그 근원이 있다고 보았습니다.[26]

미국의 정신분석학자 컨버그(Otto, Kernberg)는 인간의 쾌감과 고통은 자기의 경계를 없애는 강렬한 정동 체험을 제공하며 이 체험은 삶에 근본적인 의미를 줄 수 있다고 말합니다. 그는 이 초월을 성적 관여와 종교적 황홀경과 연결합니다. 이것이 일상적인 실존의 구속을 뛰어넘는 자유를 체험할 수 있게 해 주기 때문이라는 것입니다.[27]

프로이트는 성적 과대평가와 사랑에 빠짐이 심해지면 직접적인 성적 만족을 추구하는 경향을 가진 충동은 뒷전으로 밀려나

---

26 Otto. Kernberg, Love Relations- Normality and Pathology, 26.

27 위의 책, 25.

고 자아는 겸손해지고 순수해지며, 대상은 점점 고상하고 훌륭해져서, 마침내 자아의 자기애를 완전히 점유하게 된다고 말합니다. 따라서 자아의 자기희생은 당연한 결과요, 자기 손상은 사랑에 빠진 사람에게 반드시 나타나는 특징이 됩니다.[28]

영화 초반 민수는 주원에게 종교에 대해서 다음과 같이 질문합니다.

> 민수: 종교 있으세요?
> 주원: 욕망. 감독님 신앙은 뭐예요?
> 민수: 감각.
> 주원: 어떤 감각?
> 민수: 친절하면서요, 동시에 잔인한 여신만이 줄 수 있는 그런 감각이요.

감각이 줄 수 있는 이러한 황홀경에서도 넘어서고 침범받고 경계를 넘어서는 정동체험이 있고 이때 대상을 신으로 승격시키는 이상화 반응이 나타납니다. 그러나 아주 잠깐일 뿐이지 오랫동안 지속될 수는 없습니다. 이러한 사랑의 열정, 곧 최면에 빠

---

28 S. Freud, 김석희 역, 「집단심리학과 자아분석」 열린책 v. 15, 1998, 130.

진 상태와 종교적 열정의 근원이 같은 것일 수 있는가에 대해서 감독 송예섭은 민수를 십자가에 걸어 피학을 즐기는 장면으로 질문을 던지고 있습니다.

민수: 주인님, 주인님! 전 주인님의 노예잖아요. 당신의 손으로 절 거두어 주소서.

주원: 말투가 기도하는 투로 변하네. 내가 신이라도 된다고 착각하는 거야?

민수: 네, 주인님은 여신이십니다. 절 영원히 지배하시는….

레오폴드 폰 자허마조흐(Leopold von Sacher-Masoch) 역시 자신의 원저에서 성애적 열정과 종교적 열정을 이렇게 묘사합니다.

초창기의 황제들 치하였다면 넌 순교자가 되었을 거고 종교개혁 시대였다면 재세례파교도가 되었을 거야. 그리고 프랑스 혁명기였다면 마라르세예즈를 부르며 기요틴 위로 올라간 저 열광적인 지롱드당원이 되었을 거야. 하지만 너는 내 노예야, 나의….[29]

---

29 Leopold von Sacher-Masoch, 『모피를 입은 비너스』, 128.

또한 마조흐는 이 책에서 욕망은 단지 성스러운 의식이나 맹세 그리고 계약 등을 통해서 덧없고 변하기 쉬운 사랑에 영원성을 부여하는 시도는 모두 실패 돌아가게 할 수밖에 없다고 말합니다.[30] 그렇다면 과연 기독교는 이 허망한 인간의 욕망을 이겨낼 수 있을까요? 자허마조흐는 이러한 사상을 가진 바그너의 오페라 탄호이저의 내용을 인용합니다.

당신들 중 감히 용기를 내어 내 붉은 입술에 입을 맞춘 사람은 그 대가로 속죄의 옷을 입고 맨발로 로마까지 순례하여 마른 나무 지팡이에서 꽃이 필 때까지 기다려야 해요. 내 발치에서 장미와 제비꽃 그리고 은매화가 사시사철 피어난다 해도 그 향기는 당신들의 것이 아니에요.[31]

바그너(R. Wagner)는 이 이야기에서 방탕에 빠진 탄호이저의 속죄는 기독교적 의식에서가 아니라 한 여인의 사랑에 의해서 속죄가 되고 구원받음을 역설하며 기독교적인 구원의 방법을 과감하게 부정하고 있습니다.[32]

---

[30] 위의 책, 47.
[31] 위의 책, 11.
[32] 탄호이저(Tanhauser)는 3막으로 된 낭만적 오페라입니다. 독일 중세에서

송예섭 감독은 민수가 노트북에 구주원의 이름을 쓰다가 '주'를 빼고 '구원'으로 바꾸어 놓는 장면을 삽입시킵니다. 구주원, 구주원 구원… 구원… 구원… salvation… salvation… salvation…. 이 노트는 "당신만이 사랑의 노예가 된 나를 구원할 수 있습니다."라는 고백인 것이지요. 그러나 주원은 그를 구원하지 못합니다. 그녀도 욕망의 경로에 대해 곤란을 겪고 있기 때문입니다.[33]

나르시시즘적 주체는 자신이 사랑스러운 존재임을 자신에게 확신시키기 위해 타자를 신기루의 관계 속으로 유인하지만, 타자가 사랑하는 것은 그 이상의 것이라는 점을 이미 알고 있습니

기사들도 미네징거로서 노래하는 습관이 있었는데 그중 한 사람인 탄호이저는 바르트부르크 영주의 조카딸 엘리자베트와 깨끗한 사랑을 하고 있었음에도 불구하고, 관능의 사랑을 찾아 베누스베르크로 가서 요염한 베누스의 포로가 됩니다. 그러나 음란한 환락에 싫증이 나자 다시 바르트부르크로 돌아오게 됩니다. 여기서 기사들의 가창 대회가 개최되어 탄호이저도 참가하게 됩니다. 그는 다른 기사들이 부르는 순애(純愛)를 조소하고 관능을 찬양하였기 때문에 추방되어 로마교황에게 용서를 빌러 가야 했습니다. 그러나 거기서 그는 용서를 받지 못하자 실의에 빠지고 다시 귀국하여 베누스를 동경하게 됩니다. 그의 친구 볼프람은 그를 말리려고 엘리자베트의 이름을 부릅니다. 그리하여 그는 또다시 순애의 세계로 돌아오게 됩니다. 엘리자베트는 탄호이저가 구제받지 못한 것을 알고 자기 몸을 희생시킵니다. 탄호이저도 그녀의 시체를 붙들고 죽습니다. 이렇게 하여 그의 죄가 용서받게 되는데 여기서 죄의 용서와 구원은 기독교적 구원(십자가)이 아니라 한 여인의 사랑에 의해서 이루어집니다. 세광편집국, 『명곡해설 제20집 오페라Ⅱ』(서울: 세광, 1992) by Ongaku no Sha corp., Tokyo, Japan.157 참조.

33 J. Lacan. 맹정현, 이수련 공역, 『세미나 11, 정신분석의 네 가지 근본개념』, 새물결, 2008, 258.

다. 그래서 욕망의 대상이 되는 것 또한 두려운 일임을 직감합니다. 욕망은 거울에 비친 신기루이며 속임수일 뿐이라는 것이지요.[34]

따라서 송 감독은 원저자의 의도(연적의 채찍질에 의해서 결국 연인에게 투자되었던 과도한 사랑의 리비도를 회수하여 치유되는 것)와 달리 에로틱한 성적 열망 안에 치유란 없고, 한계 없는 욕망의 추구는 결국 비극으로 끝난다는 것을 암시합니다. 여기서 그는 기독교적 구원을 포기할 수 없음을 간접적으로 고백합니다. 십자가의 사랑과 인간의 성애는 전혀 다른 것이라고….

─── 나도 주인이 필요해요

헤겔(G.W.F. Hegel)은 정신현상학에서 주인과 노예의 인정투쟁을 통해서 결국 노예가 주인이 되고 주인이 어떻게 노예가 되는가를 변증합니다. 그러나 마조히즘에서의 주인과 노예에게는 이 변증법이 적용되지 않습니다. 마조히즘에서의 노예는 죽음을 두려워하지 않습니다. 노예가 죽음을 두려워하지 않는다면 노예가 될 이유가 없겠지요. 그러나 욕망의 노예가 된 주체는 죽음이 두려워 노예가 되는 것이 아니라 목숨을 바쳐 가며 노예

---

34 위의 책, 403-404.

를 자원합니다. 이러한 노예의식에는 성교당하기를 원하고 죽음을 인정하고 거세를 인정한 것이 됩니다. 여기에 평등은 있을 수 없으며 상대를 지배하는 것은 엄두를 내지 못합니다. "오히려 아름다운 여인에게 지배받는 것"을 기꺼이 선택합니다.[35]

여성이 여성적인 태도를 보일수록 성적 욕망은 줄어들고 반면에 천박하고 공격적이며 남성을 학대하고 모욕하는 여자들은 남성의 욕망을 자극하고 남성에게 숭배를 받게 됩니다.[36] 바람을 피우는 모든 남자들은 여자들에 대한 이상화 능력이 뛰어날 수 있습니다. 욕망의 조건은 주종의 권력관계가 성립되어야 하니까요. 그러나 성숙된 사랑의 조건은 주종의 관계가 아니라 평등입니다. 때문에 민수가 주원에게 결혼을 요청했을 때 주원은 민수에게 병신이라고 비아냥거립니다. 남궁 회장의 청혼을 거부한 것도 이 때문이었습니다. 주원이 찾고 있는 것은 노예가 아니라 자신의 주인이었습니다.

네가 진지하고 사려 깊고 엄격함을 갖춘 남자였다면 나는 너만을
사랑하며 너의 아내가 되었을 거야. 여자란 무릇 우러러볼 만한 남자

---

35 Leopold von Sacher-Masoch, 42.

36 S. Freud, 김정일 역, 「불륜을 꿈꾸는 심리」, 열린책, 1998, 170.

를 원하거든. 자진해서 여자의 발밑에 목이나 갖다 대는 너 같은 남자야 실컷 가지고 놀다가 싫증이 나면 내동댕이치는 노리갯감에 불과해.[37]

소설에서 주인공 반다는 이렇게 말합니다. "나도 주인이 필요해요." 자신을 노예로 내어 주는 남자는 여자의 주인이 되지 못합니다. 자신을 노예로 내어 주는 남성으로 여자들은 자신의 나르시시즘을 즐길 수는 있지만 결혼의 대상으로 삼지 못하는 분열을 갖게 되는 것입니다.

여자들의 나르시시틱한 태도는 남성들에게 숨어 있던 억압을 자극하여 성적 도착을 불러일으키고 성적 대상을 성적 이상으로까지 끌어올리는 힘이 있습니다. 특히 부모 의존형과 같은 퇴행의 유형의 경우, 유아기 때의 사랑조건을 충족시키는 것은 무엇이든 다 이상화하게 됩니다.[38] 이때 사랑 대상에게 과도할 정도로 리비도를 집중시켜 자아가 빈곤해지게 되지요. 이러한 일은 민수와 같은 영화감독, 특히 자아 이상의 실현이 불가능한 사람에게 중요한 의미를 지니게 됩니다.[39] 이 때문에 민수는 주원의

---

37 Leopold von Sacher-Masoch, 209.

38 S Freud, 윤희기 역, 「나르시시즘에 관한 서론」, 열린책 v 13, 1997, 86.

39 위의 책, 87.

노예가 되는 것도 불사합니다.

　주원: 차라리 노예가 되지 그래요? 그렇게 내 곁에 있고 싶으면.
　민수: 노예요? 노예 못 될 거 없죠. 노예 좋죠. 저는 쓰레기구요, 저
는 벌레구요, 그러니까 제 등에 바늘을 한 번 꽂아 보세요. 네? 제 모
든 걸 주인님 발아래 바치겠습니다. 주인님, 주인님! 전 주인님의 노
예잖아요. 당신의 손으로 절 거두어 주소서.

　이렇게 강박적으로 노예가 되려고 하는 노예의식과 기독교인
들이 갖는 강박적 노예의식은 무엇이 다를까요? 오이디푸스 콤
플렉스로 종교의 문제를 담아내려는 프로이트의 이러한 방법론
적 토대는 토템과 타부, 모세와 유일신교, 종교와 강박신경증
등의 논문에 실려 있습니다. 기독교의 캐리커처(caricatura)가 강
박신경증이라는 그의 견해는[40] 일견 노예의식적인 강박을 말하
는 것입니다. 프로이트에게 이 노예의식은 성적 리비도와 무관
하지 않습니다.
　따라서 기독교 안에서의 강박신경증적인 경향, 곧 노예의식은
헤겔이 볼 때 '불행한 의식'이며 참된 자기표현에 이르지 못하는

40　S. Freud, 김종엽 역, 『토템과 타부』, 문예마당, 1995, 113.

열망이며, 정서입니다.[41] 그 이유는 인간은 동물처럼 단지 자신의 존재를 지탱하려는 욕구만을 갖지 않고 자신을 자기의식으로서, 순수한 동물적 생의 너머로 고양된 것으로서 인정받으려는 강한 욕구를 지니고 있기 때문이라는 것입니다. 이 때문에 인간의 인정투쟁은 단순히 생명을 위한 투쟁으로 그치는 것이 아니라 그와 못지않게 인정을 위한 투쟁을 갖는다는 것입니다.[42]

"이렇게 해서 얻은 주인 의식은 다시 진정한 의미에서 노예로서 드러나고 노예는 주인의 주인으로서 드러납니다. 그리하여 인정의 일방적인 형식에 현존하는 불평등성이 초극되고 평등성이 회복됩니다."[43] 이 노예의식이 자신의 전개 과정과 그 의식적인 매개 작용 속에서 진정한 자립성을 실현한다는 것이지요.[44] 이러한 변증법적 역전(un renversement dialectique)을 통하여 사실상 모든 것을 은총에 기인한 것으로 여기면서 스스로를 무(無)라고 인정하는 인간의 자기비하는 하나의 고양 과정이라고 헤겔은 말합니다.[45]

---

41 Hyppolite, Jean. 266.

42 위의 책, 212.

43 위의 책, 215.

44 위의 책, 218.

45 위의 책, 264, 265.

신을 찬양하고 인간의 자유를 부정하는 이것이 자기의식의 가장 위대한 행위일 수 있으며 고행자의 이러한 자기부정은 불변자의 이념을 매개로 긍정적인 의미를 획득하게 된다고 헤겔은 말합니다.[46] 그러나 헤겔은 "이러한 자기 소외나 자기 부정을 통해서 얻는 고양이 기독교적인 행위로는 부족하며 오직 철학자만 향유할 수 있는 정신성"이라고 말합니다.[47] 하지만 이런 철학자는 아직 한 명도 나타나지 않았습니다.

노예의식, 곧 강박적으로 넘어야 할 선을 결코 넘지 않는 태도는 오히려 자신을 절대적 가치에 묶을 수 있는 능력이고 가장 보편적이고 고양된 정신세계에 이를 수 있는 길이 됩니다. 기독교적 강박은 부자유함이 아니라 진정한 자유를 위해 절대적 가치에 자기를 묶는 자유를 위한 강박입니다.

기독교인의 노예의식은 자기 부정을 통해서 더 높은 곳으로 고양하는 무엇입니다. 기독교인의 자기 부정은 또 다른 승화의 방법이지만 이 자기 부정에는 개인이나 자아실현이 끼어들 여지가 없습니다. 부단히 자신을 주인에게 묶어야 하는 것이 기독교인의 덕목이지요. 이스라엘 백성이 애굽에서 자유를 찾아 나왔

---

46 위의 책, 220.
47 위의 책, 268.

을 때 그들은 '~으로부터의 자유'가 아니었습니다. 새로운 주인을 찾아가는 여정이었습니다. 그들은 '~에로의 자유'를 추구했습니다.[48] 인간은 자신을 어디엔가 묶어야 합니다. 기독교는 항상 어디에 자신을 구속해야 진정한 자유인이 될 수 있을까에 대해 갈등하지 않습니다. 자신의 주인이 누구인지에 대해 흔들림이 없기 때문입니다.

인간의 놀라운 성적 감수성과 성적 이상화 능력은 성애대상에게 그 이상을 투사하고 거기에 머물기를 원합니다. 그래서 이들의 종교는 '감각'과 '욕망'이 되는 것이지요. 이러한 투사를 받는 이상화대상은 '과대자기'나 '과대증'으로 나르시시즘에 빠질 위험이 있습니다. 그러나 순식간에 다시 곤두박질쳐야 합니다. 그녀도 주인이 필요하기 때문입니다. 그래서 주원은 이렇게 독백합니다.

나약했던 그(민수)는 괴물이 되었고 괴물은 왕이 된 지금, 난 뭘 했고 여기서 뭘 하고 있나? 괴물과 괴물의 먹이. 망치와 모루. 나는 누구일까? 난 무엇일까?

---

48 E. 프롬, 이상두 역, 『자유에서의 도피』, 범우사 1985, 46-48.

감각적 욕망만을 좇았던 그들에게 남은 것은 괴물이 되는 것이었습니다. 욕망은 신학적으로는 신에게 등을 돌린 결과로 얻는 부수물입니다. 신의 속성이 '존재'이기 때문에 신에게 등을 돌린 인간은 존재에서 떠남이 됩니다.[49] 존재하지 못하는 인간은 욕망할 수밖에 없다는 것이지요. 존재하지 못함이 욕망의 원인이라는 이야기는 "풍경 4"의 〈욕망의 모호한 대상〉에서 히스테리를 다루면서 살펴본 내용입니다.

신에게 등을 돌린 인간에게는 욕망할 수 있는 자유만 있습니다. 욕망은 신에게 돌아서서 태어난 인간의 운명입니다. 이 때문에 인간에게 만족이란 없는 것입니다. 존재의 장 밖으로 나가면 존재가 되지 못하고 끊임없이 무엇이 되려 하고 자신의 벌거벗은 모습을 가려야 합니다.[50]

인간은 주인으로 추앙받는다 하여도 그리고 다른 사람의 이상화를 아무리 받아먹어도 결국 주인이 필요한 존재입니다. 주인을 떠난 인간은 아무것도 아님이요 바람이요 안개입니다. 그래

---

49 모세는 미디안 광야에서 신의 이름을 물었습니다. 그때 하나님은 스스로 있는 자, 홀로 있을 수 있는 자, 자존자로 대답합니다(출3:14절). 이 대답은 간접적으로 모세 너는 누구인가에 대한 질문을 주는 것이었습니다. 그것은 곧 너는 곧 피조물이라는 사실, 너에게는 주인이 필요하다는 이야기가 되기도 합니다.

50 김용규, 『데갈로그』, 포이에마, 2015, 345-347.

서 끊임없이 욕망하는 것이지요. 그러나 이 욕망은 채워지지 않습니다. 죄(罪)란 바로 신의 주인(主人)되심을 부인(否認)하고 신을 떠나서 만족을 찾으려는 것입니다. 그리고 여기에서 결핍의 구멍이 만들어지는 것이지요.

4   욕망의 제방을 어떻게 보존할 것인가?

_____ 영화나 소설 모두에서 남자들은 "내 아내가 되어 주세요."라고 청혼을 하지만 여자 주인공들은 이렇게 말합니다. "당신은 내 남편감이 아니라고, 남편은 노예일 수 없다고…."

당신은 남자가 아니에요. 당신은 몽상가이자 매력적인 애인일 뿐이에요. 당신은 훌륭한 노예가 될 수는 있어도 남편으로는 생각할 수 없어요! 한 남자를 영원히 붙잡아 두려면 무엇보다 그 남자에게 충실해서는 안 돼요. 정숙한 여자가 매춘부처럼 그렇게 많은 이의 숭앙을 받은 적이 있던가요? 사실 사랑하는 여자의 불충은 고통스러운 자극이자 최고의 쾌락이지요.[51]

---

51 Leopold von Sacher-Masoch, 94-95.

성에 관한 여덟 가지 풍경

이렇게 사랑의 관계에는 분열과 간극이 존재하게 됩니다. 이 간극 안에는 도덕적 마조히즘이 있습니다. 인간은 끊임없이 너의 엄마를 성적 대상으로 삼지 말라는 금지 조항, 아버지의 명령, 이것을 지키지 못하는 죄책감(초자아)을 피해 마조히즘이라는 교묘한 방법으로 자신의 성을 향유합니다.

그렇다면 오이디푸스 콤플렉스의 보편성과 마찬가지로 마조히즘의 도착성이라는 것 역시 거의 모든 인간에게 보편적으로 잠재해 있는 영역이라는 사실도 부인할 수 없게 됩니다. 더구나 이러한 도착 성향의 사람들이 다른 모든 영역에서 별 문제를 드러내지 않고 일상의 삶을 살아가는 데도 아무 문제가 보이지 않습니다.

그뿐만 아니라 사회적으로 또는 정치적으로 오히려 상당한 영향력과 사회적 기여를 할 수도 있다는 충격적 사실에 대해서도 영화는 강조하고 있습니다. "허 회장 대권 도전 시사"라고 하는 제목의 신문기사가 그렇습니다. 프로이트 역시 정상과 도착에 대한 시비에 대해 많은 지면을 할애하고 있습니다. 프로이트는 이 점에 대해서 도덕적 판단을 유보합니다.

원소설에서 자허마조흐는 대상에게 투자된 사랑의 비리도가 연적의 매를 통해서 다시 회수되고 치유되는 희망적인 이야기로 마무리하지만 송예섭 감독은 욕망이 욕망을 치유할 수 없음을 영화로 경고합니다. 프로이트 역시 욕망의 물꼬를 다른 곳으로 흐르게 하거나 승화시켜도 언제 폭발할지 모르는 인간의 욕망을 문화로 제어하기에는 역부족이라는 사실을 언급합니다. 그렇다면 욕망의 제방을 안전하게 보존하는 방법은 무엇일까요?

영화에서 자주 반복되어 나타나는 대사, '위선자', '쓰레기'의 표현은 '겉과 속', '의식과 무의식'이 다르다는 분열에 대한 절규를 표현하고 있는 것입니다. 분명한 것은 욕망 안에서는 답을 찾을 수 없다는 것입니다. 욕망은 신기루이기 때문이지요. 주원과 민수의 가피학적 놀이를 십자가에 묶인 상태에서 시연하는 장면은 역설적으로 바로 우리의 제한 없는 욕망은 십자가 안에서 제거되어야 함을 역설하고 있습니다.

"주 너의 하나님 외에 다른 신을 섬기지 말라, 간음하지 말라!"는 이 절대적 가치에 자신을 묶는 것입니다. 욕망할 수밖에 없게 만든 그 근원은 신에게 등을 돌렸기 때문입니다.[52] 신에게 돌아가지 않는 이상 무한한 욕망의 신기루에서 벗어날 대책은 아직 발견되지 않았습니다. 영화 〈모피를 입은 비너스〉는 우리 욕망의 근원이 어디에 있는지 다시 한번 생각하게 하는 영화입니다.

---

52 김용규, 380.

풍경 7.

외도에 대하여

《바람난 가족》을 중심으로

한 남편은 폐경기를 겪고 있는 그의 부인에 대해 분개했는데
그것은 그러한 사실이 그 자신이 갖고 있는 검토되지 않은 환상,
즉 젊고 섹시한 여자를 만나고 다니는 자신은
아직도 젊다고 하는 환상에 도전하는 것입니다.

(Ann and Barry Ulanov)

감독: 임상수

1   겉과 속의 실상

_____ 삶이 단조롭고 지루할 때는 시간도 덩달아 느리게 가지
요. 남아메리카 안데스산맥 기슭의 거대한 산속 마을에서 닭들
이 모이를 쪼고 소들이 풀을 뜯고 개들은 낮잠을 자고 있는 광경
을 보면 시간이 멈추어 선 것 같은 느낌을 받게 됩니다. 자동차
를 타고 넓은 평야를 가로지를 때도 지루함은 여지없이 찾아옵
니다. 길이 굴곡이 있고 배경들이 빠르게 바뀌어야 드라이브의

묘미가 있습니다. 삶도 마찬가지입니다. 악센트 없이 삶이 한 가지 색깔로 도배된다면 삶은 지루하게 느껴질 것입니다.

건축물에도 빠르기가 있습니다. 작은 공간을 지나가면 빠르게 느껴질 것이고 큰 공간을 지나가면 시간은 느리게 느껴집니다. 때로 우리의 삶의 색깔이 너무 단조롭고 같은 것의 반복만 있을 때, 매일 같은 곳을 출근하여 비창조적인 같은 일들을 반복한다면 삶이 무료하게 느껴질 것입니다. 사실 우리가 제일 견디지 못하는 것이 바로 재미없는 것입니다. 뭔가가 변화가 있어야 하는데 터널이 너무 길다고 생각할 때 우리는 도대체 이 터널을 언제나 지나가나 하며 따분해하지요.

이때 삶의 지루함을 해소할 수 있는 아주 손쉬운 방법을 찾게 됩니다. 그것이 바로 외도가 아닐까요? 외도는 짜릿하고 스릴이 있습니다. 가슴이 뛰고 삶의 속도가 갑자기 빨라지는 것 같은 착각을 하게 되지요.

영화 〈바람난 가족〉에서 일어나는 모든 가족의 바람난 현상은 우리 사회의 단면을 상징적으로 보여 줍니다. 이 영화는 사람들로 하여금 "그래서 어쩌라는 거지? 정말 한국의 모든 가정이 이런 상황으로 치닫고 있는 거야? 영화는 무엇을 전달하려고 하는 거지?" 하며 영화가 종결 없이 의문만 남기고 끝난 것이 아닌가

하는 의혹을 갖게 합니다.

분명한 것은 이 영화가 파헤치고 드러내는 일에는 성공을 했지만 우리가 겪고 있는 이 복잡한 상황에 대한 해결책은 독자의 몫으로 남기고 있다는 점입니다. 이 때문에 잘못 해석할 경우 우리의 삶에 생각지 못한 부정적 영향을 줄 수 있는 위험도 갖게 됩니다. 사실 외도 영화의 대부분은 한 사람은 가정을 지키고 나머지 다른 배우자가 바람을 피우는 경우로 구성됩니다. 그러나 이 영화는 같이 맞바람을 피우는 상황으로 설정됩니다.

영화의 주인공 가족은 외양적으로는 갖출 것을 다 갖춘 행복한 가정입니다. 그러나 그들의 속내는 그리 간단치 않습니다. 변호사인 영작은 부인 호정을 두고 다른 애인에게 정신이 팔려 있고, 호정은 고등학교 2학년을 중퇴하고 외국 유학을 기다리는 어린 소년과 바람을 피웁니다. 영작의 어머니는 간암을 선고받

　　　　　　　　　　　　　성에 관한 여덟 가지 풍경

고 투병 중인 남편을 두고 초등학교 동창과 바람을 피우고 있습니다. 영화는 모두 바람을 피우고 있는 시어머니, 며느리, 그리고 아들이 누워 있는 모습을 비추어 주며 웃음을 자아내게도 합니다.

시어머니는 동창과 5년 만에 섹스를 했고 오르가즘도 느꼈으며 삶의 새로운 가능성을 찾았다고 말합니다. 그녀는 남편이 죽자 가족에게 결혼을 선포합니다. 이들 가족 모두는 니코틴과 알코올을 좋아하고 여기에 성중독자들처럼 비추어지기도 합니다. 이 때문에 영화를 관람하는 기분은 칙칙하고 별 좋은 여운을 남기지 않습니다. 감독은 사회적으로 번듯한 저들의 실상은 사실 이런 것일 수 있다고 우리의 민낯을 드러내고 있습니다.

이러한 실상을 영화는 민간인 학살 현장에서 해골이 발견되고 그것을 만류하는 경찰과의 실랑이로 보여 줍니다. 감독은 여기서 성에 관한 문제를 들춰내는 것의 불가능성을 공권력의 개입으로 학살의 실체를 드러내는 방해공작과 유비시키며 이 어려운 작업을 영화를 통해서 파헤치겠다고 선언하고 있습니다. 이 사건의 변호사로서 자원한 주영작은 몸싸움으로 해골구덩이에 떨어져 뒹굴게 됩니다.

영화 전체의 내용이 이렇게 상징적으로 압축되면서 영화가 시작됩니다. 우리의 실상을 파헤쳐 해골 속에 뒹굴어 보아야 하는 당위성과 굳이 꼭 그것을 해 보아야 되냐는 검열기관의 방해공작의 갈등은 사실 우리의 심리 안에서 일어나는 일이지요.

그의 부인은 무용수였고 지금은 취미로 동네 무용학원에서 간간히 춤으로 몸을 푸는 평범한 주부로 나옵니다. 이들에게는 수인이라는 입양아가 한 명 있습니다. 아들 수인은 자신이 입양아라는 사실을 가르쳐 준 엄마에게 "왜 나에게 그 사실을 숨기지 않고 알려 주느냐?"고 질문합니다. 엄마 호정은 "너에게는 숨기고 우리만 안다는 것을 불공평하다."고 말하지요. 비밀은 또 다른 문제를 만들어 내는 것이 아니냐는, 결국 어느 한쪽만 바람을 피우는 것은 불공평하다는 이야기를 간접적으로 하고 있는 셈이지요.

우리는 이 영화를 현실에서 바라보기보다는 우리 모두의 무의식에 이런 바람에 대한 소망이 있을 수 있다는 가정에서 출발해야 합니다. 그러나 동시에 우리도 이런 삶을 그대로 실연한다면 우리의 가정 역시 이렇게 해체될 수 있다 경고를 받게 됩니다.

성에 관한 여덟 가지 풍경

2   아내 말고 다른 애인이 필요한 이유

─── 심인성 발기부전

주영작이 바람을 피우는 정부(精婦) 백정림은 미술을 하는 학도로서 미모의 젊은 여자입니다. 그녀의 집에는 주영작 외에 다른 남자들이 들락날락하고 있음을 여러 번 암시해 줍니다. 그녀는 마약을 하고 하루 종일 섹스를 한 이야기도 영작에게 서슴없이 이야기합니다.

> 인도에 가면 대마를 갈아서 밀크처럼 마시는 게 있어! 내가 그것을 마시면서 하루 종일 섹스만 한 적이 있어! 그때 내 거기에 넓적다리가 들어오는 줄 알았어! (웃음)

그녀는 남자를 다루는 데 능숙하고 차 속에서도 영작을 애무하며 흥분시킵니다. 그녀의 이런 창녀와 같은 성적 편력을 알고도 영작이 그녀를 찾는 이유는 무엇일까요? 자신의 부인에게는 정열적인 사랑을 주지 못해 부인 호정은 포인트를 잃어버렸다고 이야기합니다. 호정이 역시 개방된 여자이기는 하지만 주영작을 다루는 데 정부(精婦)에 뒤지는 것일까요?

프로이트는 그 이유가 여성에게 있는 것이 아니라 남성의 발기부전에 있다고 보았습니다. 심지어 프로이트는 남성의 발기부전은 모든 남자의 '보편적 운명'이라고까지 이야기합니다. 갑자기 모든 남자라니요! 너무 뜬금없는 이야기처럼 들리지 않나요?

거의 모든 남자들은 발기를 원하는데 발기가 안 되거나 발기를 원하지 않는데도 발기가 일어나는 분열을 경험합니다. 야한 사진을 보고 흥분하는 상황이 그렇습니다. 그 대상을 사랑하는 것이 분명히 아님에도 말이지요. 무언가 성행위를 방해하는 심리적 원인이 있는 것으로 추정되는 부분입니다. 남자들은 이것의 원인이 남성의 뿌리에 있다는 사실을 모르고 여자의 성적 매력에 돌리는 경우가 많습니다. 또는 심리적인 것에 원인이 있다는 사실을 모르고 강장제를 먹기도 하지요.

프로이트는 남자들은 사랑의 가치가 높은 여성에게는 성적인 충동이 일어나지 않고 사랑의 가치가 떨어지는 여성에게 성적 충동이 일어나는 이 기묘한 상황을 앞에서 여러 번 언급했습니다. 오히려 높은 평가를 받는 여성에게서 남자들은 성적 자극을 받지 못하는 이 상황 말이지요.[1] 정숙하고 명성에 흠잡을 데 없는 여성일수록 성적 매력이 없는 것으로 경험하는 이 역설 말입니다.

---

1 S. Freud, 김정일 역, 「불륜을 꿈꾸는 심리」, 열린책, v. 9. 1998, 166.

오히려 성적으로 이러저런 나쁜 소문이 떠돌거나 정절과 신뢰에 의심이 가는 여성이 성적 사랑의 대상이 되기가 수월하다는 것입니다.[2] 이러한 성적 대상은 사랑의 희롱에 싫어하는 기색을 내보이지 않는 기혼녀, 매춘부나 사랑의 기술에 능숙한 여자들, 상대를 가리지 않는 난교에 이르기까지 그 실제적 한계 내에서 다양하게 나타날 수 있습니다.[3]

사랑할 때는 욕망이 없어지고 욕망을 솟구칠 때는 사랑을 할 수 없는, 곧 여성이 매춘부적 특성에 가까운 성향을 보일 때 성적인 흥분을 가져오는 이 기괴한 상황을 어떻게 이해해야 할까요? 여자들은 도대체 남성들은 왜 이렇게 여자에 대해 분열적인 태도를 갖는지, 혹 모자라는 것이 아닌지, 어디에 나사가 빠진 것이 아닌지 혼란스러워합니다.

유아 시절 애정적 성향은 가족 구성원과 자신을 돌보아 주는 사람을 통해서 자연스럽게 영향받게 됩니다. 그때 육적 본능은 애정에 슬쩍 묻혀서 진행됩니다. 그것은 생명의 보존을 위한 신체의 필요를 공급하는 과정 속에서 얻어지는 것입니다. 유아를

---

2 S. Freud, 김정일 역, 「사랑을 선택하는 특별한 기준」, 열린책, v. 9. 1998, 183.
3 위의 책, 183.

돌보는 사람들이 주는 사랑 속에는 항상 성애적 속성이 섞여 있다는 이야기입니다.

이것은 에로티시즘을 강화시키고 이후의 성장에도 나름대로의 중요성을 갖게 합니다.[4] 그러나 6세 이후에 받아야만 하는 문명적 도덕교육으로 인해 이 성적 충동은 억압됩니다. 이후 사춘기가 되면서 이 성욕은 다시 활성화되고 정확한 성적 목표를 갖는 육욕적 성향이 되살아나게 됩니다. 옛날의 그 길을 다시 찾아내는 것이지요. 그리고 초기 유아기 때의 대상들의 흔적에 강한 성 충동을 집중시키는 일이 일어납니다.[5]

그러나 이 육욕적 성향이 또 다른 문제에 봉착하게 됩니다. 바로 '근친상간의 금지'라는 장애물을 만나는 것입니다. 따라서 현실 속에서 불가능한 대상은 지나쳐 버리며 될 수 있는 한 빨리 실제 성생활에 가능한 다른 외부의 대상을 찾아 나서게 됩니다. 이때 새로운 대상은 여전히 유아기적 대상을 모델로 선별된다는 것이지요.[6]

이러한 사랑의 분열 속에서 남성들의 무의식 안에는 모든 여성들을 창녀 아니면 엄마로 대치하는 무의식적 환상을 갖게 됩니

---

4 S. Freud, 「불륜을 꿈꾸는 심리」, 163.

5 S. Freud, 오현숙 역, 『성에 관한 세 편의 해석』, 을유문화사, 2007. 164.

6 위의 책, 154-155, 168.

다. 엄마를 창녀로 보는 이런 분열은 영화 〈뫼비우스〉를 통해서 자세히 살펴보았지요. 곧 남자들은 평가 절하의 조건이 만족되는 여성이면 곧바로 육욕이 자유롭게 활성화되기 시작합니다.

남성은 이렇게 애정적 성향과 육욕적 성향을 조화시키는 일에 어려움을 갖습니다. 즉, 남자들 대부분은 잘못된 성적 목표를 지니게 되고 그것이 충족되지 못하면 쾌락이 크게 줄어드는 것으로 느끼게 됩니다.[7]

결국 발기부전은 애정과 육욕을 통합시키지 못하는 남자들의 운명에서 비롯된 것입니다. 어린 시절의 어떤 대상에 대한 강한 집착과 그 이후 근친상간의 금지라는 장애물의 개입으로 좌절을 수없이 경험했기 때문입니다.[8]

이 때문에 남자들은 존경하는 여성에게 만족을 얻기 위하여 괜한 모험을 하려 하지 않는다는 거지요. 곱게 성장한 그의 아내에게서는 특히 더하겠지요. 그는 타락한 성 대상, 즉 윤리적인 측면에서 저속한 계층에 속하면서 그가 어떤 심리적인 가책을 느끼지 않을 그런 여성을 필요로 합니다.[9]

그런데 영화에서 호정은 담배를 피우고 사실 정숙치 못한 여

---

7 S. Freud, 「불륜을 꿈꾸는 심리」, 163.

8 위의 책, 164.

9 위의 책, 170.

자로 그리고 남자의 경험이 많은 여자로서 결코 남자를 알거나 다루는 데 부족함이 없는 여자로 나옵니다. 그렇다면 영작이 부인 호정에게 매력을 느끼지 못하고 바람을 피우는 이유는 무엇일까요? 물론 정부가 더 창녀처럼 행동하는 것은 사실이지만 영작의 어머니(윤여정)에게서 그 원인을 찾을 수 있습니다. 시어머니를 잘 이해하고 시어미와도 짝짜꿍이 잘 맞는 부인 호정은 결국 엄마라는 근친상간이 떠오르게 하는 대상인 것이지요. 이것이 영작이 부인 호정에게서 매력을 잃어버린 이유라고 할 수 있습니다.

남자들은 자신의 애정을 격이 높은 여성에게 집중하지만 자신의 성적 능력은 온통 그 저급한 여성에게 바칠 수 있는 사람들입니다. 이런 점에 비추어 사회의 상류층에 속하는 남성들이 하층계급의 여성을 평생의 정부나 아내로 맞아들이는 경우가 드물지 않습니다.[10] 베르디(G.F.F.Verdi)의 오페라 〈춘희(La traviata · 春姬)〉 역시 이런 내용을 다루고 있지요.

결국 심인성 발기부전은 애정적 충동과 관능적 충동이 함께 융화되지 못한 결과로 생기는 심인성으로 모든 문명인의 겪어

---

10 위의 책, 170.

내야 하는 갈등인 것입니다.[11] 발기부전은 어린 시절의 강한 애정의 집착, 근친상간 금지, 그리고 사춘기 이후의 성장 과정에서의 좌절로 인한 문명인이 겪는 보편적 고통이지, 일부 개인들에게 한정되어 있는 것은 아니라는 것입니다.[12] 이러한 사실은 남성 스스로도 이해하지 못하는 경우가 대부분이고 단지 강박적으로 반복될 뿐입니다.

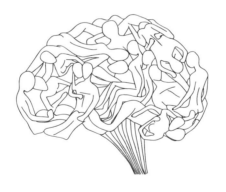

---

11 위의 책, 172.
12 위의 책, 168.

────── 원형의 훼손

인간은 생애 발달 과정에서 애정과 성애의 분열을 경험한 이래 더 이상 원래의 본원적 대상을 만날 수 없다는 점에서 외도의 원인을 찾을 수 있습니다. 인간은 원초적 대상에 대한 그 대체물만 만날 수 있는 것이고 이후에 선택한 모든 사랑 대상은 단지 대체물인 것입니다.[13] 대리인이라는 이 사실은 어느 한 사람에게 충실해야 한다는 사실보다는 여러 대리인이 있을 수 있는 가능성을 열어 놓는 구실이 되지요.[14]

다른 어떤 것으로도 대체할 수 없는 어떤 상이 무의식에서 보다 활발하게 활동하면서 끊임없는 연속 속에 분열된 형태로 빈번하게 대체할 대상이 출현하는 것입니다. 이때 대체물은 당연히 바라는 만큼의 만족을 제공하지 못할 것이고 이로 인해 남자들은 지속적으로 대상을 바꾸려는 속성을 갖게 됩니다. 그리고 이것이 바로 외도의 원인이 되는 것입니다.[15]

아이들에게 갈망을 만족시켜 주어도 일단 그 만족이 충족된 후 곧바로 다시 칭얼거리며 끊임없이 다른 것을 요구합니다. 이

---

13 위의 책, 175.

14 S. Freud, 「사랑을 선택하는 특별한 기준」, 188.

15 J. Lacan, 자끄 라깡, 맹정현, 이수련 공역, 『세미나 11, 정신분석의 네 가지 근본개념』, 새물결, 2008. 179.

성에 관한 여덟 가지 풍경

에 대해 정신과학에서는 성적인 것에 그 기원이 있다고 봅니다. 인간은 대체물에 만족할 수도 없고 결국 그 결핍의 근원도 만날 수 없음을 이야기하는 것입니다.

결국 모든 외도의 원인은 부모와의 원형적인 경험의 관계를 다시 맛볼 수 없는 데에 있는 것입니다. 과거의 경험으로 다시 돌아갈 수도 없구요. 여성의 경우도 마찬가지입니다. 어떤 한 대상에 집착하는 유아기의 성적 소망(여성은 보통 아버지 혹은 아버지를 대신하는 남자 형제에 대한)은 종종 성교 이외의 다른 것으로 향하거나 성교를 그저 막연한 목표 정도로만 간주할 수 있습니다.

즉, 남편은 원래 성적 소망의 대체존재이지 바로 그 소망의 대상은 아닌 것입니다. 여성에게도 사랑의 첫 대상은 아버지의 상이지 남편은 그다음입니다.[16] 그리고 이 대체가 거부될 것이냐 아니냐의 여부는 유아기 때의 성적 고착이 얼마나 강력한가 그리고 그 고착이 얼마나 고집스럽게 유지되느냐에 달려 있는 것이라고 프로이트는 말하고 있습니다. 영화에서 영작의 정부는 다음과 같이 말합니다.

---

16 S. Freud, 김정일 역, 「처녀성의 금기」, 열린책 v. 9, 1998, 150.

남자들은 나이 든 유부남이든 총각이든 다 미성숙해. 남자들은 다 애들이야! 주말에 이렇게 나왔지만 마음이 무겁지요? 당신은 쿨한 척하는데…. 땀 뻘뻘 흘리면서 섹스는 하는데, 외롭지요?

남성들이 원하는, 여자가 결혼이나 약혼을 한 상태도 아니고 필시 매춘부 같아야 하고 동시에 남자가 그녀에게 높은 가치를 부여할 수 있어야 하고 질투심을 유발해야 하는 모든 조건을 갖춘 여자는 지상에서는 찾을 수 없습니다. 이것이 되면 저것이 없고 저것이 되면 이것이 없는 것입니다. "이러한 불가능한 대상의 요구는 본원적 대상에 대한 갈망을 말하는 것이고 그 심리적 근원들은 유아기 때 고착된 어머니에 대한 애정의 감정에서 비롯된 것입니다."[17]

정상적인 남자도 대상선택을 할 때 모성적 원형을 그대로 드러내 보이는 성숙한 여인을 선호할 수 있습니다. 사회가 퇴행할수록 연상의 여자와 결혼하는 남자들이 늘어나는 이유가 여기에 있습니다. 사춘기가 시작된 후에도 오랫동안 어머니에게 고착되어 남아 있게 되거나 이후에 선택하게 될 사랑의 대상들에도 어머니의 특성이 투영되며 그 대상들은 어머니 대리자로 인식되

---

17 S. Freud, 「사랑을 선택하는 특별한 기준」, 188.

는 것입니다.[18] 그러나 어디까지나 대리물일 뿐입니다. 이러한 이유가 바로 남성들이 끊임없이 성적 대상을 바꾸며 외도하려는 이유인 것입니다.

─── 성적 환상

성애와 애정의 분열로 육욕적 성향은 애정적 성향 뒤에 숨어 항상 다른 출구를 찾으려 하겠지요. 사실 육욕적 성향은 현실에서 실행되기가 쉽지 않습니다. 육욕적 성향은 항상 애정적 성향을 피하려 할 것이고 특히 금지된 근친상간의 인물이 전혀 떠오르지 않는 대상을 찾으려 합니다.[19] 그러나 동시에 모성원형을 자극하는 대상을 찾아야 하는 역설을 갖게 됩니다. 이런 대상을 못 구할 경우 당연히 환상이나 자위로 그 출구를 찾게 됩니다.

특히 성 대상 선택이 전혀 허용될 수 없는 환경이나 가능성이 없는 처지에서는 다른 출구를 찾아야 합니다. 찾지 못할 경우, 성적 욕구는 현실로부터 멀어져 버리고 자연스럽게 상상적 활동이 그 자리를 메꾸게 됩니다. 이때 최초 성적 대상의 이미지는 더욱 강화되고 그것들에 고착되게 됩니다.[20] 근친상간에 대해

---

18 위의 책, 187.

19 S. Freud, 「불륜을 꿈꾸는 심리」, 166.

20 위의 책, 165.

높아진 벽이 성 충동을 무의식에 그대로 머물게 한 결과이지요. 영화에서 영작은 아들 수인이를 장례 지내고 온 바로 그날 차오른 성적 욕망을 주체 못 하고 애인에게 전화를 겁니다.

나 오늘 너 꼭 만나야 해! 나 너를 원해! 만나서 풀어야 해! 배출해야 해. 기다려라? 나 간다?

애인은 다른 남자와 동침하느라 거절하지만 그는 결국 선물을 사 들고 애인의 집을 찾아갑니다. 그러나 그녀의 또 다른 젊은 애인에게 망신만 당하고 돌아옵니다. 대신 그는 평소 자신을 선망하는 사무실 여직원과 하룻밤을 잡니다. 오늘날로 이야기하면 이것은 미투(me too)감으로 신고대상이 되겠지요. 여직원을 사랑대상으로가 아닌 욕망의 대상으로만 생각했기 때문입니다. 욕망은 또 다른 결여를 만들게 됩니다. 영작은 다시 헛헛함을 느끼고 부인 호정을 찾아갑니다.

현실에서 실패한 진행이 환상에서 이루어지거나 자위적 만족으로 나아가는 경우, 이때 근원적 성 대상 역시 환상 속에서 다른 것으로 대체되고 현실에서는 아무런 진전이 일어나지 않게 됩니다. 이런 식으로 젊은 남성의 성욕은 무의식 속에 남아 있는 근친상간의 대상에 밀착되거나 혹은 무의식적 근친상간의 환상에 고착되는 일이 일어나게 됩니다.[21] 자위는 혼자서 남성과 여성의 역할을 동시에 수행할 수 있다는 편리함이 있습니다. 영화 〈바람난 가족〉에서 자위에 대한 이미지와 암시가 여러 번 반복되고 있는 이유입니다. 상(image)은 이렇게 대체의 능력도 있지만 외도에 대한 생각을 더욱 강화시키기도 합니다.

3 남편 말고 다른 애인이 필요한 이유

─── 여성의 불감증

프로이트는 여성들이 자신의 성욕을 긴 기간 억제하고 다른 방법으로 처리하는 능력이 남자보다 더 뛰어난 것으로 이야기합니다. 육욕적 활동과 억제 사이의 관계를 파기하는 데 남자보다 여성들이 더 사려 깊게 행동할 뿐 아니라 혹 그러한 활동이 허용된다고 해도 그들은 심리적으로 불감증에 빠질 가능성이 높다는 것입니다.[22] 그 원인으로 프로이트는 여성이 순결을 빼앗길 때 오는 자기애적 상처의 반응과 미성숙한 성욕이 합쳐져 이것이

---

21 위의 책, 165.
22 위의 책, 172.

불감증의 원인이 된다고 말합니다.[23]

여성들이 남자들보다 성욕을 더 억제할 수 있는 이유를 프로이트는 이렇게 여성들의 불감증에서 그 원인을 찾고 있습니다. 여자들 대부분은 결혼하는 첫 남자에게 '처녀성'을 바치고 싶어 하지 않는 이유를 그는 문헌을 통해서 처녀막 파괴를 다른 사람에게 맡기는 풍습으로 설명합니다.[24] 이러한 사실은 원시인들의 성적 자유를 말하는 것 같지만 오히려 그들이 높은 문명수준의 사회보다 더 성적 억제를 강력하게 절제하기 위한 것이라고 사회학자들은 말합니다.[25]

그렇다면 도대체 '처녀성'이 왜 여성의 불감증을 가져오는 것일까요? 프로이트는 사회학적 사실의 분석을 통해서 처녀막이 파괴될 때 여자가 받는 육체적 고통 외에 또 다른 고통, 곧 처녀

---

23 S. Freud, 「처녀성의 금기」, 153.

24 원시인들은 결혼하기 전에 '처녀막'을 파열시키는 관습이 있었습니다. 그 풍습은 남편이 아닌 사람이 처녀막에 구멍을 내는 것으로 어떤 부족에서는 나이 든 여자가 신부의 처녀막을 파열시켰고 때로 백인 남성들에게 처녀의 순결을 빼앗는 행위를 요구하기도 했습니다. 마사이족 결혼의 예비의식 가운데 하나는 신부의 처녀막을 파열시키는 것이었습니다. 또 다른 족속에서는 처녀막을 신부의 아버지가 파열하기도 합니다. 아예 신부의 순결을 전문적으로 빼앗아 주는 남성도 있었다고 합니다. 에스키모인들 중에는 신부의 순결을 빼앗는 행위를 사제에게 맡기고 인도의 일부 지역에서 결혼하는 여성은 나무로 만든 남근상에 그녀의 처녀막을 바치는 풍습이 있었다고 합니다. 어거스틴은 동일한 풍습이 로마의 결혼 예식에도 존재했다고 말합니다. 위의 책, 137-140 요약.

25 위의 책, 143.

성에 관한 여덟 가지 풍경

성의 상실에서 오는 '성적 가치의 감소'를 들며 이로 인해 여성들은 자애적 상처를 입게 된다고 말합니다. 즉 처녀성은 여성들에게 아직 포기하라고 요구할 수 없는, 여성으로서의 중요한 소유물이라는 것입니다. 여성에게 그녀의 순결을 빼앗아 간 것에 복수를 하도록 충동질하는 동기들이 비록 문명의 여성이라 할지라도 완전히 사라질 수 없다는 것이지요.[26]

프로이트는 임상사례를 근거로, 첫 결혼에서 계속 불감증을 느끼고 불행하다고 생각하던 여성들이 이혼한 후 부드러운 아내가 되어 두 번째 결혼에서 남편을 행복하게 해 주는 경우가 보통 이상으로 많다고 이야기하고 있습니다. 말하자면 옛날부터 계속되어 오던 여성의 그런 적개심이 첫 번째 대상에서 고갈되어 버렸기 때문이라는 것입니다.[27] 안젠그루버(Anzengrube)의 〈처녀의 독〉이라는 희곡은 여성이 다른 남자와 결혼하도록 버려두었다가 나중에 그녀가 과부가 되어 더 이상 위험하지 않게 되었을 때 그녀를 데려갈 준비를 하는 이야기입니다. 뱀을 다루기 위해 먼저 천 조각을 물게 하여 독을 제거하는 것과 같은 이치인 것입니다.[28]

---

26 위의 책, 147-148.

27 위의 책, 154.

28 위의 책, 155. 재인용

한 여성의 처녀성을 빼앗는 것은 문명화된 세계에서조차 그 여성을 한 남자에게 지속적으로 구속시키는 결과를 낳게 되고 이것은 태곳적부터 있어 온 남성에 대한 여성의 적대적인 반응을 폭발시키는 계기가 된다는 것이지요.[29] 영화에서 호정 시어머니 역시 남편에 대해 이렇게 반응합니다.

그 인간 이야기 그만해! 내 인생은 그 인간 때문에 엉망이야! 나는 요즘 내가 어른이 된 느낌이야! 내 인생은 내가 책임져! 나 만나는 사람 있다? 결혼할지 몰라! 나 섹스도 해! 15년 만에 나 요즘 오르가즘도 해! 내 나이에 이걸…. 인생 솔직히 살아야 해! 내가 느낀 대로… 하루를 살아도….

구속과 적대감이 공존하는 여자들은 그들의 사랑을 다른 남성에게 쏟아부으려 해도 이제는 더 이상 사랑하지도 않는 첫 남편의 이미지가 계속 간섭을 하면서 억압의 결과를 낳게 되고 이것이 사랑에 대한 방해 요인이 될 수 있습니다. 그리고 이것이 불감증의 원인이 된다는 것이지요. 15년을 억압할 수 있었던 시어머니는 불감증으로 고통받을 수밖에 없었다고 볼 수 있습니다.

---

29 위의 책, 157.

문제는 더 이상 애정관계에 있지는 않지만 계속 구속의 상태로 그들의 첫 남편에 집착하는 여자들에 대한 것입니다. 프로이트는 이것을 첫 남편에게서 벗어날 수 없는 것이 아니라 남편에 대한 그들의 복수를 완결한 상태가 아니기 때문이라고 봅니다.[30] 더 큰 문제는 그녀가 복수하려는 무의식적 충동을 전혀 자각하지 못하고 있다는 것이지요. 복수에 대한 무의식적 충동, 이것이 바로 여자들의 불감증의 원인이라니, 사실 남자의 입장에서는 정서적으로 받아들이기 쉬운 것은 아닙니다.

영화에서 호정은 적어도 불감증으로 고통받는 여자는 아닌 듯이 보입니다. 그녀는 남편이 사정을 끝낸 뒤에도 만족되지 못한 성욕을 자위로 해소하지요. 또 남편에게 만족할 수 없는 욕망을 자신에게 눈길을 주고 자신을 뒤쫓는 17살 고등학생에게서 찾는 것을 보면 불감증으로 고통받는 여자라고 볼 수는 없겠지요. 그녀는 일부러 고등학생이 찾는 동네 작은 영화 상영관으로 달려가 자연스런 만남인 것처럼 가장합니다. 그리고 고등학생의 관심에 모르는 척 잡혀 줍니다. 실상은 잡은 것이지요.

이 영화에서는 호정이 고등학생과의 섹스를 통해서 신음하며

---

30 위의 책, 158.

최절정의 오르가즘을 경험합니다. 그리고 임신을 하게 되지요. 호정이 그의 친구들과 전화 통화한 내용을 반추해 본다면 그녀는 이미 첫 남편에게 자신의 순정을 바친 여인이 아니었다는 것을 알 수 있습니다. 그녀는 영작에게 자신의 처녀성을 빼앗긴 것에 대해 복수할 이유가 없었겠지요. 그래서 그녀는 쉽게 남편 영작에게 아웃을 선언할 수 있었고 쉽게 떠날 수 있었던 것입니다. 호정이의 경우 다른 애인이 더 필요했던 이유는 남편에게 복수할 계산이 남아 있지 않았기에 오히려 더 쉬웠을 수도 있습니다.

사실 호정의 태도, 곧 남자의 불륜에 대한 여성의 맞불작전은 여성이 누구엔가 종속되거나 구속되지 아니하는, 곧 부성적 이데올로기에 구성되지 않으려는 페미니즘과 연관해서 이해될 수 있습니다. 그러나 아무리 성적으로 개방된 사회라 할지라도 처녀성에 대해 높은 가치를 부여하는 관습이 여전히 남아 있다고 보아야 합니다. 여전히 많은 남자들이 자신의 여자는 다른 남자와의 성 경험이 없어야 한다고 생각하니까요. 이러한 생각들은 여전히 남자와 여자들의 무의식 속에서 작동하며 성적 불감증을 만들어 내는 원인이 됩니다. 이 때문에 여자들도 무의식 속에서는 항상 다른 애인을 찾을 수 있다는 추측이 가능하게 됩니다.

오이디푸스 콤플렉스의 삼각관계는 항상 상처 입은 한 아동을 떠올리게 합니다. 아들이 엄마의 남편 역할을 대신할 수는 없기 때문입니다. 물론 예외 상황이 없는 것은 아니지만요. 아들은 아버지와의 적대 관계를 청산하고 아버지의 명령을 따라야 합니다. 이때 아들은 자기애적 상처를 입게 됩니다. 그렇다고 해서 아들이 완전히 굴복한 것은 아닙니다. 잠시 자신의 욕망을 억압하지만 후일을 기약하게 됩니다. 이 오이디푸스 콤플렉스는 이후의 삶 속에 반복적으로 전이되어 나타날 수밖에 없게 됩니다. 그리고 삶에서 이러한 삼각관계가 일어날 때마다 상처받은 한 대상이 반복적으로 나타날 수밖에 없게 됩니다. 이때 상처받은 제3자는 어려서 자신에게 상처를 주었던 사람에 대한 복수의 대상이 되는 것입니다.

불륜적인 모든 관계는 사실 이러한 상처받은 제3자가 항상 나타날 수밖에 없는 구조를 갖고 있습니다. 분명 호정은 자유분방하고 이제부터라도 자신의 삶을 살겠다고 다짐하는 시어머니를 같은 여자의 입장에서 이해하고 알코올 중독으로 고통스럽게 죽어 가는 시아버님과도 쿨하게 술자리를 같이하고 병 수발도 잘하는 여자입니다. 성적인 문제에서도 그녀는 개방적이고 자유스러운 생각을 가진 여자입니다. 그러나 이러한 개방적 태도에도 불구하고 불륜의 모든 밑바닥에는 보이지 않는 삼각관계가 전제될 수밖에 없게 됩니다. 부인 호정이의 다음과 같은 전화 통화 내용에서 우리는 그것을 읽을 수 있습니다.

결혼하고 오히려 더 섹스를 하지 않잖아! 처녀 때는 그래도 유부남
에 총각에 숫총각에 그것도 약혼녀 있는 놈들… 다 했잖아!

호정이 과거에 유부남, 혹은 약혼녀를 가지고 있는 총각과 관계를 맺었다는 것은 다른 연인 사이에 끼어들어 삼각관계를 만들었다는 이야기와 같은 것이지요. TV 드라마나 영화에서 누구에게도 구속되어 있지 않았거나 결혼하지 않은 여자, 혹은 결혼했지만 구속받지 않은 부인은 결코 사랑의 대상이 되지 못하고 오히려 복잡한 삼각관계망 안에 있는 사람만이 관심의 대상이 되는 것을 볼 수 있습니다.

〈바람난 가족〉에서 고등학생은 호정과 그의 남편 주영작 사이에서 오이디푸스 콤플렉스의 삼각관계를 만들어 냅니다. 영작의 혼외 애인인 정부(精婦)의 입장에서는 호정이와 주영작 사이에서 삼각관계를 형성합니다. 여기에서는 호정이 상처받은 3자가 되는 것이지요. 남편이나 약혼자로 혹은 친구로서 소유권이 있는 여성만이 이렇게 갈등의 대상이 됩니다. 고등학생의

성에 관한 여덟 가지 풍경

입장에서는 오이디푸스 콤플렉스로 인한 아버지의 억압에 이제 굴종하지 않겠다는 저항의 대상이 주영작 변호사로 대치된 것이지요.

어느 남성에게도 속하지 않는, 무시받고 거부당하는 여자도 한 남성에 속하게 되는 순간 즉각적으로 열정적 대상이 되는 것은 바로 이러한 사실을 입증하는 예가 될 수 있습니다.[31] 우리가 생각할 때 이것이 단지 이야기를 흥미롭게 전개하기 위해 꾸며 낸 이야기 같지만 이러한 이야기들이 인기를 끄는 이유는 드라마의 갈등 상황을 통해서 인간은 자신 안에 숨어 있거나 억압되어 있는 갈등의 문제와 다시 만날 수 있는 가능성이 열리기 때문입니다.

성적 충동을 한층 더 고양시키기 위해서 인간들은 거의 상처 입은 제삼자를 필요로 합니다. 이것은 성적 열정을 위한 관습적인 장애물인 것이지요.

영화 〈바람난 가족〉에서는 식구 모두에게 금기가 없습니다. 모두가 성적으로 자유분방하고 가족 모두가 바람이 났습니다. 심지어 환갑의 나이이며 남편이 간암으로 병원에 입원해 있는 상황에서 시어머니는 남자 친구를 만납니다. 이 가족에게는 "너

---

31 S. Freud, 「사랑을 선택하는 특별한 기준」, 183.

나 잘해! 네 앞길이나 잘 살펴!" 하는 식의 말투가 난무합니다.

삼각관계는 어머니가 아버지에 속한다는 사실, 그리고 아버지가 어머니에 속한다는 사실이 갖는 본질적 구조입니다. 상처받은 제삼자는 다른 누군가가 아닌 바로 아버지가 될 수도 있고 어머니가 될 수도 있습니다. 이러한 공격성과 가정에 대한 파괴성, 갈등 상황에서만 성적 열정이 극치에 달하는 이 구조의 문제를 가볍게 여길 때, 도대체 내가 왜 이미 결혼한 배우자와의 삼각관계로 고생하며 살아야 하는가, 사는 것도 힘들어 죽겠는데 내가 왜 이러한 갈등 상황까지 해결해야 하는가 반문하며 방치하게 됩니다. 그것이 바로 영작과 호영의 가정에서 일어나고 있는 상황입니다. 그리고 이것이 호정이 맞바람을 피우는 이유입니다.

우리는 항상 이러한 갈등 구조에 내 배우자가 노출되어 있다는 것을 받아들여야 합니다. 외도하는 남자의 대부분은 누군가 그것도 자기의 부인이 이 갈등 상황에서 자신을 건져 주기를 바라고 있지 않을까요? 물론 여자의 경우도 마찬가지입니다. 그러나 맞불작전으로 가기가 쉽겠지요. 이러한 이해하기 어려운 이중적 태도의 복잡한 구조는 인간들이 겪어 내야만 하는 운명인 것입니다. 외도는 이미 사건 이전에 구조인 것입니다. 여자들이 가정이 있는 유부남을 유혹하는 것은 바로 이 상처 입은 제3자

(유부남의 부인)를 자신의 못다 한 복수의 대상으로 대치하는 것
이지요.

4   여자는 태어나지 않는다?

    —— 대부분의 여성들은 길을 가면서도 같은 성, 곧 여성들
을 쳐다보지 멋있는 남성을 쳐다보지 않습니다. 여성의 관심은
남성이 아니라 여성입니다. 여성은 여성적인 여자를 보면서 여
자를 부러워합니다. 여자는 남자의 욕망을 불러일으키는 타자
가 되기를 원하며 남자가 향유하는 그 자신을 타자로서 향유하
는 주체라는 말이 바로 이 말입니다. 즉 여성은 '여성성'을 즐기
고 있는 것입니다. 여성성은 '타자의 욕망' 그 자체를 즐기는 성
향을 말합니다. 즉 남성이 자기를 좋아해 주는 그 자체를 향유
하는 것입니다.[32] 남자의 사랑, 그것을 즐기는 것이지 남자를
좋아하는 것이 아니라는 것이지요.

    영작의 애인이 여러 남자와 잠자리를 하는 이유가 여기에 있
습니다. 남성성은 타자의 욕망이 되는 것이 아니라 타자를 욕

---

32 Lacan, J. The Seminar of Jacques Lacan Book ?, Translated by Alan Sheridan
    (U.S.A: Norton, 1998), 74-75.

망하면서 자신을 내어 주는 것입니다. 누군가를 좋아하면서 자신 안에 있는 모든 에너지를 성적 대상에게 주고 자신은 빈껍데기가 되며 콩깍지가 씌워지는 이 상황을 즐기는 것은 남성성입니다.

물론 여성에게도 이런 남성성의 성향이 없는 것은 아닙니다. 이것은 여성 속에 있는 남성성이겠지요. 그러나 대부분의 여성은 자신의 여성성을 추구하는 경향이 강합니다. 물론 나이가 들어가면서 여성의 이러한 성향이 바뀌기는 하지만요.

타자가 자신을 사랑해 주는 그 자체를 즐기는 것이 여의치 않을 경우, 여성은 종종 자신의 남성성을 부각시키거나 아니면 자기애적 상처와 영원히 채울 수 없는 구멍으로 고통받게 됩니다. 남자에게 주어지는 이 미션, 곧 자신의 부인을 천덕꾸러기로 만들 것인지 아니면 귀부인으로 만들 것인지는 남편의 태도에 달려 있는 것이지 여성에게 달려 있는 것이 아니라는 이 정치적 수사 앞에 여자들은 어떻게 처신해야 할까요?

시몬느 보봐르의 "여성은 태어나는 것이 아니라 만들어지는 것이다."[33]라는 이 명제는 여전히 유효한 것일까요? 여성이 자신의 주체성을 버리고 남성에 의해서 자신의 가치가 결정되어

---

33 Simone de Beauvoir, 조홍식 역, 「제2의 성」, 을유문화사, 1993, 301.

성에 관한 여덟 가지 풍경

야 하는 수동성에서 벗어날 길은 없는 것일까요? 페미니스트 철학자 하이트는 "성적 쾌락을 얻기 위해서 여자도 자신이 원할 때 오르가즘을 느끼고, 자신의 흥분을 자기의 것으로 받아들이기 위한 능력을 자기가 소유해야만 한다."[34]고 말합니다. 페미니스트 운동이 이 정도의 차원에 머무는 것일까요? 그래서 남편 말고 다른 애인을 가져야 정말 자기를 찾을 수 있는 길이 열리는 것일까요?

정말 남자가 여자에 대해서 사회적 · 경제적 · 정치적 · 육체적 권력을 모두 쥐고 있는 것[35]이 사실일까요? 여성에 대한 남성의 권력이 없는 것은 아니지만 과도한 일반화는 문제의 본질을 왜곡할 수 있습니다. 그 반대의 경우도 충분히 일어날 수 있으니까요. 여자의 관능성에 과도한 이상화와 경의를 표하는 남자들도 많이 있지요. 오히려 여자들은 성을 무기로 남자들을 조정할 권력을 가질 수 있음을 우리 모두가 아는 사실입니다. 여자는 남자에 의해서 만들어진다는 말은 사실 맞기도 하고 틀리기도 한 말입니다.

프로이트는 여성이나 남성 모두에게 오직 남성적 리비도만 존

---

34 안드레아 도킨, 홍영의 역, 『여자는 무엇으로 사는가』, 문학관, 1990, 206. 재인용.

35 위의 책, 207.

재한다고 말합니다. 그러나 남성적 리비도는 항상 도착과 환상에 휘말리는 특징을 갖습니다. 여자는 남자들에 의해서 만들어진다는, 여자는 존재하지 않는다는 사변적 구조에서 벗어나기 위해 여자는 반드시 태어나야만 합니다. 여자는 모태에서 이미 여자로 태어난 것입니다. 그리고 여자로서 한 인격의 주체로, 지, 정, 의를 총괄하는 여성으로서 다시 태어나야 합니다. 이를 위해서 여자는 해산의 고통(정신적 해산의 고통)을 통과해야 합니다. 여자는 타자에 의해서 만들어지는 것이 아니기 때문입니다.

5   착각

──── 호정과의 이혼을 결심한 영작은 자신의 애인을 찾아가지만, 그녀는 다른 남자와 함께 자고 있었습니다. 그녀는 한 남자에게만 만족할 수 없는 여자였습니다. 영작은 소외의 느낌으로 허탈해하며 사무실 여직원과 하룻밤을 보내기도 합니다. 여직원을 사랑해서가 아니라 그저 어디든 그 욕망을 발산해야 했기 때문입니다. 그는 여직원의 몸을 욕망을 해소하는 도구로만 보았습니다.

다시 주영작은 새롭게 차린 부인 호정의 무용실을 찾아 새로운 출발을 약속해 봅니다. "앞으로 잘할게!" 그러나 그녀는 영작에게 임신 사실을 이야기합니다. 자신의 아이인 줄 알고 "앞으로 잘할게."라고 계속 새 출발을 다짐해 보는 남편에게 호정은 "이 아이는 당신의 아이가 아니야."라고 말합니다. 영작은 입양아 수인이를 한 번도 내 아들이 아니라고 생각한 적이 없다며 그 아이도 내 자식처럼 자신이 키울 수 있다는 투로 자신을 받아 달라고 사정합니다. 그러나 호정은 "넌 아웃이야."라고 선포하지요.

영작은 부인의 무용실을 나오면서 점프를 하며 공중에서 자신의 두 다리를 부딪치는 조적인 동작을 보입니다. 이제는 "자유다!"라고 외치는 것이지요. 호정은 재빨리 보이지 않는 남편 영작의 발자국을 걸레로 뛰어다니며 지웁니다. 그리고 영화의 막이 내립니다.

보이지 않은 영작의 흔적을 지우려는 행위, 그리고 점프하며 발을 부딪치는 조적 행위는 무엇을 말할까요? 주영작의 그 행위는 해방에 대한 기쁨을 표현한 것이겠지요. 남자는 잡히기를 원하면서 항상 도망갈 준비를 하니까요. 그리고 새로운 어떤 구속이 자신을 기다리고 있다는 착각을 하는 것이지요. 그 성적 구속은 또 그를 허탈하고 외롭게 만들겠지만요. 남자들은 이 환상을 결코 포기하지 않습니다. 그래서 그는 또 다른 대상을 찾아 나서게 될 것입니다. 끝없는 다카포 아리아(Da Capo Aria)[36]가 전개되는 것입니다.

호정이 영작의 흔적을 지우고 새 출발을 하길 원합니다. 그녀는 젊은 연하의 고등학생을 통해서 오르가즘의 절정을 체험했습니다. 그리고 그 남자의 아이를 낳기로 결정하지요. 그러나 그녀도 알아야 할 것이 있습니다. 여성들의 경우에는 남성이 처음에는 자신을 높이 평가하다가 일단 소유하고 나면 낮게 평가하는 태도에 직면해야 한다는 것입니다. 다행히 여자에게는 남성에게 발견되는 과대평가와 같은 규칙이 남자보다는 덜하기는 합니다.[37]

그러나 한쪽이 먼저 열정을 잃으면 상황이 복잡해집니다. 분명한 것은 성적 만족이 환상이나 상상이 아닌 실현이 될 때마다 그 쾌감은 줄어들게 된다는 것입니다. 이렇게 볼 때 그녀 역시 자신의 결여를 메꾸기 위해 새로운 남자를 찾았지만 결국 이 역시 '결여'요 '착각'이라는 것을 시간이 지나면서 깨닫게 될 것입니다.

---

36 '다카포 아리아는 음악에서 반복을 표시하는 기호입니다. 'Da'는 영어의 'from'에 해당되고 'Capo'는 'head', 곧 '머리'라는 뜻입니다. 처음으로 다시 돌아가서 반복한다는 의미입니다.

37 S. Freud, 김정일 역, 「불륜을 꿈꾸는 심리」, 열린책, v.9, 1998, 171.

성에 관한 여덟 가지 풍경

6   삶을 운전한다는 것

── 주영작은 출장을 핑계로 외도 여행을 즐기다가 술에 취한 채 오토바이를 몰던 우편배달부와 접촉사고를 냅니다. 피해자를 병원에 입원시키자마자 혈액을 뽑아 알코올 농도를 측정합니다. 그리고 자신의 접촉사고를 숨기고 자신에게 유리한 쪽으로 사건을 조작합니다. 법을 잘 아는 변호사니까요.

우편배달원은 비록 음주 상태에서 오토바이를 운전하고 있었지만 주영작의 잘못도 없는 것은 아니었습니다. 우편배달원 입장에서는 음주운전 사실이 밝혀지면 생계에 타격을 받을 수밖에 없는 실정이었습니다. 이 때문에 그는 변호사사무실을 찾아 제발 그 기록만은 제거해 달라고 사정합니다. 그러나 경찰에 기록된 사실은 바뀔 수 없었고 그는 큰 피해를 입게 됩니다.

원한을 품은 우편배달원은 아들 수인을 공사 현장에서 떨어트리고 자살을 합니다. 남편 영작은 아들을 잃은 충격과 슬픔 그리고 그 죄책으로 괴로워하며 "그 원인이 왜 나에게만 있느냐? 너도 바람을 피우지 않았느냐?"는 식으로 몸싸움을 벌립니다. 이 싸움으로 호정이의 손가락이 부러지고 깁스를 하게 됩니다.

자동차를 모는 것은 우리가 우리 인생의 주체가 되어 우리 인생을 운전하는 것에 비유할 수 있습니다. 운전 중 한눈팔면 사고가 나는 것처럼 우리가 배우자와 가정을 꾸려 나가면서 한눈을 팔면 문제가 발생한다는 비유를 감독은 이렇게 말하고 있습니다. 이 영화가 어떻게 살 것인가에 대해 분명한 답을 주지는 않지만 이렇게 사는 것은 답이 아니라고 분명히 말하고 있습니다. 너도 바람피우니 나도 맞바람피운다는 식은 분명 아니라는 것이지요. 영화는 분명 한눈팔고 우리 인생을 운전한다면 어떤 결과를 가져올지에 대해서 우리에게 강력하게 경고하고 있는 것입니다.

남자나 여자가 외도해야 되는 이유는 수없이 많습니다. 우리는 자연스럽게 그리고 아주 뻔뻔하고도 당당하게 영화처럼 외도를 자행할 수 있습니다. 감독은 주영작의 삶을 통해서 운전 중 다른 짓을 하다가 교통사고를 유발했고 거기에 교통사고의 원인이 있었다고 분명히 말하고 있습니다. 입양아 수인이가 죽은 것이 바로 영작이의 외도에 있음을 암시하고 있습니다.

가정은 책임의 부분입니다. 사랑으로만 가정이 지켜질 수 없습니다. 영화는 왜 가정을 목숨처럼 지켜 내야 하는지에 대해 암묵적으로 이야기하고 있습니다. 영화는 분명히 얼마나 성적 충동을 잘 다루어 내느냐가 그 인생의 성공과 실패를 가늠한다고 그리고 성 충동을 어떻게 잘 다루고 승화시켜 내느냐가 곧 가

성에 관한 여덟 가지 풍경

정을 지키는 열쇠가 된다고 간접적으로 말하고 있는 것입니다.

우리가 이 영화를 보면서 혼동하지 말아야 할 것은 이 영화가 자유연애를 부추기는 영화가 아니라는 사실입니다. 한번 생각해 보자는 것이지요. 어쩌면 우리 무의식 안에는 모두가 한눈을 팔고 바람을 피우고 싶은 생각을 가질 수 있습니다. 이것을 행동으로 옮기느냐 아니냐의 차이만 있는 것이지요. 불륜이 일어나는 메커니즘을 잘 이해하는 것은 우리의 욕망을 다루고 우리의 삶을 운전하는 데 꼭 필요한 것입니다.

침묵의 영성가 토마스 머튼(T. Merton)은 자신의 에세이에서 사랑이 어떤 한순간의 빠져듦으로 묘사되는 것에 대해 이것이 미국식 사고방식이라는 점을 지적합니다. 영어는 '폴인 러브'이지만 불어는 '사랑하게 되다'라고 표현하고 이태리어와 스페인어의 라틴 계통은 사랑을 '매혹시키다'라는 능동적인 표현을 사용한다고 말합니다. 미국언어의 사랑에 빠진다는 말의 의미는 사실 운명적이거나 어떤 예기치 않은 재난을 이야기한다는 것이지요.[38]

무언가 잘못된 구덩이에 빠졌는데 길 가던 누군가가 이 재난에서 건져 주어 간신히 목숨은 건졌다고 치더라도, 또 옆에서 이 광경을 보는 사람들이야 흥분하거나 재미를 느낄 수도 있겠

---

38 토마스 머튼, 위미숙 역, 『양심, 자유 그리고 침묵』, 자유문학사, 1983, 33.

지만 문제는 넘어지고 자빠지는 과정에 머리가 깨지거나 팔이 부러질 수 있다는 것입니다. 이것이 사랑이라면 좀 우습지 않겠느냐는 것이지요.[39]

사랑은 이렇게 우연히 일어나는 사고가 아니라 삶을 살아가는 특별한 방식이요, 삶의 열정이고 충만함이라는 것이지요. 거기에서 삶의 모든 잠재적인 창조의 가능성들이 나타나고 다른 사람과의 소통이 일어나고 이러한 만남과 교류 속에서만 나에게서 벗어날 수 있는 길이 열리게 된다고 말합니다.[40] 그는 사랑은 받기만 하는 요람을 뛰어넘어, 충만하고 다양하고 풍요로운 삶의 경험을 주는 우리 마음 깊은 곳에서 역사하는 무엇으로 창조적 힘과 창조적으로 반응하는 힘을 줄 수 있다고 말합니다. 사랑을 통해서 관계를 배우고 일상의 자기를 넘어서고, 더 생기 있고, 더 이해하고, 더 참을 줄 아는 더 많은 능력을 가진 새로운 존재로 태어날 수 있다는 것입니다.[41]

오늘날 현대 대중드라마에 기본적으로 흐르는 코드는 윤리를 배재한 인간의 욕망과 퇴행입니다.[42] 삶이 살 만한 가치가 있는

---

39 위의 책, 33.

40 위의 책, 34-35.

41 위의 책, 42-43.

42 이러한 성해방을 주장하는 대표적인 학자는 빌헬름 라이히(w. Reich)입니다. 그는 병의 원인을 성적억압으로 본다는 점에서 프로이트와 같은 입장에 있지만

것은, 인간이 인간됨으로 살아갈 수 있다는 희망이 있기 때문입니다. 성(性)은 아름다운 것입니다. 아름다운 것은 아름다움으로 보존되어야 합니다. 금기와 억압만으로는 그 아름다움을 누릴 수 없고 또 금기 없이 아름다움을 향유할 수 없는 이 역설 때문에 사랑은 예술입니다. 사랑의 아름다움은 욕망과 사랑을 통합할 수 있는 능력 안에 있습니다. 그리고 그 안에는 윤리도 자연스럽게 따라오게 됩니다.

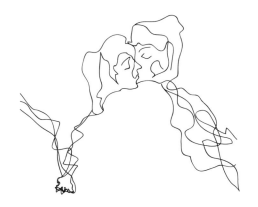

해결 방법에서는 서로 다른 입장을 취합니다. 라이히는 후기구조주의 학자들에 의해서 새롭게 조명되는 학자이기도 합니다.

풍경 8.

미투 운동에 대하여

〈피고인(The Accused)〉을 중심으로

산업문명의 발달 속에서 사회적으로 허용될 수 있고
또한 바람직하다고 여겨지는 성적 만족의 범위는 이제 크게 확대된 것 같지만
오히려 이로 인한 쾌감원칙은 약체화되었을 뿐 아니라
기성사회와 양립할 수 없는 요구는 결코 사회가 허락하지 않습니다.

(H. 마르쿠제)

감독: 조나단 카프란(Jonathan Kaplan)

1   1988년의 미투 운동

—— 미투 운동은 2017년 10월 미국의 유명 영화제작자 하
비 와인스타인의 성폭행이 고발되면서 그동안 쌓여 왔던 여성들
의 분노가 SNS의 해시태그(#)를 통해서 전 세계로 확산된 운동
입니다. 한국에서도 이 미투 운동이 정치, 종교, 교육, 문화 예
술 등 전반에 파급되었고 가해자들의 가면이 벗겨지면서 그동안
쌓아 왔던 명예가 한순간에 추락되는 일들이 일어났습니다. 어

떤 유명인사는 유서를 쓰고 자살하기도 했고 어떤 이들은 이 문제로 아직도 법적 다툼 중에 있기도 합니다.

미투는 말 그대로 "나도 당했다"라는 의미입니다. 사실 성(性)은 사람에 따라 그 정도가 다르기는 하지만 사실보다는 환상(symbol)으로 가공되거나 진실이 은폐된 경우가 많아 오해와 논쟁의 여지가 없는 것은 아닙니다. 그러나 권력이 개입되거나 힘으로 인한 강제적 침범의 경우에는 사실 가해자와 피해자의 구분이 뚜렷이 드러나게 됩니다. 그러나 논쟁의 여지가 있는 미투의 문제는 피해자의 환상을 다루기보다는 가해자인 남자들의 환상을 다루어야 문제의 실체를 더 쉽게 드러낼 수 있습니다.

사실 선진 산업문명은 성적 자유가 크게 확대됨으로써 기능해왔다고 볼 수 있습니다. 성적 자유는 자체가 시장가치가 되고 또한 사회적 습속요인처럼 기능하는 것이 현대의 문명입니다. 문명은 육체가 노동의 도구이기를 거부하지만 않는다면 어느 정도 성적 방종과 충동을 허락하는 쪽으로 묵인하고 있지요.[1] 한병철은 피로사회에서 성과사회의 탈규제의 경향, 곧 생산성이 일정한 수준에 도달하면 금지의 부정성은 그 이상의 생산선 향

---

[1] H. 마르쿠제, 박병진 역, 『일차원적 인간』, 한마음사, 2017, 122.

상을 가로막는 걸림돌로 작용되어 능력의 긍정성은 당위의 부정성보다 더 효율적으로 작동된다고 주장합니다. 이렇게 당위에서 능력으로 방향을 전환하면서 현대사회의 성과 주체는 규율단계를 졸업하게 된다는 것이지요.[2]

그러나 성도덕에 관한한은 좀 더 예민하게 반응하는 것이 사회적 무의식 안에 잠재하고 있는 것도 사실입니다. 성에 관해 사회적으로 허용될 수 있는 만족의 범위는 이제 크게 확대된 것 같지만 기성사회와 양립할 수 없는 요구는 결코 허락되지 않는다는 것입니다.[3] 이 부분에서 많은 남자들이 속고 있는 셈입니다. 성적 방종이 허락되는 분위기를 국가가 만들어 놓고 어느 시점에 이르면 도덕의 이름으로 성적 자유를 반납하라 하니까요.

가장 많이 속고 있는 사람들이 예술가의 경우입니다. 예술을 하려면 성적 자유에 대해서는 어느 정도 묵인이 있어야 한다는 묵시적인 사회 분위기도 있습니다. 그러나 사회와 국가, 그리고 문명은 필요할 시 가차 없이 제제를 가하지요. 때문에 남자들은 명석한 분별력과 절제의 능력이 없이는 문명사회를 살아간다는 것이 여자들보다 결코 쉬운 일은 아닙니다.

---

2   한병철, 김태환 역, 『피로사회』, 문학과 지성사, 2010, 24-25.

3   H. 마르쿠제, 『일차원적 인간』, 123.

성에 관한 여덟 가지 풍경

영화 〈피고인〉은 미국의 한 도시의 작은 술집에서 일어난 강간 사건을 다룬 내용입니다. 밀빠의 구석진 게임 룸에서 사라(Sarah Tobias)가 3명의 남자에게 집단 강간을 당했고 경찰은 현장에서 용의자 두 명과 학교 교정에서 대학생인 봅을 체포하여 기소합니다. 문제는 이 사건에 대해서 법정은 가해자인 남자들 편에 서 있고 담당 지방 여검사인 캐서린(Kathryn Murphy)조차 사라가 어떤 여자라는 것을 알고 난 후, 이 사건에 대해 회의적 시각을 갖는 것입니다. 사라는 당시 음주 상태였고 선정적인 옷차림으로 야한 춤을 추었습니다.

바람을 피운 애인과 다투고 나온 사라는 농담으로 "봅과 애인 앞에서 섹스하고 싶다."는 말을 합니다. 뒷좌석에서 이 말을 들은 봅은 사라가 꼬리치는 것으로 오해하게 됩니다. 무엇보다 당시 사라는 마리화나를 피웠습니다. 검사 캐서린도 이 사건이 사라에게 그리 유리하게 작용될 것 같지 않다는 판단으로 상대 변호인단의 프리바게닝(plea bargaining: 상대 변호사가 죄를 인정하는 대가로 형량을 줄여서 판결하는 것)을 받아들입니다. 처벌은 하되 특수 강간이 아니라 단순폭행혐의로 축소해서 일단 처벌하는 조건만 만족시키자는 것입니다.

이 결과가 방송에 나간 후 사라의 입지는 더 곤란해집니다. 그녀는 자신을 감추기 위해 머리를 자르고 레코드가게에 들르지만

성에 관한 여덟 가지 풍경

거기서 당시 강간을 부추겼던 한 남자가 그녀를 알아보게 됩니다. 그는 사라에게 치근덕거리며 잠자리를 요구하지요. 거절했음에도 끈덕지게 따라다니며 놀려 대는 이 남자는 급기야 차를 가로막으면서까지 성희롱을 합니다. 사라는 분노하며 두 번이나 자신의 차를 뒤로 후진시킨 후 상대의 차를 박살냅니다.

여검사 캐서린은 병원에 입원한 사라와 성희롱 남자를 교차 대면한 후 사라가 갈보나 창녀 취급받는다는 사실을 알게 됩니다. 남자들의 성차별적 인식이 얼마나 잘못되었는지 절감하게 된 그녀는 사라의 강간 사건을 잘못 처리한 것에 대한 죄책을 갖게 되고 이 사건을 다시 법정에 올릴 방법을 강구합니다. 그것은 당시 사건 현장을 목격하면서 함께 흥분하고 환호하며 강간을 부추겼던 무리들을 강간교사죄로 처벌하는 것이었습니다.

작가의 이러한 의도적인 연출은 강간을 부추기고 방조하는 남성 위주의의 이 사회에 문제를 제기하는 것입니다. 어떻게 구경꾼까지 기소할 수 있느냐는 법전문가들의 충고를 무시하고 사건을 물고 늘어지는 여검사 캐서린의 집념은 바로 여성들이 성폭력의 근원이 가해자에게만 있는 것이 아니라 성추행을 방관하고 방조하는, 심지어 뇌물을 받고 공모하는 이 사회에 문제가 있음을 지적하고 고발하는 것입니다. 이것이 바로 미투 운동의 본질이지요.

이 영화는 강간에 관한 이야기 같지만 사실 세상의 모든 여자들이 사회와 법정에 대해 분노하는, 곧 미투에 관한 이야기인 것입니다. 사라가 분노로 자신을 조롱하는 남자의 차를 들이받는 모습은 오늘날 미투 운동을 하며 분노하는 여성들의 모습인 것이지요. 1988년에 문제를 제기한 이 영화가 주는 교훈은 여전히 유효하고 아직도 개선되고 있지 않다는 것은 참으로 아이러니한 일입니다.

이 사건을 맡게 된 지방 여검사 캐서린은 냉철하고 이성적인데 비해 사라는 비이성적이고 부주의하고 감성적이며 점성술을 의지하는 대조적인 여자로 나옵니다. 영화 〈피고인〉은 남성들의 성추행의 문제를 해결하기 위해 이 남성성과 여성성의 만날 수 없는 지평을 어떻게 소통하며 조화를 이루어야 하는가에 대해서도 우리에게 숙제를 남기고 있습니다.

2   미투와 강간의 차이

—— 영화 〈피고인〉은 사실 강간 또는 집단 윤간에 관한 영화입니다. 미투의 가해자는 사회적으로 힘과 권력을 이용하여 성상납을 강요하는 것이고, 강간이나 윤간은 사회적으로 힘을

갖지 못한 남자들이 물리적인 힘으로 여자를 제압하여 성폭행하는 것입니다. 방법은 다르지만 강간이라는 점에서는 같은 것이지요. 한쪽은 자발적 굴복을 원하는 것이고 두 번째 부류의 남자들은 강제로 성폭력을 행합니다.

외양적으로는 강간이나 윤간은 분명히 권력을 가진 자가 행하는 성추행보다는 무거워 보이는 것은 사실입니다. 그러나 힘없는 자가 성충동을 해결하는 방법은 약한 자를 강압하는 것 외에 달리 방법이 없겠지요. 이들이 집단적으로 윤간을 한다면 힘없는 자들에게는 죄책감을 나누어 가질 수 있다는 점에서 부담이 덜어지기도 합니다. 이렇게 약자가 행할 수 있는 유일한 방법은 물리적 강제나 집단적으로 행동하는 것입니다.

그러나 힘과 권력을 가진 자는 굳이 이렇게 할 이유가 없겠지요. 힘없는 자들의 좌절감과 열등감이 어떤 것인지 다음 대사를 통해 알 수 있습니다.

- 커트, 젊은 애를 잘 봐, 좀 배워야겠는데?
- 입 닥쳐.
- 이봐, 너무 작잖아! 커트, 어서 해! 커트, 게이인 것 아냐? 그런 말을 듣고 싶어?
- 입 닥쳐.

- 커트! 커트! 네가 챔피언이야! 커트가 나가신다. 어서 빨리해,
  커트!

남자들이 참지 못하는 것은 '너는 힘이 없다'는 것입니다. 거
시기가 작아서 불능이라는 말인데 사실 이 말은 페니스의 작고
큼을 이야기하는 것이 아닙니다. 힘없는 자, 사회에서 거세된
자, 성공하지 못한 자에 대한 콤플렉스를 이야기하는 것입니다.
사실 진정한 남자로 태어나는 것은 힘이 아니라 힘없음을 견디
어 내고 직면할 때입니다. 그렇지 않으면 늘 자신의 부족함을
다른 곳에 투사하고 약한 자에게 폭력을 가하며 거짓승리에 도
취하게 됩니다.

어쨌든 힘이 있는 남자라면 굳이 이런 물리력으로 여자를 건
드리지는 않습니다. 힘 있는 자들의 성추행은 교묘히 은폐되고
그것이 범죄라는 사실은 자연스럽게 감추어질 수 있습니다. 그
렇다면 모든 남자들은 어떤 방법으로든 강간을 하고야 만다는
이야기일까요? 물론 그것은 아닙니다. 힘없는 남자들도 성충동
을 억압하거나 다른 쪽으로 배출시키는 방법을 선택할 수 있습
니다. 아주 특수한 상황에서, 특별한 사람들만이 강간이나 윤간
을 합니다.

그러나 거의 예외 없이 남자들이 힘과 권력을 갖게 되면 성 범

죄를 일으킬 확률이 높아지게 됩니다. 이들은 성적인 부분만을 제외한 모든 다른 부분에서 인간적이고 훌륭하며 심지어 재능을 겸비한 사람들일 수 있습니다. 때문에 단순하게 힘과 권력을 이용한 야비한 행위, 갑질 정도로만 이해하기에는 무언가 석연치 않다는 느낌을 갖게 됩니다.

3   욕망의 노예: 신경증

—— 6주 동안 꼼짝없이 침상에서 움직이지 말아야 하는 절체절명의 상황에 있었던 경험이 있습니다. 저는 이 어둠의 터널 속에서 이러다 죽을 수 있겠구나 생각하며 잔뜩 겁먹고 있었습니다. 그때 지인 의사에게서 장난스러운 문자가 왔습니다. "병상을 왔다 갔다 하는 간호원에게 눈이 돌아가느냐?"는 내용이었습니다. 그때 저는 제 주위를 왔다 갔다 하는 젊은 간호원들에게 눈동자가 돌아가는 자신을 발견했고 이 상황을 문자로 보냈습니다.

그리고 다시 "그렇다면 살 수 있다!"는 답장을 받았습니다. 간호하는 여자에게 아무런 눈길이 가지 않을 정도로 성적 리비도가 바닥이 났다면 죽을 확률이 그만큼 높아진다는 이야기였습니다. 과학을 신봉하는 의사에게서 이런 말이 나왔다는 것이 재미 있지 않나요? 인간은 숟가락 들 힘만 있어도 그 생각을 한다는 이야기도 같은 말입니다. 이런 간결한 정리가 투박하기는 하지만 중요한 통찰을 주는 것은 분명합니다.

프로이트는 거의 모든 보통의 남녀가 신경증을 갖는 것은 보편적인 현상이고 그 원인을 성적인 것에서 찾습니다. 왜 '신경증'을 설명하기 위해서 성의 문제를 들먹이느냐고 의문을 제기할 수 있겠지만 성이 여전히 신경증을 이해하는 데 중요한 역할을 하는 것은 부인할 수 없는 사실입니다.

우리 모두가 신경증이 있다는 말은 우리 모두에게 성적인 환상이 있다는 말과 같은 것입니다. 힘과 권력이 있는 사람들이 성의 문제를 통과하기 어려운 것도 사실 같은 맥락에 있는 것이지요. 독재자나 아니면 어느 누구도 감히 도전할 수 없는 권력을 가진 자들은 항상 여자를 여럿 거느리지요. 그렇다면 보통 남자들이 그렇게 살지 못하는 이유는 무엇일까요? 정직해서일까요, 아니면 올바른 성도덕을 가지고 있어서일까요? 보통 사람에게도 힘이 주어진다면 여전히 도덕적으로 정직하게 살 수 있을까요?

프로이트는 신경증을 히스테리, 강박증, 공포증 등으로 분화시켜 설명합니다. 그리고 이 모든 정신질병을 성과 연관시킵니다. 프로이트는 이 사실을 증명하기 위해 집요하게 유아 시절부터 있어 온 성의 문제를 파고들어갑니다. 그래서 얻은 결론은 항상 그것이 유아의 성욕과 관계가 있다는 사실이었습니다. 또 유아성욕을 반복하네요.

영아 또는 유아는 엄마와의 살붙임을 통해서 곧 유아가 필요한 모든 것들을 엄마를 통해 제공받으면서 향락이 무엇인지를 맛보게 됩니다. 그러나 곧 그 경험은 상실되지요. 그것은 처음이자 마지막 향락이 됩니다. 애초부터 그런 경험이 없었다면 무엇을 잃었는지 무엇을 되찾아야 할지 알 수 없겠지만 한번 맛보았다가 잃게 되면 관성적으로 그 상실을 다시 되찾으려 합니다. 바로 이 상실감이 미투 운동을 유발한 남자들 신경증의 원인이라 할 수 있습니다. 유아 시절 경험했던 그 짜릿한 경험이 성인의 지각에 평생의 흔적으로 남아 지속적으로 영향을 미치는 이 현상은 실낙원에 대한 원초적 그리움과 비슷한 무엇입니다. 성 대상을 바꾸면 혹 비슷한 무엇을 경험하지 않을까 끊임없이 남자들은 바깥을 기웃거린다는 것이지요.

때문에 프로이트는 신경증을 도착증의 음성화로 생각합니다.[4]

---

4 S. Freud, 오현숙 역, 『성에 관한 세 편의 해석』, 을유문화사, 2007. 84,163.

즉 신경증을 도착증에 대한 방어로 보는 것입니다. 성도착을 부끄러워하고 비도덕적으로 생각하면서 억압하지만 다른 한쪽에서는 도착을 그리워하는 이것을 신경증이라고 보는 것입니다. 이 때문에 남자들의 마음속에는 항상 이 도착에 대한 향수, 그리움 같은 무엇이 잠재해 있다고 보는 것입니다.

결혼하고 외양적으로는 아름다운 가정을 꾸리고 있지만 마음 한구석에는 외도에 대한 불순한 생각을 가지고 있다는 거지요. 기회가 주어진다면 인간은 반드시 억압되었던 그 성적 향유를 다시 맛보려 한다는 것입니다. 이것이 바로 인간이 권력을 가졌을 때 이상한 짓을 할 수 있는 확률이 높아지는 이유입니다.

그러나 정상적인 신경증의 남자들은 결코 가정을 포기하지 않습니다. 단지 힐끗힐끗 유아 시절에 경험했던 그 세계를 맛보면서 경계를 넘나들기는 하지만 결코 사회에서 부여받은 자신의 위치(상징계)와 질서를 깨려 하지는 않습니다. 이 과정에서 미투가 발생하게 됩니다. 만약 이 선(가정을 지켜야 하는)을 넘어간다면 그는 이미 신경증의 상태를 벗어난 것입니다. 이때 가정도 자녀도 모두 버리고 그동안 쌓아올린 공든 탑도 일거에 부숴 버리지요. 이 점에 대해서 유아성욕 〈롤리타〉에서 자세히 살펴본 바 있습니다.

성에 관한 여덟 가지 풍경

문제는 성추행할 당시는 잠시 도착 상태에 빠져 이성을 잃지만 곧바로 다시 정신을 차리고 현실에 발을 딛게 되는데 이것이 바로 신경증의 특성입니다. 그리고 이것이 보통 남자들의 특성이구요. 여자들이 남자들을 이해하지 못하는 것이 바로 이 부분입니다. 한순간 경계를 넘어가 환상 속에 머물다가 다시 제자리로 돌아와 멀쩡해지는 이 부분을 여자들은 힘들어하는 것입니다. 분명히 이상한 짓을 해 놓고 아무 일도 없었다는 듯 모른 척하는 남자들을 여자들은 이해하지 못합니다.

　계속 미쳐 있거나 진실된 사랑이 지속된다면 사태는 달라질 수 있습니다. 진정한 사랑을 미투로 고발할 여자는 없습니다. 그러나 남자들은 그런 일이 언제 있었냐는 듯 정상 생활로 돌아갑니다. 이때 여자들은 남자가 자신을 사랑하거나 아끼는 것이 아니라 성적 욕망의 대상 또는 성적 욕망의 배출구로 취급받았다는 수치감으로 힘들어하고 자존심이 무너지게 됩니다. 남자들의 호소를 들어 보지요!

4　　먼저 유혹을 받았다구요?(남자들의 히스테리)

　- 항상 술로 마음을 달래나?

- 가끔은 대마초도 사용해요.

- 그곳에 가기 전에 술을 마셨었나? 대마초를 피웠던가?

- 맥주 몇 병 마신 것뿐이에요.

- 그곳에서는?

- 난 그날 취하지 않았어요.

- 옷차림은?

- 뭘 알고 싶은 거죠?

- 선정적인 차림이었나? 노출이 심하거나 야한 블라우스?

- 옷을 찢는 판에 그게 상관있나요?

- 그들의 성적 충동을 자극했나? 쇼를 했어?

- 내가 강간을 자청이라도 했단 말인가요?

- 넌 증인이야! 피고 측은 널 헤픈 여자로 몰고 갈 거야.

- 당신도 날 천한 여자로 보고 있나요?

  남자들이 오해하는 것은 여자들이 옷을 야하게 입거나 노출
이 심할 경우, 아니면 관능적인 몸짓이나 자태를 볼 경우, 그것
이 자신을 위한 것이라 생각하는 것입니다. 여자가 자기 자신을
위해서 그럴 수 있다는 생각을 하지 못하지요. 여자는 여자로서
자신의 여성성을 마음껏 드러내고 즐길 수 있는 권리가 있지 않
을까요? 옷을 잘 입을 권리, 여성으로서 여성성을 마음껏 드러

성에 관한 여덟 가지 풍경

낼 권리, 남자를 만족시키기 위한 것이 아니라 자신을 만족시키기 위한 권리.

물론 다른 사람에게 보이고 싶은 충동이 전혀 없다고 말할 수는 없겠지만 남자는 그 욕망을 막을 권리가 없습니다. 그것은 여자의 자유입니다. 그러나 남자들이 여자의 이러한 태도가 자신을 유혹하는 것이라 생각하는 것에 문제가 있습니다. 물론 남자도 성적 매력을 느낄 권리는 있습니다. 사실 그것은 권리가

아니라 자연스러운 것이지요. 그럼에도 거기까지입니다. 더 이상 선을 넘어서면 안 된다는 것이지요.

그러나 히스테리 신경증의 특징은 성적인 요소가 없음에도 불구하고 성적 흥분을 갖는 것입니다. 너무나도 순진하게 자신이 그러는 줄도 모르고 성적이지 않은 것을 성적인 것으로 여기고 타인에게서 지각한 모든 행동과 말, 또는 침묵들이 환상의 여과지를 통과하면서 성적인 의미를 부여하게 됩니다.[5] 물론 유혹을 주고받는 경우가 없는 것은 아니지만 남자들이 오해하거나 착각하는 경우가 더 많다는 것입니다.

사라는 술에 취한 체, 야하게 그리고 섹시하게 춤을 춥니다. 이때 주위의 모든 남자들은 환각의 상태에 빠져 이성을 잃게 됩니다. 이것이 과연 여자가 섹스를 원해서 하는 행동일까요? 사라는 유혹을 적극 부정합니다. 검사 캐서린 머피는 법정에서 사라가 강간을 거부했고 남자들은 그녀를 범할 권리가 없다는 것을 강조합니다. 남자들은 이 부분에서 억울해합니다.

우리는 이렇게 생각할 수 있습니다. 여자가 정숙해야지 그것도 밀바에서 담배 연기가 자욱하고 술과 마리화나를 피우는 그런 어둡고 불량한, 죄가 만연한 장소에 있다는 것 자체가 잘못

---

5 J. D. Nasio, 표원경 역, 『히스테리의 정신분석』, 백의, 2001, 29.

된 것이 아니냐고…. 그러나 사라는 자신의 행동에 대해서 전혀 죄책감을 갖지 못합니다. 그것은 그녀가 자신을 표현하는 방법이었고, 또 그녀는 취했고, 놀 만큼 놀았으니 이제는 가 보아야 한다고 분명하게 말을 하지요. 그러나 이미 늦었습니다. 남자들은 이미 흥분할 대로 흥분해 있었습니다. 여자와 남자의 생각에는 이렇게 엄청난 간극이 있는 것입니다.

그렇다면 여성성이란 무엇일까요? 영화는 사라와 여성 검사 캐서린 머피를 통해서 남성성과 여성성이 무엇인지를 극명하게 대비시키지요! 남성성은 논리적이고 합리적이고 이성적입니다. 검사 머피의 태도입니다. 사라는 검사 머피를 만날 때마다 점성술에 대한 이야기를 합니다.

- 점성술을 믿어요?
- 아니, 안 믿어.
- 운세를 줄게요. 몇 년생이죠?
- 1959년.
- 태어난 시간이 언제죠?
- 난 점성술 따위를 믿지 않아.
- 난 믿어요, 몇 시죠?
- 밤 7시, 8월 9일.

- 어디요?

- 포틀랜드 출생.

- 당신 사주가 아주 좋아요. 야심에 찬 성공의 사주예요. 공적인
  업무에 높은 분별력이 발휘되어서 장차 대통령 같은 거물이 될
  기막힌 사주예요.

- 네 사주는 어떻지?

- 잊어버렸어요.

- 기억 못 해?

- 일곱 번째 별자리인데 감정, 충실, 직감, 신비….

　영화에서 검사 캐서린 머피와 사라는 극명하게 대조되는 여
성상입니다. 검사 캐서린 머피는 여성성보다는 남성적인 측면
이 더 부각되는 사람이지요. 접근하기 힘든 엄한 학교 선생 같
은 이미지입니다. 검사 캐서린 머피는 사라에게 나도 그런 걸(감
정, 충실, 직감, 신비) 갖고 있느냐고 묻습니다. 검사 캐서린 머피
는 사실 그 여성성이 부러웠던 것이지요. 사실 사라의 여성성과
캐서린과 같은 남성성이 균형을 이룬다면 안정적인 여성상이 만
들어지겠지요.

　사실 사라의 여성성은 공격적으로 표현된 것입니다. 그럼에도
그녀의 의식 안에 전혀 성적인 생각이 없었고 사라가 결코 남자

를 유혹한 것은 아닙니다. 이것은 그녀가 그녀의 모든 성적 리비도(그녀의 무의식)를 그녀의 몸으로 전환시켰다는 의미와도 같습니다. 그래서 그녀도 억울하고 남자들도 억울해합니다. 문제는 거의 모든 남자들이 사라와 같은 여자를 보았을 때 정말 창녀처럼 보며 성애를 활성화시킨다는 것입니다. 여기에 남자와 여자의 간극이 존재하는 것이지요. 사라는 법정에서 다음과 같이 증언합니다.

- 남자 친구와 싸웠어요. 그래서 친구 샐리를 만나러 "밀" 바에 갔었어요. 일이 끝났을 것 같아 얘기 나누려구요.
- 샐리가 거기서 일해요?
- 웨이트리스예요. 그녀와 함께 자리에 앉아 얘기하는데 데니가 맥주를 보냈었죠. 샐리와 아는 사이라 합석해서 얘기를 나눴어요. 재미있는 농담을 했어요.
- 그다음엔?
- 사람들이 핀볼 게임하러 뒷방으로 갔어요. 데니와 같이 가서 봅과 게임을 하고 내 순서가 끝나 마리화나를 피웠어요. 그때 내가 좋아하는 노래가 나오길래 춤추기 시작했죠. 데니와 함께 춤췄어요. 그는 아주 밀착한 채로 내게 키스했어요.
- 좀 크게 말해 주세요.

- 내게 키스했어요.

- 그를 막지 않았나요?

- 술김에 하는 것이려니 하고 그냥 놔뒀어요. 그때 치마를 걷어 올
  리더니. 내 가슴을 움켜쥐었어요. 그를 밀어냈지만 허사였어요.
  내 목을 손으로 눌렀어요. 너무 힘이 세서 그러고 나서는….

- 계속해 주세요.

- 손으로 내 목을 조르면서 핀볼기계 위로 눕혔어요. 내 옷을 찢고
  치마를 들어 올리더니 거칠게 내 팬티를 끌어내렸어요. 움직이
  려 했지만 꽉 잡혀서…. 그리곤 손가락을 내 급소에 찔러 넣었어
  요. 그때 "눕혀!" 하는 소리를 들었죠. 커트가 내 팔을 잡았고 그
  들은 박수치며 환호했어요. 데니는 손으로 내 입을 틀어막았고
  난 눈을 감았어요. 그는 나를 범했고 뒤이어 다른 사람이…. 그
  들은 계속 즐거워했고 봅이 날 범했어요. 박수, 환호, 웃음소리
  가 가득했어요. 다음엔 커트를 부르며 소리쳤어요. 커트가 올라
  왔고 그들은 그의 이름을 외치면서 노래를 했어요.

- 무슨 노래였죠?

- '구멍을 찾아서'라는….

남자와 여자의 견해에는 분명한 차이가 있습니다. 남자들은
여자가 섹스를 원한다고 생각했지만 사라의 생각은 달랐습니

성에 관한 여덟 가지 풍경

다. 적당히 놀고 즐기고 그리고 집으로 가는 것이 그녀의 계획이었습니다.

- 내 아가씨, 술 취했어?
- 누구? 나? 어림없지. 이젠 가야 돼. 내일 일해야 하거든.
- 나도 일해, 나도 가야 돼. 좋아, 무슨 일하는데?
- 너무 마셨어, 집에 가야 돼. 웃긴 아저씨, 가야겠다고….

그러나 그녀의 의도는 무시당했고 강간을 당하게 됩니다. 남자들의 생각은 왜 약만 올리고 그냥 가냐는 것입니다. 남자가 가장 힘들어하는 것은 바로 이 지점이지요. 줄 듯 말 듯 약만 올리고 주지 않는 여자를 그냥 보낼 수 없다는 것입니다. 이때 남자들은 여자를 적대적으로 봅니다. 이것을 잘 아는 부모들은 자기의 딸들에게 몸 거지를 조심히 다루라고 주의를 줍니다. 특히 아빠들은 남자들의 착각을 잘 이해합니다. 검사 캐서린 머피는 강간을 교사하고 레코드가게에서 사라에게 성희롱했던 남자를 찾아가 대화를 요청합니다.

- 실례합니다. 귀찮게 해서 미안합니다. 무슨 일이죠?
- 그녀가 내 차를 박았소. 느닷없이 내 차를 박살냈어요.

- 이유를 아세요?

- 미친 여자예요.

- 그녀를 아십니까?

- 아니, 몰라요. 섹스 쇼를 벌이는 창녀예요.

- 봤어요?

- 물론 봤죠. 굉장한 쇼였지.

- 그건 강간이었어요.

- 실컷 즐기고 딴소리하는 겁니다. 그녀는 그걸 즐겨요. 다음 쇼
  를 기대한다고 전해 주세요.

　실컷 즐기고 딴소리한다는 남자들의 견해와 여자의 생각은 하늘과 땅 차이만큼 거리고 멉니다. 과거 화성연쇄살인사건에서 경찰은 사건에 대한 공통점을 찾아 주변 사람들에게 경고를 했습니다. 사건은 항상 저녁 9시 이후에 일어났고 그리고 외딴 길을 여자 혼자 걸어갔고 항상 비가 오는 날이었습니다. 이 경고를 받은 마을 사람들은 밤늦게 혼자 걷는 일을 피했고 특별히 비가 오는 저녁을 주의했습니다. 그러나 시간이 지나고 사람들이 이 사실을 잊을 만하면 또 사건이 발생했습니다.

　같은 길을 홀로 밤늦게 걸었던 것이지요. 그렇다고 이 범죄를 불러일으킨 원인이 피해자에게 있다고 말할 수는 없다는 것입니

다. 비가 옴에도 밤이 늦었음에도 그리고 같이 갈 사람이 없었음에도 불구하고 그 길을 혼자서 그렇게 가야만 하는 사람의 입장이 여자의 입장인 것입니다.

5   성적 충동의 우회 가능성

—— 영화에서 지속적으로 의문을 제기하는 것은 사라의 선정적인 옷차림과 노출, 그리고 그녀의 야한 몸동작입니다. 영화를 보는 사람의 입장에서도 "도대체 뭐야! 너무 섹시하잖아! 먼저 유혹한 거 아니야?" 하는 의문을 갖게 합니다. 분명히 사라의 온몸에서 성적 리비도가 발산된 것은 사실입니다. 심지어 여자들까지 '저건 아닌데….'라며 너무 야하다고 조언하기도 합니다. 같은 여자로서도 위험을 감지하지요. 그러나 사라는 전혀 그렇지 않습니다. 프랑스의 정신분석학자 나지오는 이에 대해 다음과 같이 이야기합니다.

외상의 폭력성은 의식에서는 느끼지 못했던 것이 무의식에서는 감지되어 성적 범람을 출현시킨다는 데 있다. 외상은 사고 순간에 아이의 자아가 과도한 긴장을 자신이 견딜 만한 것으로 누그러뜨리는

데 필요한, 불안의 부재에서 비롯된 무의식적 감정(affect)의 범람을 의미한다.[6]

사실 이것은 히스테리에 대한 프로이트의 견해입니다. 사라는 자신의 선정적인 옷차림과 그의 춤에서 나오는 성적 에너지에 대해 전혀 의식할 수 없었습니다. 그러나 그녀의 무의식과 몸은 성적 범람을 일으키고 있었지요. 이런 사태는 남자들이 가장 오해하기 쉽고 힘들어하는 장면입니다.

영화에서도 남자들의 강간이 진공상태에서 일어난 것이 아니라 분명한 문맥이 있었다고 말합니다. 때문에 프리바게닝으로 강간범들의 형량을 줄여 주기도 했지요. 문제는 이러한 심리학적 해석과 관계없이 어떻게 성충동을 아름다움으로 승화시키는가 하는 것입니다. 가능한 일일까요? 성충동은 반드시 성대상과 그 목표를 향해서 돌진하는 길 외에 다른 방법은 없는 것일까요? 성충동에 대한 프로이트의 견해는 어떨까요?

프로이트는 성충동을 반사작용이라는 생리학적 차원에서 유물론적으로 바라봅니다. 반사작용은 자극을 받은 물질이 그 자

---

6 J. D. Nasio, 『히스테리의 정신분석』, 39.

극의 영향에서 벗어나려는 것이 목적입니다.[7] 이 해석에서 성충동은 '조건반사'할 가능성이 거의 없고 '무조건적 반사'만 가능한 것으로 이해됩니다. 그리고 실제 프로이트는 여러 논문에서 성충동의 조건적 반사 가능성에 대해 지극히 부정적으로 이야기합니다. 성충동과 본능은 정해진 길이 있고 강박적으로 그 길로 가고야 만다는 것이지요.

그 이유를 프로이트는 본능이 외부에서 작용하는 것이 아니라 신체 내부에서 끊임없이 압력을 가하며 작용하는 것이기에 피하는 일이 쉽지 않다고 이야기합니다.[8] 만약 그 압력이 외부에서 오는 것이라면 피하면 그만이지요. 그러나 그것이 내면에서 작동하면 도망도 못 가고 무시간 무공간적으로 지속적으로 압력을 받게 된다는 것입니다.

그는 본능의 압력과 열망이 즉, 본능을 움직이게 하는 동력적인 계기가 본능의 본질이라고 생각합니다. 그리고 이 본능의 목표는 '만족'을 경험하는 것이라고 말합니다. 이 '만족'은 자극을 제거함으로 무자극상태가 되면서 달성됩니다.[9] 중요한 것은 이 본능이 목표를 향해 가는 길은 여러 가지 갈래가 있다고 보는 것

---

[7] S. Freud, 윤희기 역, 「본능과 본능의 변화」, 열린책, v. 13. 1998. 103.

[8] 위의 책, 104.

[9] 위의 책, 108.

입니다. 즉, 그 목표의 길 중간에 여러 가지 변수가 나타날 수 있다고 보는 것이지요.

때론 길이 막혀 다른 방향으로 비켜 갈 수밖에 없을 수도 있고 또 이런 과정에서도 부분적으로는 어느 정도 만족을 얻을 수 있다고 봅니다.[10] 이럴 경우 어느 정도 '조건반사'의 가능성이 암시됩니다. 이 이야기에는 결국 성충동이 조절 불가능한 것만은 아니라는 반증이 있습니다. 플라톤은 〈파이드로스〉에서 이렇게 말합니다.

이는 사랑의 대상이 되는 다른 것들의 경우에도 마찬가지네. 하지만 오로지 아름다움만이 가장 밝게 드러나고 가장 큰 사랑의 대상이 될 수 있는 특권을 갖지. 그런데 입회한 지가 너무 오래된 자나 더럽혀진 자는 아름다움 자체에 따라 이름이 불리는 이곳에 있는 것을 바라보면서 이것으로부터 그곳으로 아름다움 자체를 향해 재빨리 몸을 돌리지 못하기에 아름다운 것을 바라볼 때 경외심 없이 쾌락에 몸을 던져 네 발 가진 짐승처럼 올라타고 아이를 낳으려 하지. 무분별하게 몸을 섞으면서 두려움을 모르고 본성에 어긋날 쾌락을 좇으면서 부끄러움을 모르네. 반면 새로운 입회자, 즉 지나간 것들을 많이

---

10 위의 책, 108.

본 사람은 아름다움을 잘 모방한 신 같은 모습의 어떤 얼굴이나 어떤 몸의 생김새를 보면… (중략) 신을 볼 때처럼 경외심을 품고.[11]

플라톤은 인간의 되기 위한 과제(동물에서 벗어나기 위한 과제)로 성충동을 절제할 수 있는 능력에 대해 말하고 있습니다. 성숙하고 섹시한 딸에게 아빠가 성적 충동을 못 느끼는 것은 생물학적인 것이 아니라 정신적이고 고차원적인 무엇이 작동하기 때문이겠지요. 인간은 도덕성과 같은 높은 의식과 정신성이 있을 뿐 아니라 교육으로 만들어지기도 하지요. 성충동의 우회 가능성과 승화의 가능성은 전혀 불가능한 것이 아니라는 것입니다.

6 법적 공방의 한계

───── 성범죄가 법적 공방으로 갔을 경우 여러 논쟁과 거짓말이 개입할 수 있는 이유는 그들의 행위가 쌍방 합의였는지 아닌지에 대한 논쟁이 어떤 고차원적인 심리적 교감 안에서 이루어지기 때문입니다. 때문에 합의냐 아니냐에 대한 법적 논쟁에는

---

11 플라톤, 조대호 역, 『파이드로스』, 문예출판사, 2004, 73-74.

분명한 한계를 가질 수밖에 없게 됩니다. 성관계를 행할 때 도장 찍고 서류를 만들지는 않으니까요. 또 남자가 착각한 것인지 아니면 여자가 정말 유혹한 것인지 정확하게 증명하기도 모호합니다. 강간이라면 어떤 증거를 제시할 수 있지만 권력에 의한 교묘한 형태의 성추행은 법적 공방 안에서 거짓과 진실을 소명할 방법이 거의 없게 됩니다.

영화 〈피고인〉에서 사라의 애인은 사라의 집에 들어와 살면서 다른 여자와 바람을 피웁니다. 그뿐만 아니라 사라가 당한 일에 대해 전혀 아픔을 느끼지 못합니다. 그녀는 남자들은 다 한통속이라고 생각하고 그를 쫓아냅니다. 그녀는 엄마의 위로를 받고 싶어 엄마에게도 전화했지만 사정은 마찬가지였습니다. 사라가 어떤 가정에서 자랐는지 대화 내용을 보지요.

엄마, 나야. (사라? 늦었구나. 무슨 일 있었니?) 별일 없어요. 그냥 안부 전화했어요. (실직했니?) 아녜요, 아모스는 어때요? (떠났다.) 벌써요? (그렇게 했다.) 괜한 걸 물었군요. (돈이 필요하니?) 아녜요, 한 일주일 정도 엄마랑 함께 있을까 생각 중이에요. (걱정거리가 있니?) 아녜요. (그냥 난 멀리 가려고 해.) 어디로요? (플로리다.) 잘됐네요. 잘 지내세요. (강아지는 어떠냐?) 살충용 목걸이를 해 줬더니…. (내가 또 전화하마.) 자주 해 줘요. (전화비가 여긴 비싸서…. 몇 시간 후에 일어

　　　　　　　　　　　　성에 관한 여덟 가지 풍경

나야 돼.) 그만 주무세요. (몸 건강하거라.)

엄마도 동거남을 떠나보냈고 자신의 딸의 대화 역시 사무적일 뿐이지요. 그녀가 따뜻한 가정에서 자라지 못했다는 것을 알수 있는 대화 내용입니다. 그녀가 자신의 공격성을 풀어낼 수있는 방법은 술과 춤 그리고 마리화나였습니다. 사실 이러한 그녀의 행위 안에는 남자들에 대한 무의식인 공격이 전혀 없다고 할수는 없습니다. 그러나 이러한 사실은 법정에서 다룰 수 없는 내용입니다. 심증으로는 확증이 가는 문제도 실정법 안에서는 한계를 갖게 됩니다. 때문에 분명히 성적인 문제는 가해자가 피해자가 되고 피해자가 가해자가 되는 역설이 발생합니다. 심리적으로그녀는 피해자이기도 하지만 사실 가해자가 될 수도 있습니다.

그러나 영화는 모든 성폭행의 1차적 책임은 남자에게 있다고말합니다. 그것을 강조하기 위해 감독은 야하고 노출이 심하고성에 대해 자유분방한 캐릭터를 등장시키고 남자들에게 경고하는 것입니다. 검사 캐서린 머피가 사라에게 강간을 당하면서 무슨 생각이 들었었냐고 물었을 때 사라는 "안 돼!(NO)"라는 생각이었다고 답합니다. 어떤 상황에서도 여자의 행동거지와 관계없이 여성은 약자고 신분여하에 관계없이 폭력으로부터 보호받아야 한다는 것이 바로 영화가 주는 메시지입니다.

7 사랑: 모든 행위의 기초

———— 사실 성에 관한 고대 문헌을 가장 많이 살펴본 사람은 미셸 푸코(Michel Foucault)라는 학자입니다. 그는 성에 관해 알고 싶어 하는 인간의 의지가 어떤 식으로 작동되어 왔는지 성의 역사라는 자신의 저서를 통해서 기록하고 있습니다.[12] 문제는 푸코가 사용한 가장 오래된 문헌이 기원전 4-5세기, 기원후 2-3세기였고 근대문헌은 주로 17세기에서 19세기 문헌들이었습니다. 사실 그는 가장 오래된 문헌인 성경은 참조하지 않았습니다.

성에 대한 남아 있는 가장 오래된 문헌은 사실 성경입니다. 모세오경의 기록은 이스라엘백성이 출애굽하여 가나안 땅에 입성하기 전 BC1445-1405 사이에 기록되었습니다. 푸코가 성의 역사를 저술하기 위해서 사용한 문서들보다 약 1000년 더 앞선 문서라 할 수 있습니다. 성경은 특별히 성에 대한 법리적인 문제를 다루고 있지요. 여기에는 간통이나 성추행에 대한 법리적인 기록이 여러 곳에 남아 있습니다. 남존여비의 사상이 팽배했던 이 시대의 성관념과 문명화된 현대사회의 성관념을 비교해 보면 우리가 수천 년 전보다 얼마나 더 성에 대해 퇴행하고 있는지 깨

---

12 성의 역사 1,2,3 이 중 1권은 성에 대한 앎의 의지의 역사를 기록하고 있다.

닫게 됩니다.

성경은 상대의 의사와 관계없이 물리적인 강제력이나 권력을 이용해서 성적인 관계를 갖는 것에 대한 기록은 미미한 편입니다.[13] 그것은 죄로 규정하고 아니고의 문제가 아니었기 때문입니다. 성경은 오히려 암묵적인 합의가 있는 경우에 대한 시비를 가리는 일에 더 많은 관심을 갖습니다. 비록 합의에 의한 것일지라도 간음이나 간통에 대해서는 엄한 죄를 묻습니다. 십계명을 통해서도 "간음하지 말라.", "네 이웃의 아내를 탐내지 말라."고 단호하게 선포할 뿐입니다. 기혼자들의 간통일 경우 남녀 모두를 죽이라고까지 하지요.

그러나 신약에 와서 예수님은 간음한 여인을 데려온 유대인들에게 누구든지 죄 없는 자가 먼저 돌로 치라고 말씀합니다. 그리고 간음한 여인에게 나도 너를 정죄하지 아니하니 가서 다시 죄를 짓지 말라고 합니다(요8:11). 성경은 간통의 경우 남자와 여자 모두를 돌로 쳐 죽이라고 했지만 이 장소에 여자만 잡혀 왔고 남자는 잡혀 오지 않았습니다. 모든 판단에는 형평성이 있고 사랑에 기초해야 하고 약자를 보호해야 한다는 인류 보편적 가

---

13 레위인의 첩이 강간을 당하자 레위인은 이스라엘에 대한 경고로 첩의 시신을 12동강을 내어 이스라엘 12지파에게 보냅니다. 이런 해괴한 일로 인해 지파간의 전쟁이 일어나고 엄청난 살상이 벌어집니다(삿19장).

치(자연법)가 먼저 적용됩니다. 단순하게 문자적으로 간음하지 말라는 내용만을 확대 적용하지 않았다는 겁니다. 다른 기록이 있습니다.

> 사람이 약혼하지 아니한 처녀를 꾀어 동침하였으면 납폐금을 주고 아내로 삼을 것이요 만일 처녀의 아버지가 딸을 그에게 주기를 거절하면 그는 처녀에게 납폐금으로 돈을 낼지니라(출22장16,17)

여기에서 꾀었다는 말에는 유혹했다는 의미가 들어가고 꾐에 넘어갔다면 어느 정도 상대가 합의한 것으로 볼 수 있습니다. 중요한 것은 여자를 범했을 경우 아내로 삼아야 한다는 것입니다. 만약 아내 되길 여자의 집안에서 거절하면 배상을 해야 한다는 거지요. 물론 이때 납폐금이 정해져 있는 금액은 아닙니다. 성적 순결은 물질로 정확하게 환산될 수 없고 또 돈으로 보상할 수 있는 구실로 여자를 비인격체로 대할 수 없다는 이야기입니다. 고대사회에 여자는 비인격적인 재산으로 취급되었고 인구조사를 할 때도 백성의 수로 계수되지 못했던 것을 감안한다면 획기적인 조처라 할 수 있습니다.

비교할 만한 다른 성경 기록이 있습니다. 성경 창세기에 히위 족속 중 하몰의 아들인 세겜이 야곱의 딸 디나를 강간하여 욕되

성에 관한 여덟 가지 풍경

게 합니다. 그러나 중요한 것은 세겜이 야곱의 딸 디나를 연연하고 그를 사랑했다고 말합니다. 그리고 그녀에게 납폐금을 주고 또 그녀를 아내로 얻기를 원합니다. 그러나 비록 세겜이 이방인이기는 하지만 그의 마음은 거짓된 것은 아니었습니다. 자기 행위에 대한 책임을 통감했고 실제 디나를 연연했습니다. 그의 아버지 하몰도 사과하고 아내를 맞아들이려고 하지요.

그러나 야곱의 아들들은 세겜 족속의 모든 남자들이 할례를 받으면 사돈 관계를 맺겠다고 속인 후 그들 모두를 살해합니다. 강간한 자만 죽인 것이 아니라 세겜 족속의 모든 남자들을 죽입니다. 성경은 이 일로 하나님이 노하셨고 그 피에 대한 보복을 이야기합니다(창34장). 그리고 실제 하나님은 이 일을 자행한 시므온과 레위를 저주하십니다. 이것들은 성경적 가치 이전에 자연법에 해당되는 인류 보편적 가치라 할 수 있습니다. 또 다른 계명을 하나 소개합니다.

사람이 자기의 딸을 여종으로 팔았으면 그는 남종같이 나오지 못할지며 만일 상전이 그를 기뻐하지 아니하여 상관하지 아니하면 그를 속량하게 할 것이나 상전이 그 여자를 속인 것이 되었으니 외국인에게는 팔지 못할 것이요 만일 그를 자기 아들에게 주기로 하였으면 그를 딸같이 대우할 것이요 만일 상전이 다른 여자에게 장가들지라도 그 여자의 음식과 의복과 동침하는 것은 끊지 말 것이요 그가 이 세 가지를 시행하지 아니하면, 여자는 속전을 내지 않고 거저 나가게 할 것이니라(출21:7-11)

여자의 집안이 가난해서 딸을 판 경우이지요. 나이 많은 남자가 여자의 집에 거액의 지참금을 주고 여자를 구속했습니다. 그러나 여자에 대한 남자의 마음이 바뀌어 다른 여자에게 장가든다면 여자를 속인 것이 된다고 말합니다. 이때 여자의 친정에 지불한 돈이 생각나도 여자를 다시 되팔 수 없다고 말합니다. 혹 아들이 원해서 아들과 함께 산다면 딸처럼 아껴야 한다고 말합니다. 혹 남자가 다른 여자와 장가들면 여자의 의식주 문제를 평생 책임져야 합니다. 이 모든 것을 원하지 않을 경우 속전을 내지 않고, 즉 여자의 집에 주었던 돈을 다시 물지 않고 여자는 자유의 몸으로 내보내야 합니다.

성폭력을 행하고 아무런 대가 없이 성적 쾌락을 누리고 어떤 책임도 지지 않으려는 행위는 인륜에도 어긋날 뿐 아니라 범죄가 되는 것입니다. 간음이냐 합의가 있었느냐 아니냐의 문제를 떠나서 자신의 행동에 대한 책임을 지고 여자를 사랑의 인격체로 대해야 한다는 것입니다.

미투 운동은 여성의 몸을 단지 쾌락의 도구로 사용하고 어떤 책임과 대가도 지불하지 않는 것에 대한 책임을 묻는 것입니다. 성경에서 성적 관계는 반드시 그것이 죽음이든 다른 보상이든 책임을 져야 하는 것으로 이야기하고 있습니다. 공허한 공수표만 남발할 것이 아니라 납득할 만한 보상이 주어져야 한다는 것입니다. 성적 관계가 합의일지라도 마찬가지였습니다.

힘과 권력을 이용한 성적 관계가 그것이 물리적인 힘이든 사회적인 힘이든 그것은 강간에 해당됩니다. 범죄라는 것이지요. 지금까지 약한 여성들은 사회적 약자로서 자신의 억울함을 드러내면 더 불이익을 받을 수밖에 없는 분위기였습니다. 이 분위기가 미투 운동으로 바뀌고 있습니다. 성에 대한 우리의 의식을 바꾸어야 할 때가 된 것이지요.

우리는 알게 모르게 욕망을 거슬러 인간답게 살려는 노력이 불가능하다는 패배의식에 사로잡혀 있습니다. 때문에 절제하지 못하고 욕망을 좇으며 인간이기를 포기하는 경우가 많습니다. 우리는 성충동의 압력을 거스를 수 있고 다른 승화의 길을 찾을 수 있다는 생각을 포기할 수는 없습니다. 영화는 남자들을 향하여 말하고 있습니다. 인간의 욕망과 본능이 어떤 상황에서도 핑계와 구실이 될 수 없다고…. 우리는 인간이 되기 위해 욕망의 노예에서 벗어나야만 한다고….

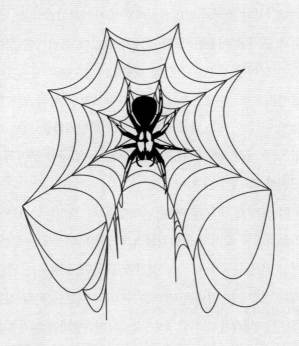

에필로그 _____ 욕망에서 사랑으로

스트레스 상황에서 운동하지 않은 마음은 좌절이나 분노로 폭발할 것입니다.
특별히 긴장된 상황에서의 폭발은 그 고통의 원천을 향해 폭탄처럼 파편화됩니다.
그러나 고통에 의식적으로 맞닥뜨리면서 마음을 일관성 있게 운동시킨다면
부서져 흩어지는 대신 부서져 열릴 가능성이 큽니다.
그러한 마음은 긴장을 잘 끌어안아
고통과 기쁨 모두를 품어 내도록 근육을 사용할 줄 아는 마음이 됩니다.

(Parker J. Palmer)

우리는 그동안 유아성욕과 오이디푸스 콤플렉스에 대해, 그리
고 이것에서 파생되는 도착(마조히즘, 동성애 등)의 문제들을 살펴
보았습니다. 유아성욕과 오이디푸스 콤플렉스의 관계는 '환상과
현실' 또는 '욕망과 금기'의 문제와 연관된다는 것을 독자들은 눈
치챘으리라 생각합니다. 윤리적인 차원으로 볼 때는 '퇴행이냐
성숙이냐'의 문제지만 종교적인 차원에서는 '타락이냐 성화냐'
의 문제와 연결될 수 있겠지요. 그러나 이 두 차원의 세계는 이
쪽에서 저쪽으로 쉽게 이동할 있는 것이 아닙니다. 또 옮겼다고

해서 완전히 옮겨진 것도 아니구요. 그래서 도착의 문제들이 발생하기도 합니다.

유아성욕에서 오이디푸스 콤플렉스로 넘어가는 과정에는 수많은 사잇길과 또 이 길에서 파생된 구불구불한 또 다른 길이 있습니다. 어떤 길은 깊은 동굴과 같아서 한번 들어가면 빠져나오는 것이 거의 불가능합니다. 유아성욕에서 오이디푸스 콤플렉스, 곧 상상계에서 상징계로 넘어가는 길목에는 항상 초자아가 기다리고 있지요. 문제는 개인 환경에 따라 만나는 초자아의 강도가 다 다르다는 것입니다.

느슨한 초자아를 만나게 된다면 퇴행하게 되고 도착의 세계에 더 쉽게 빠져들게 됩니다. 그러나 경직된 초자아에 억눌리게 되면 강박적이 되고 긴장의 압력이 점점 높아지게 됩니다. 분명한 것은 성적 충동이 오줌보와 같아서 차오르면 배출해야 하고 일정한 시간이 지나면 다시 차오른다는 것입니다. 그리고 이 자극은 반복적으로 배출되어야만 합니다.[1] 충동을 몸에 지니고 있는 일은 분명 위험하고 불쾌한 일입니다. 그렇다고 아무 곳에서나 '금지된 대상'을 통해 이 충동을 배출할 수 있는 건 아닙니다.

---

1 J. Lacan, 맹정현, 이수련 공역, 『세미나 11, 정신분석의 네 가지 근본개념』, 284. S. Freud, 윤희기 역, 「본능과 본능의 변화」, 열린책, v. 13, 1998, 104–106.

사실 프로이트는 성을 단순히 성의 문제가 아니라 문화현상과 연관된 복잡한 그물망 안에서 바라보았습니다. 프로이트는 모든 문학작품과 예술작품이 바로 이 성적 긴장을 다루고 승화시키는 방법이라 생각하였고 성적 충동은 꼭 섹스를 통해서만 배출되는 것은 아니라고 주장합니다. 비록 완전한 것은 아니지만 성충동은 적절히 다른 물꼬를 통해서도 해결될 수 있다고 그는 생각했습니다. 이런 점에서 프로이트의 정신분석 안에는 성적 억압을 통해서 발생하는 여러 병리들을 해방시키고자 하는 휴머니스틱한 동기가 숨어 있다고 볼 수 있습니다.

　그것은 타자에 자신을 개방하고 그 긴장과 좌절을 담아내고 부수어져 결국 타자를 사랑할 수 있는 그릇으로 만들어져 가는 창조적 과정에 관한 것입니다. 이를 위해서는 금기가 받아들여져야 하는데 이것이 저주받은 무제한적 자유가 아니라 유연한 울타리 안에서의 자유를 찾는 것입니다. 벌주고 야단치는 부정적 초자아로서 기능이 아니라 인간의 욕망을 건강한 방향으로 승화시키는 초자아인 것이지요. 그것이 있다면 그것이 곧 신이 아닐까 생각됩니다. 프로이트의 정신분석 안에는 욕망을 긍정하되 승화가 가능하고 이것이 꼭 불가능한 것만은 아니라고 생각했습니다.

중요한 것은 프로이트가 말하는 이 승화가 종교 또는 윤리적 차원과 연결이 될 수 있느냐 하는 것입니다. 자기를 억제하고 타자를 사랑하는 일, 욕망이 우리의 삶을 해체하는 것이 아니라, 오히려 욕망을 다루고 건강하게 누릴 수 있는 방법, 금기가 억압이 아니고 또한 초자아를 풀어 주는 것이 윤리를 부정하는 것이 아닌, 욕망을 긍정하되 건강한 것으로 승화시킬 그 방법이 정신분석 안에 있다면 정신분석은 종교나 윤리적 차원과 충분히 연결이 가능하게 됩니다.

사실 성(性)은 신(神)의 선물이지요. 물론 금기와 욕망이 대결 구도가 아니라 서로 협력하는 차원이 될 때의 이야기입니다. 그러나 과연 이런 상황을 만들어 내는 사람들이 얼마나 될까요? 프로이트도 이에 대해 회의적인 태도를 가졌고 극소수의 사람들만이 이 분열(사랑과 욕망)을 통합해 낼 수 있다고 생각했습니다.[2] 실제 탈성화나 승화의 방법이 성적 에너지 모두를 순화시키는 것은 아니니까요. 사실 프로이트는 도착의 보편성에 손을 들어

---

2 S. Freud, 김정일 역, 「불륜을 꿈꾸는 심리」, 열린책, v. 9, 1998, 176, 177. 프로이트는 자신의 성적 욕망을 절제하고 승화시켜 위대한 일들을 해내는 사람, 성적 충동을 더 나은 진보를 위해 사용하는 사람들이 있다고 말합니다. 프로이트는 육욕과 애정이라는 두 본능의 간극 그리고 화해할 수 없는 차이가 인간으로 하여금 더 큰 성취를 이룰 수 있는 동기가 된다고까지 이야기하고 있습니다.

줌으로써 인격과 성(性)의 분열에 대해 관대한 판결을 내리고 있는 것도 어느 정도는 사실입니다. 때문에 프로이트는 이 문제에 대해 기독교가 해답을 가지고 있다는 암시를 합니다.

우리가 직관적으로 알고 있듯이 성적 만족을 방해하는 장애물이 없거나 성에 대해 너무 개방적일 때는 항상 성에 대한 가치는 평가 절하될 수밖에 없게 됩니다. 이러한 현상은 문명의 쇠퇴기에 항상 일어났던 일이구요. 가정이 해체될 때도 마찬가지 현상이 일어납니다. 프로이트는 인간의 삶에 필수불가결한 정서적 가치를 회복하기 위한 대안으로 기독교를 잠시 언급합니다. 기독교 신앙이 지니고 있는 금욕적 성향이, 시대를 거스르고 반항하면서 오히려 사랑에 대한 심리적 가치를 창조했다는 것입니다.[3] 어느 정도 금기가 필요하다는 것이지요.

사랑을 쾌로 보는 가벼운 현대 문화는 쓰면 뱉고 달면 삼키는 성적 타락과 불감증 그리고 발기부전의 원인을 제공하는 문화입니다. 실제 성경에서도 불쾌와 긴장, 곧 타자를 품어 내는 것이 사랑이라고 말씀하지요. 이것이 그 유명한 고린도전서 13장에서 바울이 말하고 있는 내용입니다. 참아야 하고 인내해야 하고 견뎌야 하는 것으로요. 긴장을 담아내고 견디어 낼 때 그것이

---

3   위의 책, 173.

진정한 사랑이 된다고 사도 바울은 말합니다.

그럼에도 불구하고 성은 항상 그 순서와 규칙과 목표가 뚜렷하고 강박적이어서 자신의 목표를 반드시 성취하려 하고 다른 것이 개입하는 것을 허용하려 하지 않습니다. 이런 점에서 성은 배타적이고 폐쇄적인 성격이 있어 반드시 외길로만 행하게 됩니다. 성적 욕망은 절대 어두운 곳에만 처박혀 있으려 하지 않지요. 늘 밖으로 터치고 나오려 하는 공격적인 힘을 갖고 있습니다. 이 긴장을 견디어 내지 못하고 성애와 애정의 통합에 실패할 가능성에 대해 기독교는 안전장치를 설치해야 한다고 말합니다. 그것은 바로 계명입니다.

호머의 대서사시 오디세이아(Odyssey)에는 오디세우스(Odysseus)가 전쟁을 마치고 집으로 돌아가는 여정 중에 생긴 사이렌의 이야기가 있습니다. 사이렌은 그리스 신화의 마녀로 반은 인간이고 반은 새로 된 반인반조(伴人伴鳥) 요정입니다. 배가 요정의 섬의 부근을 항해할 때 이 요정은 매혹적인 소리로 사람들을 유혹합니다. 이 요정의 소리를 들은 자는 반드시 배가 그리로 향할 수밖에 없게 되고 결국 암초에 걸려 죽게 됩니다.

오디세우스는 그곳을 통과하기 위해 모든 뱃사공들의 귀를 밀

성에 관한 여덟 가지 풍경

초로 막고 노만 열심히 젓게 했습니다. 하지만 오디세우스는 그 소리에 대한 호기심을 못 이겨 자신의 몸을 돛대에 묶어 두고 그 노래를 듣게 됩니다. 그 소리를 들은 오디세이아는 자신의 부하들에게 몸부림치고 애원하며 그 섬에 가기를 원했습니다.

이 신화는 인생을 항해하는 우리 인생을 비유한 것입니다. 좌초하지 않고 성공적인 항해를 마치기 위해서 우리는 유혹이라는 과제를 이겨 내야 한다는 교훈을 주는 이야기입니다. 완전한 승화가 불가능하고 설사 가능하다 할지라도 아주 극소수의 사람만이 행할 수 있다면 우리도 묶어야 할 돛대가 필요하겠지요.

오디세이아가 유혹의 소리를 이기고 항해를 계속할 수 있었던 것은 돛에 자신의 몸을 묶었기 때문입니다. 그 돛대는 무엇을 상징할까요? 자연법, 또는 인륜의법, 보편법이 되겠지요. 기독교인들에게는 계명과 말씀이 될 것입니다. 오디세이아는 자신을 믿지 않았습니다. 때문에 안정장치를 마련한 것이지요.

기독교는 이것을 억압으로 보기보다는 자신을 부정하는 겸손의 태도로 봅니다. 십계명에 간음하지 말라는 구절은 자유와 성을 억압하는 그런 강력한 초자아가 아니라 계명이 최소한의 안정장치라는 것을 말합니다. 왜 꼭 안정장치가 필요하냐구요? 성은 종종 우리에게 폭탄이 될 수 있고 우리의 삶을 해체하는 기능이 있기 때문입니다.

성경(삼하11,12)에서 다윗은 이 7계명, 간음하지 말라는 계명을 어김으로 자신의 가문에 죄의 문을 열어 주는 계기를 만들었다고 말씀합니다. 그는 남편이 있는 유부녀(밧세바)를 데려와 간음했고 임신시켰습니다. 이 사실을 감추기 위해 남편 우리아를 극렬한 전쟁터에 보내 죽게 만듭니다. 이로 인해 다윗의 가문은 고난의 역사가 시작됩니다.

> 이제 네가 나를 업신여기고 헷 사람 우리아의 아내를 빼앗아 네 아내로 삼았은즉 칼이 네 집에서 영원토록 떠나지 아니하리라 하셨고 여호와께서 또 이와 같이 이르시기를 보라 내가 너와 네 집에 재앙을 일으키고 내가 네 눈앞에서 네 아내를 빼앗아 네 이웃들에게 주리니 그 사람들이 네 아내들과 더불어 백주에 동침하리라 너는 은밀히 행하였으나 나는 온 이스라엘 앞에서 백주에 이 일을 행하리라 하셨나이다 하니(삼하12:10-12)

선지자 나단이 예언한 이 내용은 다윗의 집안에 그대로 일어나게 됩니다. 다윗의 아들 암논은 이복 여동생 다말을 사랑하게 되고 성적 관계를 맺은 후 다말을 버립니다. 다말은 자신이 사랑의 대상이 아니라 욕망의 대상으로만 여겨진 이 일에 수치감을 느끼고 괴로워합니다. 이를 본 오빠 압살롬은 이복형제 암논

성에 관한 여덟 가지 풍경

을 살해하게 되고 이 후 끔직한 저주가 다윗의 집안에 지속적으로 임하게 됩니다. 반란을 일으키고 아버지의 첩과 잠자리를 같이한 아들 압살롬은 비참한 종말을 맞게 되지요. 선망의 대상이었던 다윗의 가문이 이 간음 사건을 정점으로 짙은 어둠의 길에 들어서게 됩니다.

우리는 우리 안에 성애와 육욕의 간극을 부정할 수는 없습니다. 이 간극을 연결하고 통합하기 위해 우리는 문화와 예술, 인문학 등의 매개를 동원해야 합니다. 분명 이러한 노력은 지향되어야 하고 지속해야 하는 일입니다. 그러나 이러한 승화적 놀이도 성애와 육욕의 불화를 완전히 화해시킬 수는 없습니다.

그렇다고 우리는 이 분열에 굴복할 수도 없습니다. 삶에는 지켜 내야 할 고귀하고 아름다운 가치들이 많이 있기 때문입니다. 이것을 위해서 우리는 분열된 성애와 애정을 통합해 내야만 합니다. 이것은 칸트의 정언명령처럼 할 수 있어서가 아니라 해내야만 하는 과제입니다. 문제는 성은 폭발물과 같다는 것입니다. 때문에 안전수칙을 따라야 하는 것입니다.

오디세우스가 자신을 묶었던 이 돛대는 최소한의 안정장치였습니다. 그리고 이 돛대는 바로 타자를 위해 우리의 욕망을 절제해야 하는 인류 보편의 가치가 아닐까요? "네 이웃을 사랑하라.", "간음하지 말라."와 같은 신의 명령은 기독교적 계명 이전에 누구나 지켜 내야 하는 보편적인 가치들입니다. 사실 자발적으로 자신의 욕망을 이겨 내는 도덕적 영웅은 거의 존재하지 않습니다. 욕망의 문제에서는 거의 모든 사람들이 실패하는 것을 날마다 목격하고 있지 않나요? 때문에 우리에게는 오디세우스와 같은 강박적 태도가 필요한 것입니다.

성충동은 어떤 임계점을 넘어서는 순간 통제가 불가능하고 그 어떤 고귀한(정신적, 영적) 활동으로도 이 충동을 이겨 내지 못하는 경우가 많습니다. 때문에 우리도 우리 자신을 그 돛대에 묶어 내야만 합니다. 이것은 우리를 억압하거나 부자유하게 하는 것이 아니라 오히려 우리의 삶을 자유롭게 하고 항해를 안전히 마치고 집으로 돌아가게 하는 안전장치이기 때문입니다.

성에 관한 여덟 가지 풍경

참고문헌

열린책들 전집

- 전집 1 Freud, S. 임홍빈, 홍혜경 역,『정신분석 강의(상)』, 1998.
- 전집 2 ───────, 임홍빈, 홍혜경 역,『정신분석 강의(하)』, 1998.
- 전집 3 ────────, 임홍빈, 홍혜경 역,『새로운 정신분석 강의』, 1998.
- 전집 4 ────────, 김미리혜 역,『히스테리 강의』, 1998.
- 전집 5 ────────, 김인순 역,『꿈의 해석(상)』, 2000.
- 전집 6 ────────, 김인순 역,『꿈의 해석(하)』, 1999.
- 전집 7 ────────, 이한우 역,『일상생활의 정신병리학』, 1997.
- 전집 8 ────────, 임인주 역,『농담과 무의식의 관계』, 1998.
- 전집 9 ────────, 김정일 역,『성에 관한 세 편의 에세이』, 1998.
- 전집 10 ────────, 권재혁, 권세훈,『꼬마한스와 도라』, 1997.
- 전집 11 ────────, 김명희 역,『늑대 인간』, 2002.

- 전집 12 --------, 황보석 역, 『억압, 증후 그리고 불안』, 1997.
- 전집 13 --------, 윤희기 역, 『무의식에 관하여』, 2000.
- 전집 14 --------, 박찬부 역, 『쾌락의 원칙을 넘어서』, 1998.
- 전집 15 --------, 김석희, 『문명 속의 불만』, 1998.
- 전집 16 --------, 이윤기 역, 『종교의 기원』, 1998.
- 전집 17 --------, 정장진 역, 『예술과 정신분석』, 1998.
- 전집 18 --------, 정장진 역, 『창조적인 작가와 몽상』, 1998.
- 전집 19 --------, 박성수 역, 『정신분석 운동』, 1998.
- 전집 20 --------, 한승완 역, 『나의 이력서』, 1998.

전집에서 인용한 논문들
- Freud, S. 「성욕에 관한 세 편의 에세이」, 열린책 전집9, 1998.
- --------, 「슬픔과 우울증」, 열린책 전집13, 2000.
- --------, 「나르시시즘에 관한 서론」, 전집13, 열린책, 2000.
- --------, 「문명 속의 불만」, 열린책 전집15, 1998.
- --------, 『꿈의 해석 상,하』, 열린책 전집5,6, 1999.

- ─────── ,「불륜을 꿈꾸는 심리」, 열린책 전집9, 1998.
- ─────── ,「사랑을 선택하는 기준」, 열린책 전집9, 1998.
- ─────── ,『히스테리 연구』, 열린책 전집4, 1998.
- ─────── ,「히스테리 도라 사례의 분석」, 열린책 전집 10, 1997.
- ─────── ,「정신분석학 개요」, 열린책 전집20, 1998.
- ─────── ,「처녀성의 금기(1918)」열린책, 전집9. 1998.
- ─────── ,「유아의 생식기」열린책 전집9, 1998.
- ─────── ,「리비도의 발달과 성적 조직들」, 열린책 전집2, 1998.
- ─────── ,「발달과 퇴행의 관점들:병인론」, 열린책 전집2, 1998.
- ─────── ,「신경증의 병인에서 성욕이 작용하는 부분에 대한 나의 견해(1906)」, 열린책 전집12, 1998.
- ─────── ,「본능과 본능의 변화」, 열린책 전집13, 1998.
- ─────── ,「여성성」, 열린책 전집3, 1998.
- ─────── ,「여성의 성욕,[1931]」,열린책 전집9, 1998.
- ─────── ,「인간 모세와 유일신교」, 열린책 전집16, 1998.
- ─────── ,「강박행동과 종교행위」, 열린책 전집16, 1998.

- ────────, 「토템과 타부」, 열린책 전집16, 1998.
- ────────, 「인간 모세와 유일신교」, 열린책 전집16, 1998.
- ────────, 「무의식에 관하여」, 열린책 전집13, 2000.
- ────────, 「정신기능의 두 가지 원칙」, 열린책 전집 13, 2000.
- ────────, 「쾌락 원칙을 넘어서」, 열린책 전집14, 1998.
- ────────, 「마조히즘의 경제적 문제」, 열린책 전집14, 1998.
- ────────, 「인간의 성생활」, 열린책 전집 2, 1998.
- ────────, 「여자동성애가 되는 심리」, 열린책 전집11, 2002.
- ────────, 「리비도 이론과 나르시시즘」, 열린책 전집2, 1998.
- ────────, 「집단심리학과 자아분석」, 열린책 전집15, 1998.
- ────────, 「매맞는 아이」, 열린책 전집12, 1997.
- ────────, 「자아와 이드」, 열린책 전집14, 1998.
- ────────, 「히스테리 성 환상과 양성소질의 관계」, 열린책 전집12, 1998.

- ――――――, 「꿈이론과 초심리학」, 열린책 전집12, 1998.

- ――――――, 「강박행동과 종교행위」, 열린책 전집 16, 1998.

- ――――――, 「나의 이력서」, 열린책 전집20, 1998.

프로이트 전집 외의 문헌들

- Freud, S. 김종엽 역, 『토템과 타부』, 문예마당, 1995.

- ――――――, 오현숙 역, 『성에 관한 세 편의 해석』, 을유문화사, 2007.

- Žižek, Slavoj, 이수련 역, 『이데올로기라는 숭고한 대상』, 인간사랑, 2002.

- Widmer, Peter, 홍준기, 이승미 역, 『욕망의 전복』, 한울, 1998.

- Fink, Bruce. 김서영 역, 『에크리 읽기』, 도서출판b, 2007.

- Dor, Joël, 홍준기, 강응섭 역, 『라깡 세미나. 에크리 독해 I』, 아난케, 2009.

- ――――――, 홍준기 역, 『라깡과 정신분석 임상, 구조와 도착증』, 아난케, 2005.

- Deleuze, G. 이강훈 역, 『매저키즘』, 인간사랑, 1996.

- Lacan, J. 맹정현, 이수련 공역, 『세미나 11, 정신분석의 네 가지 근본개념』, 새물결, 2008.

- Lemaire. Anika 이미선 역, 『자크 라깡』, 문예출판사, 1998.
- Lachaud, D. 홍준기 역, 『강박증: 의무의 감옥』, 아난케, 2007.
- Nasio, J. D. 표원경 역, 『히스테리 정신분석』, 백의, 2001.
- Badiou, Alain 김성호 역, 바그너는 위험한가 북인더갭, 2012.
- Plato, 『파이드로스』, 문예출판사, 2004.
- Kernberg, Otto F. 윤순임 외 공역, 『사랑과 공격성』, 학지사, 2005.
- ────────, 윤순임 외 공역, 『경계선 장애와 병리적 나르시시즘』, 학지사, 2008.
- ────────, 이재훈 역, 『내면세계와 외부현실』, 심리치료연구소, 2001.
- Meissner, W. W. 이재훈 역, 『편집증과 심리치료』, 한국심리치료연구소, 1998.
- Segal, Hanna. 이재훈 역, 『멜라니 클라인』, 한국심리치료연구소, 1999.
- 김영한 외, 『동성애, 21세기 문화충돌』, 킹덤북스, 2016.
- Fromm, E. 백문영 역, 『사랑의 기술』, 혜원출판사, 2000.
- ────────, 이상두 역, 『자유에서의 도피』, 범우사 1985
- Marcuse, H. 김인환 역, 『에로스와 문명』, 나남, 2017.

- ────────, 박병진 역, 『일차원적 인간』, 한마음사, 2017.

- Foucault, Michel 이규현 역, 『성의 역사 1』, 나남, 2010.

- ───────────────, 문경자, 신은영 역, 『성의 역사 2』, 나남, 2013.

- ───────────────, 이혜숙, 이영목 역, 『성의 역사 3』, 나남, 1999.

- Horkheimer, M. Adorno, T. W. 김유동 역, 『계몽의 변증법』, 문학과 지성사, 2001.

- Madeleine Davis and David Wallbridge, 이재훈 역, 『울타리와 공간』, 심리치료연구소, 1997.

- Ulanov, Ann and Barry. 공저, 이재훈 역, 『치유의 상상력』, 서울: 한국 심리치료연구소, 2005.

- Gay, Peter. 정영목 역, 『프로이트 I』, 교양인, 2011.

- Reich, Wilhelm. 윤수종 역, 『성혁명 I』, 새길, 2000.

- Palmer, Parker J. 김찬호 역, 『비통한 자들을 위한 정치학』, 경기: 글항아리, 2018.

- Simone de Beauvoir, 조홍식 역, 「제2의 성」, 을유문화사, 1993.

- Merton, Thomas. 위미숙 역, 『양심, 자유 그리고 침묵』, 자유문학사, 1983.

- Dwonkin, A. 홍영의 역, 「여자는 무엇으로 사는가」, 문학관, 1990.
- 세광편집국, 『명곡해설 제20집 오페라 II 』(서울: 세광, 1992). 300. by Ongaku no Shacorp., Tokyo, Japan.
- Hyppolite, Jean, 이종철 · 김상환 역, 『헤겔의 정신현상학 1』, 문예출판사, 2003.
- Sacher-Masoch, Leopold von. 김재혁 역, 『모피를 입은 비너스』, 펭귄클래식코리아, 2010.
- V. Nabokov, 김진준 역, 『롤리타』, 문학동네, 2013.
- LapLanche Jean et Pontalis, J.-B. Vocabulaire De La Psychanalyse. 임진수 역, 『정신분석사전』, 열린책, 2005.
- 한병철, 김태환 역, 『피로사회』, 문학과 지성사, 2010.
- 홍준기. 『오이디푸스 콤플렉스, 남자의 성, 여자의 성』, 아난케, 2005.
- 김용규, 『데갈로그』, 포이에마, 2015.
- 이창재, 『프로이드와의 대화』, 민음사, 2004.
- Ragland. Ellie, *The Logic of Sexuation-From Aristotle to Lacan* (U.S.A, State University of New York press, Albany, 2004)
- Lacan, J. *The Seminar of Jacques Lacan Book XI*, Translated by Alan Sheridan (U.S.A: Norton, 1998)

- ────────, *Encore The seminar of Jacques Lacan Book XX* Edited by Jacques-Alain Miller Translated by Notes by Bruce Fink.(New York, Norton, 1998)

- Kernberg, Otto. *Love Relatins- Normality and Pathology.* (New York: Aronson, 1983). Tenth printing.

- Middleton, Robert, E. *Harmony in modern counterp*oint. (Boston: Allyn and Bacon, Inc., 1967)

- Cooper, Grosvenor. and Meyer, Leonard B. *The rhythm structure of music.* (New York: Phoenix books, 1963)

- Hugo, Leichtentritt, *Music, History, and Ideas* (London: Oxford, 1941)